普通高等教育“十三五”规划教材

劳动关系与劳动法案例分析

主　编　曾高峰　崔　静

副主编　杨　汉　邵江云　梁　武

中国石化出版社

内 容 提 要

《劳动法与劳动关系案例分析》是管理类岗位实务操作书，涵盖了劳动关系与人力资源管理的全部流程，包括员工入职与劳动关系建立、员工管理与规章制定、工伤管理、劳务派遣、劳动争议处理等。能够正确理解劳动法条文字面的含义和运用，是管理类人员尤其是人力资源管理人员正确运用劳动法保护广大劳动者的合法权益及降低企业与劳动者之间纠纷的前提条件。

书中具体案例以近年来企业管理、劳动仲裁和人民法院审理的真实案例为原型。这部分内容引用法律分析案例、运用案例解读法律，进一步说明其所以然；同时既评估劳动法律规范的优势，又思考完善法律规范的对策，通过管理中呈现的问题能够引发读者思考。

重印对下篇中的案例进行了与时俱进的修订更新。

本书可作为高等院校本科及专科人力资源管理、工商管理、公共管理、劳动关系等专业的教材，也可供各类企事业单位、公共组织中的管理人员阅读参考。

图书在版编目（CIP）数据

劳动关系与劳动法案例分析 / 曾高峰，崔静主编.
—北京：中国石化出版社，2019.9（2022.8 重印）
普通高等教育“十三五”规划教材

ISBN 978-7-5114-5517-8

Ⅰ. ①劳… Ⅱ. ①曾… ②崔… Ⅲ. ①劳动法-案例-中国-高等学校-教材 Ⅳ. ①D922.505

中国版本图书馆 CIP 数据核字（2019）第 182024 号

中国石化出版社出版发行

地址：北京市东城区安定门外大街 58 号

邮编：100011　电话：(010)57512500

发行部电话：(010)57512575

http://www.sinopec-press.com

E-mail:press@sinopec.com

北京捷迅佳彩印刷有限公司印刷

全国各地新华书店经销

*

787×1092 毫米 16 开本 13 印张 324 千字

2019 年 9 月第 1 版　2022 年 8 月第 2 次印刷

定价：40.00 元

PREFACE 前 言

近些年，随着《劳动法》《劳动合同法》的实施与普及，劳动者维权意识的增强，劳动争议的案件不断增多，如何协调和管理劳动关系成为我国企业面临的重要问题。尤其在中国集体协商、工会制度不健全的情况下，如何解决好由企业的劳动用工问题产生的劳动争议成为人力资源管理者所面临的重要问题。面对纷繁复杂的劳动争议问题，如何让学习人力资源管理专业的学生在今后的工作中能够得心应手地解决这些问题，成为当前急需解决的事情。本书的出版将有助于提高读者处理好涉及劳动关系、劳动法及劳动争议等相关问题的能力。

本书的撰写大纲和撰写要求由曾高峰提出，经过团队成员的反复讨论后确定的。本书的具体撰写分工为：曾高峰负责第一章至第四章，邵江云负责第五章，郭婕负责第六章、第十一章，崔静负责第七章、第十章，杨汉负责第八章、第九章，梁武负责第十二章。案例的收集整理及编写由曾高峰、崔静、杨汉、郭婕、梁武共同完成。全书由曾高峰和崔静担任主编，杨汉、邵江云、梁武担任副主编。陈晓宇、陈艺为和胡连兴参与了部分书稿的编写。

在教材编写的过程中，得到了妻子梁平教授的关心和支持。同时，关心书稿完成的还有重庆科技学院工商管理学院院长万玺教授、重庆青年职业技术学院的尹丽莎老师、重庆科技学院原院长胡伟清教授。在此，对于他们的付出，表示衷心的感谢。

书稿的顺利完成有赖于写作组成员的共同努力和付出。尽管我们为书稿付出了最大努力，但囿于学识的限制，书中难免有不足和缺陷，希望读者不吝指正，以便再版时修订和完善。

本书重印对下篇中的案例进行了与时俱进的修订更新。

CONTENTS 目录

上篇 理论篇

下篇 案例评析篇

上篇 理论篇

第一章　劳动法概述

第一节　劳动法的产生与发展

一、劳动法的产生

（一）社会劳动关系是劳动法产生的社会经济基础

劳动是人类社会产生与存在的基本条件。在人类社会发展的不同历史时期，人们在劳动中必然形成一定形式的社会劳动关系，即人们在劳动中的人与人之间的关系。人类的存在离不开劳动，但并不是有了劳动就有了劳动法。只有社会劳动关系发展到一定阶段，才会产生劳动法。而在社会劳动中所形成的劳动关系，正是以后劳动法产生的经济基础。

在原始社会时期，人们进行群体的共同劳动，有着自然分工和一定的劳动协作关系。这种协作关系，不是靠法律调整，而是靠长期形成的、人们需要共同遵守的习惯来维持。

在奴隶制社会中，奴隶是奴隶主的私有财产，奴隶主对待奴隶可以像对待其他任何财产一样，随意转让和买卖。奴隶要绝对服从奴隶主，不能有任何反抗，奴隶主可以对奴隶任意鞭打。当时的法律重在保护奴隶制的财产关系，奴隶主对奴隶的剥削、压榨可以不负任何责任。奴隶社会对这种劳动关系的法律调整不是现代含义的劳动法。

在封建制社会的劳动关系中，农奴虽然有了一定的人身自由，但基本上仍依附在封建主的土地上，受封建主的剥削。封建社会的法律为保护封建主的利益规定了封建主有处置农奴的权利。这种对劳动关系的调整，也不是现代含义的劳动法。

人类历史发展到资本主义的原始积累时期，国家用强制手段迫使大量农民失去土地，强迫他们进入工厂，以实现资本主义的原始积累。在资本主义的萌芽时期，一些国家曾颁布过“劳工法规”。“劳工法规”主要内容是强迫劳工接受雇主苛刻的劳动条件，如允许延长工时，禁止工人提高工资的要求等。这样的法规，形式上似乎是劳动法，但实质上仍然不是现代含义的劳动法。

以上人类社会各个历史时期，虽然有劳动和劳动关系，发展到一定阶段时，也开始有对当时劳动关系调整的法律，但都不是现代含义的劳动法。在以上的历史时期中，劳动法尚没有产生。

（二）劳动法的产生——19 世纪初期的“工厂立法”

随着资本主义的发展，新兴资本家逐渐在经济上、政治上取得了主导地位。产业革命以后，大工业生产迅速发展，大批劳动者进入工厂，社会上形成雇佣者与被雇佣者两大阶级，双方有各自独立的经济利益。这种劳雇关系的初期在法律上沿用“雇佣自由”原则。雇主可以随意延长工时、减少工资，加之劳动条件恶劣，这必然会引起劳工的不满与反抗。在19世纪初，为稳定社会秩序，一些国家开始颁布劳动法规，这些法规在某种程度上限制了雇主的剥削，或者说在某种程度上改善了劳工条件。历史上这些法规的出现，标志着劳动法的产生，不过当时是以"工厂立法"的形式出现的。

历史上出现最早的劳动法是1802年英国议会颁布的《学徒健康与道德法》。该法规定了英国纺织厂18岁以下工人每日工作时间不得超过12小时，禁止18岁以下工人晚上9时至翌日5时之间工作。这些关于劳动条件的规定虽然很苛刻，但就当时英国工厂工作时间在15小时或16小时的情况来讲，法律对工作时间做出限制，可以看作在某种程度上限制了雇主的剥削。

（三）劳动法产生的原因

自19世纪初期开始，一些国家陆续颁布了劳动法规(工厂立法)。这一时期产生劳动法主要有以下原因：

第一，劳动法产生于大工业时期，是"人类理性"的体现。由于资本主义"雇佣自由"原则、"自由放任"政策的适用，国家对劳雇关系不干预的结果，雇主随意降低工资、延长工时，劳工条件不断恶劣。一些社会活动家、慈善家等提出改善劳工条件，以限制剥削。这些活动促进了劳动法的产生。

第二，劳动法的产生也是资本主义大工业生产的客观要求。随着资本主义机械工业的发展、提高，生产条件在客观上有一定要求，如烟雾弥漫的生产车间，不可能生产出高质量的产品。为了客观上满足一定的劳动条件，国家需要通过法律改善某种劳动条件。

第三，劳动法的产生是资本主义制度在发展的过程中，劳工条件不断恶化的结果。为了满足协调劳资关系、稳定社会经济秩序的要求，国家开始对劳资关系进行干预。国家为协调劳雇双方利益关系，稳定社会经济秩序，开始颁布某些改善劳工条件的法律。这个因素是劳动法产生的主要因素，是能够反映其本质的原因。以后各国陆续颁布的法律基本上也离不开这一原因，如1935年美国的《劳资关系法》，其目的是国家以法律形式强制劳资双方在发生利益冲突时坐下来谈判，一方要求谈判，另一方拒绝则视为违法。这些法规的出现，主要是为了协调矛盾，稳定社会秩序。

（四）初期劳动法的特点

初期的劳动立法具有如下特点：

第一，初期的劳动立法，多数是从改善女工和童工的立法开始，因为当时女工和童工劳动条件最差。国家颁布这样的法律，容易得到社会的同情与支持。

第二，初期的劳动立法，适用范围很小，有的国家的法律只限于较大工厂，并未普遍适用。

第三，初期的劳动立法，虽然规定了对某些劳动条件的改善，但一般缺少监督条款、责任条款。规定了限制工时等内容，但无明确的监督检查机构，对违法者也缺乏责任的具体规定，因此初期的劳动法很难真正得到实施。

二、外国劳动法的发展

劳动法自19世纪初以工厂法的形式出现至今，随着各国社会的发展、经济的变化、社会制度的变革以及各国劳动者为改善自身劳动条件的努力，不断得到发展。各国劳动立法的发展，可以划分为以下几个历史阶段：

19世纪初至19世纪后期，随着英国工厂立法的出现，挪威、瑞典、丹麦、意大利等国家也陆续颁布了工厂法或类似的法规。美国一些州也开始制定保护童工的法律。到19世纪后半期，欧美各国基本都制定了工厂法。工厂法的内容也逐渐扩大。英国、法国、德国等国家的工厂法中增加了职业安全的内容；英国、比利时、瑞士、德国、奥地利等国家的工厂法增加了有关工资支付的内容。在这一时期，随着工人运动的发展，各国陆续从法律上承认工会为工人的合法组织；解决劳动争议的法规也开始出现，如德国的《工业裁判法》等。与此同时，社会保障方面的立法也开始出现，如德国颁布了《社会保险法》。

19世纪后期至20世纪前半期，主要资本主义国家进入垄断资本主义阶段。这一时期，爆发了两次世界大战，各国经济在不断发生变化，工人运动也在发展。这一时期，各国劳动立法是在前进与后退的反复曲折中发展的。各国普遍制定了工厂法，不断增加了内容，法国、美国、德国、英国等国开始实行8小时工作制；瑞士、美国、加拿大、新西兰等国开始制定带薪年休假法律；德国、法国、瑞士、意大利等国实行最低工资制度；英国、法国、美国、日本等更多的国家颁布社会保险法规。这一时期，诸多欧洲国家颁布了《失业保险法》。

第二次世界大战以后，劳动法仍然在前进与后退中发展。为了协调劳资关系，英国颁布了《工会与劳动关系法》；美国一方面继续实施《国家劳动关系法》，另一方面又通过了阻碍工人运动的《劳资关系法》(《塔夫脱-哈特利法》)。随着各国经济的变化，劳动法在劳动标准、职业安全卫生、社会保障、工时休假、工资法、职业培训、雇佣合同等方面逐步增加了新的内容。如美国多次修改《公平劳动标准法》，通过了《同酬法》；日本颁布了《劳动基准法》《劳动关系调整法》《职业培训法》；欧洲的各资本主义国家自第二次世界大战结束以后，颁布了大量劳动法规，以稳定和协调劳资关系。

在社会主义国家，苏联于1918年通过了第一部《苏俄劳动法》；1922年重新制定了《苏俄劳动法典》；1970年废除了1922年的法典，通过了《苏联和各加盟共和国劳动立法纲要》，纲要包括了劳动者基本权利、集体合同、工时休假、工资、安全卫生、妇女与未成年工劳动、工会、劳动争议、社会保险等内容。除苏联外，第二次世界大战后，陆续成立的其他社会主义国家在参照苏联劳动立法的基础上结合本国特点，也相继颁布了各国的劳动法典。自20世纪90年代以来，苏联及东欧一些国家已经发生社会政治经济制度的变革，随之劳动立法也发生了新的变化。

上述劳动立法的发展特点可以归纳为以下几点。

1. 各国均已颁布适合本国特点的劳动法律、法规

虽然各国制定颁布劳动法的时间及数量各有差异，但各国已普遍颁布了劳动法。各国劳动法的名称不同，有“劳动法”“劳互法”“劳资关系法”“劳动标准法”等，从不同角度调整劳动关系。劳动法在法律体系中产生的时代较晚，但是劳动法在各国法律中数量较多。

现在较多的国家在不断制定颁布各项单行劳动法规的基础上，颁布了法典式的劳动法，这成为调整劳动关系的基本法律。

2. 劳动法的适用范围不断扩大

初期的劳动法规适用范围较小。19世纪出现的“工厂法”只适用较大的工厂，内容只涉及对女工和童工某种劳动条件的保护。

19世纪以后，各国劳动法的适用范围已从少数工厂扩大到其他所有工业部门，20世纪以后随着经济的发展，扩大到商业、海运等部门。劳动法的适用范围逐步扩大到各种经济部门，甚至涉及自雇者、自由职业者、个体经济等。只要存在劳雇关系，就有劳动法存在的必要。在一些国家，除了对一般劳动者的适用外，还特别对一些特殊群体进行专门立法，如对妇女、海员、移民、残疾人、军人等。

3. 劳动法已成为完整而系统的法律体系

各国劳动法的表现形式虽有差异，但各国劳动法律体系已逐步形成，内容完整而系统，包括了调整劳动关系的众多内容，如劳动管理、劳动合同、集体合同、工资报酬、工时休假、职业安全卫生、女工未成年人特殊保护、劳动争议、劳动监督检查等。

4. 当代各国劳动法加强了责任条款及处理劳动纠纷机构的规定

初期的劳动法缺少责任条款，法律难以得到真正的实施。现在，各国劳动法加强了劳雇双方违反法律、法规应承担的责任的规定。在劳动法体系中，一般包括处理纠纷的程序法。为及时处理劳动纠纷，稳定社会秩序，各国一般都专门设立受理劳动纠纷的专门机构，如仲裁机构、劳动法院、法庭等，并规定了法定的解决劳动纠纷的具体程序。有些国家还专门有代理劳动案件的律师，将劳动纠纷案件纳入法律援助体系中。

5. 各国劳动法一般均规定了各项最低劳动标准

各国劳动法的发展与完善，与社会制度、经济发展程度、劳动关系特点、劳工运动等因素有关。当代各国劳动法一般都制定了主要劳动条件的最低标准，如最低工资标准、最高工时标准、作业环境中有害物质的容许浓度、最低就业年龄等。法律规定的最低标准是强制性的，各企业根据其发展条件，在执行时可以优于法定标准，可以通过集体谈判、集体合同、劳动合同进行约定。

三、中国劳动法的产生和发展

中国劳动立法的历史，可以从不同时期、不同情况归纳为以下几个阶段。

（一）旧中国时期的劳动立法

1. 中国劳动组合书记部发动和领导的劳动立法运动

在旧中国，中国劳工的劳动条件非常恶劣，每日工作 12 小时以上，工资低微，没有安全保障。旧中国政府镇压工人的反抗，对罢工者处以严厉的刑罚。中国劳动组合书记部 1922 年发出了《关于开展劳动立法运动的通告》，拟定了《劳动立法原则》《劳动立法大纲》《劳动法案大纲》。在《劳动法案大纲》中，包括集会结社权、同盟罢工权、缔结团体协约权、国际联合权、每日工作 8 小时、星期日休息、女工 8 个星期产假工资照发、最低工资保障、国家设立劳动检查局、国家或雇主承担保险费、年休假等内容。在以后历次劳动大会上，中国劳动组合书记部都不断提出了劳动立法要求。

2. 北洋政府时期的劳动立法

在工人运动的压力下，北洋政府于 1923 年公布了《暂行工厂规则》，其内容大大低于《劳动立法原则》和《劳动立法大纲》的规定。北洋政府时期颁布的劳动法，虽然在实际上未得到真正实施，但毕竟是劳动法颁布的开始。

3. 广州、武汉国民政府时期的劳动立法

1923 年，改组后的国民党确立了联俄、联共、扶助农工三大政策。1925 年成立广州政府，1926 年迁至武汉。这一时期颁布了《工会条例》，在国民党代表大会上通过了《工人运动决议案》；在国民党中央、各省联席会上通过的《关于本党最近政纲决议案》中规定了“关于工人十条”，内容包括组织工会权利、罢工自由、女工童工保护、每星期工作不得超过54小时、疾病及死亡保险、设劳资仲裁会、改良工人居住条件、设工人补习学校及工人子弟学校等；1926年公布了《劳工仲裁条例》等。国民政府时期的劳动立法，对保护劳工权益起了积极作用，但也曾颁布过《取缔工潮法》等阻碍工人运动的法律。

4. 南京国民政府时期的劳动立法

1927年以后的国民党政府，在对工人运动进行镇压的同时，也公布了一些劳动法令，如《工会法》《劳资争议处理法》《工厂法》《团体协约法》《工厂检查法》等。这些法律虽然承认了工人的某些权利，但在法令中又有种种限制性规定。

（二）革命根据地时期的劳动立法

1927年以后，中国共产党在江西、湖南、湖北、广东、陕西、甘肃一些地区建立了革命根据地，公布了适用于根据地的劳动法令。如1931年的《中华苏维埃共和国劳动法》《关于实施劳动法的决议案》，内容包括劳动合同、集体合同、工作时间、休息时间、工资、女工童工保护、社会保险、劳动保护、解决劳动纠纷等。1933年根据地又对该法进行了修改。这一时期的劳动法对调整这部分地区的劳动关系起到了一定作用，但这些法令所规定的条件较高，对当时革命根据地来讲，不少内容脱离实际，难以实施。

1940年以后，在中国共产党领导下的抗日根据地，颁布了一些劳动法令，如《冀鲁豫边区劳工保护暂行条例》，内容包括言论结社自由、最低生活保障、每天工作10小时、集体合同、劳动合同等，还公布了《陕甘宁边区劳动保护条例》等。

抗日战争结束后，在中国共产党领导下的解放区颁布过一些劳动法令。1948年全国劳动大会决议提出“关于解放区职工运动的任务”，其内容包括职工参加民主管理、劳动时间8小时至10小时、限制加班、工资、女工童工保护、劳动保护、劳动保险、劳动契约、劳动纠纷处理等。

（三）中华人民共和国成立以后的劳动立法

新中国成立70年来，劳动法在不同历史阶段经历了曲折的发展道路。随着中国法制建设的发展和完善，劳动法正在成为一个发展较快的法律部门。中华人民共和国成立以后，劳动立法大体可以分为三个阶段：

第一阶段，1949年至1966年。为调整这一时期的劳动关系，国家颁布了《关于劳资关系暂行处理办法》《关于私营工商企业劳资双方订立集体合同的暂行办法》《国营企业内部劳动规则纲要》《全国年节及纪念日放假办法》《中华人民共和国劳动保险条例》《国务院关于工人、职员退休处理的暂行办法》《国家机关工作人员退休处理暂行办法》《关于劳动争议解决程序的规定》《中华人民共和国工会法》，以及涉及劳动安全的《工厂安全卫生规程》《建筑安装工程安全技术规程》《工人职员伤亡事故报告规程》等。与此同时，开始《中华人民共和国劳动法》的起草工作，但未完成而被迫停顿下来。

第二阶段，1966年至1976年“文化大革命”时期，中国政治经济处于不正常的历史时期。在法律虚无主义影响下，劳动立法工作停顿，法制工作被破坏。

第三阶段，1976年以后，中国的劳动立法逐步得到恢复和发展。1982年国务院颁布了《企业职工奖惩条例》，1986年国务院颁布了《国营企业招用工人暂行规定》《国营企业辞退违纪职工暂行规定》《国营企业职工待业保险暂行规定》等。这些法规的颁布，为中国实行劳动制度改革打下了一定基础。特别是经过多年的努力，1994 年，全国人民代表大会常务委员会通过了《中华人民共和国劳动法》(1995 年 1 月 1 日开始实施，以下简称《劳动法》)。《劳动法》的颁布是中国劳动法制建设的重大进展，它为建立公正、平等、符合市场经济要求的劳动力市场提供了法律保障。1999 年，国务院颁布了《失业保险条例》。2001 年，全国人民代表大会常务委员会通过了《中华人民共和国工会法(修正案)》(以下简称《工会法》)和《中华人民共和国职业病防治法》(以下简称《职业病防治法》)。2002 年，全国人民代表大会常务委员会通过了《中华人民共和国安全生产法》(以下简称《安全生产法》)。2003 年，国务院颁布了《工伤保险条例》。2007 年，《中华人民共和国劳动合同法》(以下简称《劳动合同法》)、《中华人民共和国就业促进法》(以下简称《就业促进法》)、《中华人民共和国劳动争议调解仲裁法》(以下简称《劳动争议调解仲裁法》)相继颁布。国务院还在 2007 年颁布了《职工带薪年休假条例》。2008 年，国务院颁布了《中华人民共和国劳动合同法实施条例》(以下简称《劳动合同法实施条例》)。

四、国际劳动立法的产生和发展

在劳动问题上进行国际间的合作、交流以及通过国际协商进行约束，是伴随各国经济的发展、国际经济贸易的发展而提出的。国际劳动立法的范围广义上可以包括联合国或区域性的公约和协定，如《经济社会和文化权利国际公约》《世界人权宣言》《欧洲保护人权与基本自由公约》等，其中包含有关劳动权利内容；还包括国与国之间的双边协定，主要是欧洲一些国家之间涉及移民、海员、社会保障等相关内容的协约。狭义上的国际劳动立法，一般主要指国际劳工组织的章程、国际劳工公约、国际劳工建议书。

(一) 国际劳动立法思想的产生

国际劳动立法思想开始于 19 世纪上半叶，当时一些国家陆续进入大工业生产时期。随着经济的发展，国际贸易也发展起来，必然加剧了国际贸易竞争。与此同时，各国工人运动也在发展。为了改善劳工条件，缓解劳资冲突以及适应国际经济贸易竞争的需要，一些政治活动家、社会活动家、社会改良主义者提出了社会改良的主张，包括在劳动上进行国际间的约束。如英国的空想社会主义者欧文，法国企业家勒格郎、社会活动家李格兰等。一直到 19 世纪下半叶，国际劳动立法思想才开始为工人组织、社会团体所接受，这些组织团体才提出制定国际标准等主张。

(二) 国际劳动立法的开端

在国际劳动立法思想的影响下，1880 年，瑞士政府首先提出召开国际会议，制定国际劳工公约，此项倡议因各国存在分歧未能召开。1889 年，瑞士政府又联合一些国家，建议召开国际会议。由于德国要求在柏林召开，此次会议于 1890 年在柏林召开，共有 15 个国家参加了会议。这是历史上第一次由政府派代表讨论劳工问题的会议。1900 年，国际劳动法协会在巴黎成立了，在它的推动下，1906 年在瑞士召开了有 15 个国家参加的会议，通过了两个公约——《关于禁止工厂女工夜间工作公约》《关于禁止火柴制造中使用白(黄)磷公约》(又称《伯尔尼公约》)。综上所述，国际劳动立法于 19 世纪下半叶有了开端，其原因有：一是国际工人运动的推动，如 1866 年第一国际曾把每日工作 8 小时提到全世界工人阶级的共同纲领中；二是缓和劳资冲突的需要；三是国际经济贸易的竞争，为平衡不同国家之间人工成本的需要而进行劳动标准的国际约束。

国际劳动立法虽然有了开端，但其发展进程是很缓慢的，通过的两个公约实际上也未得到真正的施行。当时的国际劳动立法也遇到一些阻力，如有的工人团体主张争取劳动条件的斗争应该采取直接行动而反对劳动立法；一些政府认为，国际劳动立法是干涉国家主权；有学者认为，国际劳动立法违反了契约自由原则等。

（三）国际劳工组织

1. 国际劳工组织的产生

第一次世界大战结束后，战胜国于1919年初在巴黎召开会议。在巴黎和平会议上，成立了一个由15人组成的委员会，讨论国际劳工问题，拟定了《国际劳工组织章程草案》和一个包括9项原则的宣言，当年提交巴黎和会讨论通过。后来编入《凡尔赛和平条约》的第13篇，即《国际劳动宪章》。1919年6月，国际劳工组织正式成立。国际劳工组织在1919年至1939年是国际联盟的附设机构。在1940年至1945年第二次世界大战期间，国际联盟解体，国际劳工组织作为一个独立性的组织继续存在。第二次世界大战以后，国际劳工组织成为联合国的专门机构之一直至现在。

国际劳工组织的性质是普遍的、官方的国际组织。国际劳工组织的特点是三方性原则——参加国际劳工大会需有政府、雇主、劳工三方代表。国际劳工组织的机构主要是国际劳工大会、理事会、国际劳工局，此外还设立若干工作部门。

2. 国际劳工组织的主要任务

国际劳工组织的主要任务是制定和通过国际劳工公约和国际劳工建议书。国际劳工公约和国际劳工建议书是国际劳工组织的立法形式，因此，国际上通常将国际劳工组织通过的国际劳工公约和国际劳工建议书合称为《国际劳工标准》。公约和建议书的主要区别为：公约被会员国批准后即需负履行义务，而建议书不需批准，只作为制定法律的参考。截至2008年底，国际劳工组织已通过188个公约、199个建议书。各会员国批准的公约数目不同，多则几十个，少则只有几个。

国际劳工组织自成立以来，制定和通过的公约及建议书得到不断发展，就公约内容来讲，从最初关于保护女工童工、工作时间、最低就业年龄、职业安全等内容，逐步发展到包括有关劳工问题的各个方面，大体可以分为10类：①基本政策；②民主权利；③就业与失业；④工作时间与休息时间；⑤女工、未成年工；⑥职业安全与卫生；⑦工资；⑧社会保障；⑨职业培训；⑩其他。

3. 国际劳工组织与中国的关系

中国是1919参加巴黎和会的国家，因此，也是国际劳工组织创始国。在1949年中华人民共和国成立之前，旧中国政府时期先后批准了14个国际劳工公约，并于1944年成为国际劳工组织常任理事国。在新中国成立以后的相当长的历史时期，中华人民共和国与国际劳工组织没有关系。直至1971年中华人民共和国恢复在联合国的席位，台湾当局退出国际劳工组织以后，自1983年第69届国际劳工大会，中国开始参加国际劳工组织的活动并陆续承认和批准了25个国际劳工公约。1984年，中国政府对旧中国时期的14个公约予以重新承认。国际劳工组织对1949年以后台湾当局批准的23个公约取消了公约的批准效力，撤销了批准公约的登记。我国重新承认旧中国时期批准的14个公约是：(1)《确定准许儿童在海上工作的最低年龄公约》(第7号公约)；(2)《农业工人的集会结社权公约》(第11号公约)；(3)《工业企业中实行每周休息公约》(第14号公约)；(4)《确定准许使用未成年人为扒炭工或司炉工的最低年龄公约》(第 15 号公约)；(5)《在海上工作的儿童及未成年人的强制体格检查公约》(第 16 号公约)；(6)《本国工人与外国工人关于事故赔偿的同等待遇公约》(第 19 号公约)；(7)《海员协议条款公约》(第 22 号公约)；(8)《海员遣返公约》(第 23 号公约)；(9)《制定最低工资确定办法公约》(第 26 号公约)；(10)《航运的重大包裹标明重量公约》(第 27 号公约)；(11)《船舶装卸工人伤害防护公约》(第 32 号公约)；(12)《各种矿场井下劳动使用妇女公约》(第 45 号公约)；(13)《确定准许使用儿童于工业工作的最低年龄公约》(第 59 号公约)；(14)《对国际劳工组织全体大会最初二十八届会议通过的各公约予以局部的修正以使各该公约所赋予国际联盟秘书长的若干登记职责今后的执行事宜有所规定并因国际联盟的解散及国际劳工组织章程的修正而将各该公约一并酌加修正的公约》(第 80 号公约)。

中国恢复国际劳工组织活动的 1983 年至 2008 年，新批准的公约有：(1)《残疾人职业康复与就业公约》(第 159 号公约)；(2)《男女工人同工同酬公约》(第 100 号公约)；(3)《三方协商促进贯彻国际劳工标准公约》(第 144 号公约)；(4)《作业场所安全使用化学品公约》(第 170 号公约)；(5)《就业政策公约》(第 122 号公约)；(6)《准予就业最低年龄公约》(第 138 号公约)(批准该公约后，我国承认的第 7 号、第 15 号、第 59 号公约对我国自然失效)；(7)《劳动行政管理公约》(第 150 号公约)；(8)《建筑业安全卫生公约》(第 167 号公约)；(9)《禁止和立即行动消除最恶劣形式的童工劳动公约》(第 182 号公约)；(10)《职业安全和卫生公约》(第 155 号公约)；(11)《消除就业和职业歧视公约》(第 111 号公约)。

第二节 劳动法的概念和调整对象

一、劳动法的概念

法律是社会关系的调整器。对劳动关系的调整和规范的法律主要是劳动法。劳动法是一个独立的法律部门，是调整特定劳动关系及其与劳动关系密切联系的社会关系的法律规范的总称。劳动法的概念，就是要回答什么是劳动法。对劳动法，一般有两种理解，即狭义上的劳动法和广义上的劳动法。

(一) 狭义上的劳动法

狭义上的劳动法，一般指国家最高立法机构制定颁布的全国性、综合性的劳动法，即法典式的劳动法。这样的法律对劳动关系以及与劳动关系有密切联系的社会关系进行统一调整。这种法律在各国的名称不同，如《劳工法》《劳动关系法》《劳资关系法》《劳动标准法》《劳动基准法》等。中华人民共和国成立以来，在相当长的时期内，没有一部全国统一的、综合性的、法律效力较高的劳动法来调整劳动关系，主要由大量的单行法规来调整。经过多次的起草工作，1994 年 7 月 5 日全国人民代表大会常务委员会第八次会议通过了《中华人民共和国劳动法》。这部法律于 1995 年 1 月 1 日开始实施，它就是人们通常理解的狭义上的劳动法。现在世界上多数国家都制定并颁布了劳动法。

(二) 广义上的劳动法

广义上的劳动法，是指调整劳动关系以及与劳动关系有密切联系的其他社会关系的法律规范总称。在理解广义上的劳动法时，我们应注意以下两点：

第一，劳动法调整的是两部分社会关系，除劳动关系外，还调整与劳动关系有密切联系的社会关系。

第二，广义上的劳动法，是法律规范总称。也就是说，它不只是一部法典式的法律，而是包括：宪法中的相关规定；全国人民代表大会及其常务委员会通过的法律；国务院颁布的行政法规；人力资源和社会保障部颁布的部门规章；地方性劳动法规；各部门联合颁布的规章等。

（三）劳动法中劳动的特征

从劳动法的定义可以看出，无论是狭义上的劳动法还是广义上的劳动法，尽管各国劳动法的名称不同，但劳动法都是和劳动有关的法律。劳动是人们创造物质财富和精神财富的有意识、有目的的活动。没有劳动就没有人类，就没有社会的发展。马克思说："任何一个民族，如果停止劳动，不用说一年，就是几个星期，也要灭亡，这是每一个小孩都知道的。"

但是劳动法的劳动，并不是指一切劳动。劳动法中所指的劳动，有以下特征：①劳动法中的劳动，一般是人们在争取与实现劳动权过程中的劳动；②劳动法中的劳动是有偿性劳动，它区别于无偿的义务性劳动；③劳动法中的劳动带有劳雇关系，区别于单个的家务劳动。

二、劳动法的调整对象

从劳动法的概念中，可以明确劳动法的调整对象是两部分社会关系：劳动关系，与劳动关系有密切联系的其他社会关系。

（一）劳动关系

1. 劳动关系的概念

劳动法调整的劳动关系是指在运用劳动能力、实现劳动过程中，用人单位与劳动者之间管理与被管理行政的社会劳动关系。对劳动关系，我们应有以下理解：

人们在劳动过程中，不仅与自然发生关系，同时也在劳动中发生人与人之间的社会关系，这种社会关系非常广泛。并不是所有与劳动有关的社会关系均由劳动法调整，有些与劳动有关的社会关系由其他法调整，如民法中的承揽关系等。由劳动法调整的劳动关系和劳动有着直接关系，劳动是这种关系的基础和实质，因此劳动法调整的是狭义上的劳动关系。

2. 劳动关系的特征

第一，劳动关系是社会劳动过程中发生的关系。劳动者提供劳动能力，包括体力劳动能力和智力劳动能力；劳动使用者提供劳动过程所需要的生产条件和工作条件。双方在直接的劳动过程中发生关系。

第二，劳动关系的主体双方，一方是劳动者，另一方是用人单位。劳动关系的主体双方，各自具有独立的经济利益：劳动者提供劳动能力，要求获得相应的报酬和工作条件；用人单位要求获得包括降低人工成本在内的经济利益。

第三，在维护各自经济利益的过程中，管理关系即劳动关系建立后，劳动者要依法服从用人单位的管理，遵守规章、制度。这种双方之间的从属关系是劳动关系的特点。

以上劳动关系的特点，可以将劳动法调整的劳动关系，与其他法律调整的与劳动有关的社会关系相区别。如承揽关系中的承揽人和定做人的关系、著作权人和出版社的关系等，这些关系虽与劳动有关，但都不是直接在社会劳动过程中发生的，双方不具有劳动关系的主体资格，也不存在管理与被管理的关系。

3. 劳动关系的种类

劳动关系可以从不同的角度进行不同的分类。同时还要注意，劳动关系随着各国社会经济发展的不同阶段：社会经济制度改革和发展而有所变化和发展。

劳动关系可以从不同角度进行分类：(1)从职业分类上可以分为企业的劳动关系、国家机关的劳动关系、事业单位的劳动关系等；(2)从资本的组织形式上可以分为国有企业的劳动关系、私营企业的劳动关系、外商投资企业的劳动关系等；(3)从工人运动角度可以分为利益冲突型劳动关系、利益一体型劳动关系、利益协调型劳动关系；(4)从集体谈判制度上可以分为个别劳动关系、集体劳动关系。

在我国现阶段社会主义市场经济体制下，特别是在经济体制转型时期，劳动关系必然呈现出多元化和复杂性的特点。今后，随着市场经济各项基本制度的不断完善，劳动关系的种类及分类方法将会进一步明确。

（二）与劳动关系有密切联系的社会关系

劳动法的调整对象除调整劳动关系外，还调整一些与劳动关系有密切联系的社会关系。这些社会关系就其本身来讲，不是劳动关系，但这些社会关系可以从不同的角度与劳动关系发生着直接或间接的联系，因此也应由劳动法调整。哪些是与劳动关系有密切联系的社会关系？可以有以下两种理解方法：

1. 列举式方法

列举式方法是将一些主要的与劳动关系有密切联系的社会关系列出。(1)国家进行劳动力管理中的关系。劳动行政管理机关可能在劳动就业管理、职业认证制度、职业培训制度、工伤鉴定制度等方面与用人单位或劳动者发生关系，这类关系本身不是劳动关系，却和劳动关系有密切联系。(2)社会保险中的某些关系。社会保险是劳动法的一个组成部分，社会保险中的有些关系是劳动关系，如生育保险是劳动关系存在期间发生的关系；而社会保险中的有些关系可能是在劳动关系结束后而发生的，如养老保险等。(3)工会组织与企业在执行劳动法、工会法过程中发生的关系。工会依法对企业执行劳动法，有监督权和参与权。这些关系与劳动关系有密切联系。(4)处理劳动争议过程中发生的一些关系。处理劳动争议因需要体现三方性原则，即在调解、仲裁程序中均要求工会、行政机关、用人单位的参与。这些关系与劳动关系有密切联系。(5)其他有关管理机构在监督劳动法执行过程中发生的一些关系。除与劳动管理机关发生关系外，可能还要涉及经济管理机关、卫生管理机关、金融管理机构等对劳动活动监管中所发生的关系。

2. 区别式方法

哪些社会关系与劳动关系有密切联系而需要劳动法予以调整，可以用三个因素来区分：

第一，这些关系是劳动关系产生的前提条件，如劳动就业中的某些关系；

第二，这些关系是劳动关系的直接后果，如社会保险中的养老保险；

第三，这些关系是劳动关系附带产生的关系，如职业培训中劳动者与培训机构产生的关系。

符合三个因素中任何一个因素，均可确定与劳动关系有密切联系。

三、劳动法律关系

（一）劳动法律关系的概念

劳动法律关系是指劳动法律规范在调整劳动关系过程中形成的法律上的劳动权利和劳动义务关系。劳动法律关系是劳动关系在法律上的表现，是当事人之间发生的符合劳动法律规范、具有权利义务内容的社会关系。

劳动法律关系是一种权利义务关系。企业、事业单位、国家机关、社会团体、个体经济组织与职工之间根据劳动法各自享有法律上的权利与义务。对劳动者一方，劳动法赋予劳动者享有按劳取酬、劳动保护等权利，但同时要求职工必须承担遵守劳动纪律等义务。对用人单位——企业、事业单位、国家机关、社会团体、个体经济组织一方，劳动法赋予其接受劳动者参加工作、分配任务和要求职工遵守内部劳动规则进行劳动的权利，同时又要求用人单位必须承担支付职工劳动报酬、提供劳动条件和实现劳动保护的义务。权利与义务是对应的，不可能仅仅享有权利而不履行义务，亦不能只履行义务而不享有一定的权利。

（二）劳动法律关系与劳动关系的区别和联系

劳动法律关系与劳动关系既有联系又有区别。劳动关系的参加者依照法律规范的要求缔结劳动关系，所缔结的劳动关系便具备法律关系的形式，而法律关系则以劳动关系为实际内容。劳动关系是劳动法律关系产生的现实基础，而后者是前者在法律上的表现形式，二者相互联系、相辅相成。

就联系方面而言，人们总是依据客观存在的劳动关系来制定劳动法律规范，从而形成劳动法律关系；劳动关系发展变化了，劳动法律关系便要做相应的调整，于是劳动法律关系也会随之变化。实际的劳动关系也正是通过法律关系的形式得到巩固和保护的。

它们之间的区别体现在以下方面。(1)两者所属的范畴不同。劳动关系是一种社会物质关系，属于经济基础的范畴，因为一定的劳动关系最直接联系着一定的生产关系，是生产关系的组成部分；而劳动法律关系则是一种思想关系，属于上层建筑的范畴，它依据国家制定的劳动法律而形成，体现了国家的意志。(2)两者产生的前提不同。劳动关系是在劳动过程中发生的，有共同劳动存在就会有劳动关系的存在。劳动法律关系则是被劳动法律规范所调整的劳动关系，所以它的形成必须以劳动法律规范的存在为前提。每一种具体的劳动关系之所以成为劳动法律关系，正是因为有规定和调整这种劳动关系的劳动法律规范的存在。如果没有相应的劳动法律规范，就不可能形成劳动法律关系。(3)两者的内容不同。劳动关系是以劳动为内容的，当国家没有制定相应的劳动法律规范时，这种关系因不具有法律上的权利义务关系，也就不具有国家强制力。这时，双方当事人的利益缺少有效的保护与保障。劳动法律关系是以法定的权利和义务为内容的，任何一个劳动法律关系的参加者都是作为权利的享有者和义务的承担者出现的，同时受到国家法律的保护。

（三）劳动法律关系的特征

第一，劳动法律关系主体双方具有平等性和隶属性。劳动法律关系一方主体是劳动者，另一方主体是用人单位。在劳动法律关系建立之前，在劳动力市场中，劳动者和用人单位是平等的主体，双方是否建立劳动法律关系及建立劳动法律关系的条件由双方按照平等自愿、协商一致的原则依法确定。在双方订立劳动合同确立劳动法律关系之后，劳动者就成为用人单位的职工，处于提供劳动力的被领导的地位；而用人单位则成为劳动力使用者，处于管理劳动者的领导地位。双方形成领导与被领导的隶属关系。

第二，劳动法律关系具有以国家意志为主导、当事人意志为主体的特征。劳动法律关系是按照劳动法律规范规定和劳动合同的约定形成的，既体现了国家意志，又体现了双方当事人的共同的意志。为了保护劳动者的合法权益，劳动法律关系具有较强的国家干预性质，因此，劳动法律关系体现的国家意志和当事人意志并不是平等的，当事人的共同意志必须符合国家意志并以其为指导，国家意志居于主导地位。

第三，劳动法律关系是在社会劳动中形成和实现的。劳动法律关系形成的现实基础是劳动关系。只有劳动者同用人单位提供的生产资料相结合，才能在劳动者与用人单位之间形成劳动法律关系。实现社会劳动过程，就是劳动者和用人单位各自行使权利和履行义务的过程，也就是劳动法律关系得以实现的过程。因此，劳动法律关系是在社会劳动中形成和实现的。

(四)劳动法律关系的要素

劳动法律关系的要素，是指构成各种劳动法律关系不可缺少的组成部分。任何一种劳动法律关系，都是由劳动法律关系主体、劳动法律关系内容和劳动法律关系客体这三个基本要素构成的。如果缺少其中任何一个要素，就不能形成劳动法律关系。

1. 劳动法律关系主体

劳动法律关系主体，是指依照劳动法享有权利与承担义务的劳动法律关系的参加者。劳动法律关系主体，一方是劳动者，包括具有劳动能力的我国公民、外国人和无国籍人，即企业、个体经济组织的劳动者，实行企业化管理的事业组织的工作人员，与国家机关、事业组织、社会团体建立劳动关系的劳动者，以及其他通过劳动合同与国家机关、事业单位、社会团体建立劳动关系的劳动者等；另一方是用人单位，包括企业、事业单位、国家机关、社会团体等单位及个体经营单位。劳动法律关系主体依法享有权利并承担义务，是权利的行使者和义务的承担者。劳动法律关系主体是构成劳动法律关系的第一要素。

劳动者作为劳动法律关系主体必须具备劳动权利能力和劳动行为能力。

劳动者的劳动权利能力是指劳动者根据劳动法的规定，能够享有劳动的权利和承担劳动义务的能力。劳动者的劳动行为能力是指劳动者能够以自己的行为行使劳动权利和承担劳动义务，从而使劳动法律关系产生、变更或消灭的能力。

劳动者的劳动权利能力和劳动行为能力，具有以下特点。(1)劳动者的劳动权利能力和劳动行为能力一般开始于16周岁。我国《劳动法》第十五条规定：禁止用人单位招用未满16周岁的未成年人。文艺、体育和特种工艺单位招用未满16周岁的未成年人，必须依照国家有关规定，履行审批手续，并保障其接受义务教育的权利。(2)劳动者的劳动权利能力和劳动行为能力是统一的、不可分割的。只有同时具有劳动权利能力和劳动行为能力的公民，才能成为劳动法律关系主体，成为某一用人单位的职工，二者是统一的、不可分割的。一旦公民丧失了劳动行为能力，也就不再享有劳动权利能力，因此也就失去了成为劳动法律关系主体的资格。(3)劳动者的劳动权利能力和劳动行为能力只能由劳动者本人亲自实现。法律不允许他人代理劳动者行使劳动权利能力和劳动行为能力，如果他人代理劳动者行使劳动权利和劳动行为能力，这种行为不仅是无效的，也是非法的。(4)某些劳动者的劳动权利能力和劳动行为能力受到一定的限制。根据劳动法的规定，有些职业或工种对劳动者的劳动权利能力和劳动行为能力有一定的限制。如：未成年人和妇女，不得从事井下工作，不得从事繁重的体力劳动；某些特种作业需要劳动者经过特种职业培训并取得职业资格后才可以进行工作等。

用人单位作为劳动法律关系主体也必须具备一定的条件，即必须具备用人的权利能力和行为能力。用人单位的用人权利能力是指法律赋予用人单位享有用人的资格或能力。用人单位的用人行为能力是指用人单位依法行使招收录用劳动者、变更和解除及终止劳动关系等行为的能力。用人单位的用人权利能力和用人行为能力也是统一的、不可分割的。用人单位行使用人权利能力和用人行为能力，必须符合劳动法律、法规的规定，如用人单位应当依法成立，能够依法支付劳动者工资、缴纳社会保险费、提供劳动保护条件，并能够承担相应的民事责任等。

2. *劳动法律关系内容*

劳动法律关系内容是指劳动法律关系双方依法享有的权利和承担的义务。它是劳动法律关系的基本要素，是劳动法律关系的核心和实质，是劳动法律关系的基础，没有劳动法律关系的内容，劳动法律关系就失去了实际意义。

劳动法律关系主体的权利，是指劳动法律规范确认的劳动法律关系主体享受权利和获得利益的可能性。具体表现为：享有权利的主体有权依法做出一定行为或不做出一定行为，或者要求他人做出一定行为或不做出一定行为。

劳动法律关系主体的义务，是指负有义务的劳动法律关系主体依照劳动法律规范，为满足权利主体的要求，履行自己应尽的义务的必要性。具体表现为：义务主体依法做出一定行为和不做出一定行为，以保证权利主体的权利和利益能够实现。

劳动法律关系主体的权利和义务具有统一性和对应性。劳动法律关系主体的权利和义务是相辅相成的、互相联系的，共同存在于劳动法律关系之中，二者是统一的不可分割的整体。不存在只享受权利不承担义务的主体，也不存在只承担义务不享受权利的主体。劳动法律关系主体双方的权利和义务具有对应性：一方的权利是另一方的义务，一方的义务是另一方的权利。

《劳动法》第三条第1款规定："劳动者享有平等就业和选择职业的权利、取得劳动报酬的权利、休息休假的权利、获得劳动安全卫生保护的权利、接受职业技能培训的权利、享受社会保险和福利的权利、提请劳动争议处理的权利以及法律规定的其他劳动权利。"劳动者依法享有的权利也就是用人单位对劳动者应尽的义务。

根据法律规定，劳动者也应当承担相应的义务。《劳动法》第三条第2款规定："劳动者应当完成劳动任务，提高职业技能，执行劳动安全卫生规程，遵守劳动纪律和职业道德。"劳动者应当承担的义务就是用人单位享有的权利。

3. *劳动法律关系客体*

劳动法律关系客体，是指劳动法律关系双方的权利、义务共同指向的对象。客体是构成劳动法律关系必不可少的重要因素。具体而言，劳动法律关系的客体是指劳动法律关系双方共同指向的劳动活动。

对劳动者来说，劳动法律关系的客体，即劳动者通过用人单位组织的各种各样的劳动活动，实现劳动权利与履行劳动义务，从而为本人及其家庭成员获得基本生活保障，为国家和社会创造物质财富和精神财富。

对用人单位来说，劳动法律关系的客体即通过组织劳动，合理配置劳动力资源，提高劳动生产率，发展经济，并在发展经济的基础上不断完善劳动管理制度，改善劳动条件，提高劳动者的生活水平，推动社会经济的发展。

(五) 劳动法律关系的产生、变更和消灭

劳动法律事实是劳动法律关系产生、变更和消灭的原因，劳动法律关系的产生、变更和消灭则是劳动法律事实引起的结果。

1. *劳动法律事实*

劳动法律事实是指劳动法律规范规定的，能够引起劳动法律关系的产生、变更和消灭的客观情况。劳动法律规范所确认的劳动法律关系主体双方的权利义务，只是表明劳动法律关系主体依法享受权利和承担义务的资格和可能性，并不是现实存在的实际权利义务关系。要使这种可能性变为现实，必须通过一定的劳动法律事实。如劳动者和用人单位只有依法通过协商，确立劳动关系，明确双方的权利义务，才能分别实现劳动法律赋予的就业权和用人权。劳动者和用人单位之间这种协商确立劳动关系的客观情况，就是劳动法律事实，它能够产生劳动法律关系。同样，劳动法律关系的变更和消灭，也都必须通过一定的劳动法律事实才能实现。可见，劳动法律规范确认的劳动法律事实是有法律后果的客观情况，能够引起劳动法律关系的产生、变更和消灭，它是劳动法律关系产生、变更和消灭的前提条件。

根据我国《劳动法》的规定，能够引起劳动法律关系产生、变更和消灭的劳动法律事实有许多。按照它们的发生是否以行为人的意志为转移来划分，劳动法律事实分为行为和事件两大类。

行为是指以行为人(包括劳动者和用人单位)的意志为转移的法律事实。它是行为人根据劳动法律规范，按照自己的意志做出一定行为和不做出一定行为，或者要求他人做出一定行为和不做出一定行为，从而引起劳动法律关系的产生、变更和消灭。它可以分为合法行为和违法行为。合法行为指的是符合国家的法律规定或者被国家的法律认可，能产生行为人所预期的积极法律后果的行为；违法行为指的是行为人违反国家法律的规定，必须承担不利法律后果的行为。合法行为与违法行为都能引起一定的法律后果，因此都是劳动法律事实。

事件是指不以行为人(包括劳动者和用人单位)的意志为转移的法律事实。它虽然不以行为人的意志为转移，却能够引起劳动法律关系的发生、变更和消灭。事件包括自然现象(如各种自然灾害)，也包括劳动能力的暂时或永久丧失(如患病、伤残、死亡等)。

2. *劳动法律关系的产生、变更和消灭*

劳动法律关系的产生是指劳动者同用人单位根据劳动法律规范和劳动合同的约定明确双方之间的权利义务，从而形成的劳动法律关系。它是劳动法律关系主体双方意思表示一致的合法行为，违法行为不会产生劳动法律关系。

劳动法律关系的变更是指劳动者同用人单位根据劳动法律规范，变更原来劳动合同中确定的权利义务的内容。引起变更劳动法律关系的劳动法律事实，一般是劳动法律关系主体双方意思表示一致的合法行为。如因为生产任务的需要，企业领导把职工安排到新的工作岗位上，由此引起劳动法律关系的变更。然而，在某些情况下，劳动法律关系主体一方的违法行为也可能引起劳动法律关系的变更。例如，某公司的员工因打架滋事，经理决定将其调离原来的部门，从而引起劳动法律关系的变更。此外，发生不以行为人的意志为转移的事件，也会引起劳动法律关系的变更。如女工因为怀孕，不能从事原来的工作，被调到其他岗位，从而引起劳动法律关系的变更。但是，需要注意的是，由于劳动权利能力和劳动行为能力只能由劳动者本人亲自行使，因此劳动法律关系主体一方的变更，不是劳动法律关系的变更，而是原劳动法律关系的消灭和新劳动法律关系的产生。

劳动法律关系的消灭是指劳动者同用人单位根据劳动法律规范，终止其相互间的劳动权利义务关系。消灭劳动法律关系的劳动法律事实包括行为人的合法行为和违法行为及事件。但是，引起劳动法律关系消灭的行为，大多数是合法行为，如因劳动合同期限届满，或者约定的劳动合同终止条件出现，从而引起劳动法律的关系；少数是违法行为，如因劳动者违反劳动纪律被除名，或者因触犯刑法被监禁，从而引起劳动法律关系的消灭。此外，在某些情况下，劳动者完全丧失劳动能力或者死亡，也会引起劳动法律关系的消灭。

第三节　劳动法的适用范围

劳动法的适用范围即劳动法的效力范围，一般意义上的劳动法的效力范围是指劳动法的时间、空间、对人的效力范围。

一、劳动法的时间适用范围

劳动法的时间适用范围即时间上的效力。劳动法在时间上的生效和失效时间，劳动法的时间效力，在颁布时采取两种方式规定：一种是自公布之日起生效；另一种是规定公布后并不立即生效而规定一个实施的时间，从实施时间开始生效(如《劳动法》于 1994 年 7 月 5 日公布，1995 年 1 月 1 日起施行)。劳动法的失效时间也有两种情况：一种是法律本身规定终止生效或某些特定条件出现时自然失效；另一种是颁布新的法规后而原有法规失效。

二、劳动法的空间适用范围

劳动法的空间范围即劳动法的地域适用范围。劳动法的地域范围直接与不同立法权限制定颁布的法律相关。全国人民代表大会及其常务委员会颁布的法律、国务院颁布的行政法规等统一适用于全国；地方性立法机关制定的法规适用于其管辖区内，但不得与全国性法规相冲突；民族自治地方人民代表大会制定的法规只适用于民族自治地方；香港、澳门特别行政区基本法只适用于特别行政区。

三、劳动法对人的适用范围

劳动法对人的适用范围即法律规定对哪些人发生效力。各项劳动法律法规，无论采取正面列举方式规定对哪些人发生效力，还是采取排除方式规定不适用于哪些人，都明确规定对人的适用范围。《劳动法》明确规定了对人的适用范围。该法第二条第 1 款明确规定：“在中华人民共和国境内的企业、个体经济组织(以下统称用人单位)和与之形成劳动关系的劳动者，适用本法。”第 2 款又进一步规定：“国家机关、事业组织、社会团体和与之建立劳动合同关系的劳动者，依照本法执行。”上述规定说明《劳动法》适用于境内的一切企业的劳动关系，而国家机关、事业组织、社会团体是否适用，是看其是否建立劳动合同，只要存在合同关系，也应该适用。该法在第十六条又规定：“建立劳动关系应当订立劳动合同。”这将说明，今后随着劳动合同法律制度的发展与完善，《劳动法》对人的适用范围将不断扩大。

第四节　劳动法基本原则

劳动法基本原则是指集中体现劳动法的本质和基本精神，主导整个劳动法制定全过程，为劳动法调整劳动关系及与劳动关系有密切联系的关系时所应体现的总的指导思想和遵循的基本准则。与基本原则的特点相适应，统治阶级往往通过国家的根本大法——宪法来对基本原则进行规定。宪法是劳动法基本原则的法律渊源。宪法与部门法是母法与子法的关系，劳动法也和其他部门法一样，必须以我国宪法所确定的基本原则为依据，这是不应动摇的。但在我国 1982 年的宪法的 138 条总条款中，有 26 条与劳动法有直接的联系。如果把这些条文都作为劳动法的基本原则，显然是不行的，这是由于劳动法是一个重要的法律部门，在一些国家有“小宪法”之称。我国宪法除了在宪法“总纲”中规定劳动法律部门的基本原则外，同时也在“公民的基本权利和义务”中规定了一些劳动法律制度的具体原则，从而要求劳动法学的研究者对这些内容做进一步的概括、提炼，而不能简单地搬抄。

一、原则内容

我国在宪法总纲中规定的劳动法基本原则主要有第六条，也就是实行“各尽所能，按劳分配”的原则；在宪法第二章“公民的基本权利和义务”中规定的劳动法基本原则主要有第三十五条、四十二条、四十三条、四十四条、四十五条、四十六条、四十八条、五十三条等，分别对劳动就业、劳动条件、劳动报酬、社会保障、工会等劳动法律制度的具体原则做了规定，这些具体原则突出地体现了“保护劳动者”的原则精神。因此，可以将劳动法的基本原则主要概括为：实行“各尽所能，按劳分配”的原则和保护劳动者的原则。

（一）实行各尽所能按劳分配的原则

实行各尽所能按劳分配的原则是我国宪法总纲第六条的规定。这一原则体现了生产和分配的统一，具有丰富的内涵。

“各尽所能”是“按劳分配”的前提，用于调整生产过程中的社会关系。首先，具有劳动能力的公民可以“尽其所能”。对于尚未建立劳动关系的劳动者来说，可以选择适合自己特点的用人单位，从而使劳动力与生产资料进行具体的结合；对已建立劳动关系的劳动者来说，为本人也为社会劳动，劳动既是公民的权利也是公民的义务。其次，对用人单位来说，应该不断改进劳动组织，调整和改善劳动者的分工和协作形式，使劳动者的“所能”尽量地发挥。最后，对国家来说，社会主义国家应该鼓励和保障劳动者“尽其所能”。

“按劳分配”是调整分配过程中社会关系的原则，它要求按照劳动者提供的劳动量(数量和质量)分配个人消费品。经济体制的改革尤其是工资制度的改革，将使国家从直接控制转向间接控制。企业有了经营自主权，集中决策向分散化决策发展。由于经营情况、设备条件、自然环境等不同，企业间的经济效益也不同，不可能实行按劳分配。企业间只能按价值规律的要求，通过市场联系起来，而按劳分配只能在企业范围内实行。按劳分配的实现要受价值规律的制约，按劳分配的量是价值规律作用的结果。价值规律通过商品价值与价格的波动，决定着按劳分配的实现程度。如果市场上供求平衡，商品价格与价值相符，按劳分配就能正常地实现；如果供求不平衡，价格高于或低于价值，按劳分配就可能超额实现或者不能充分得到实现。可见，在市场经济条件下，作为分配依据的劳动量，不能是个别劳动量，而应该是以企业实现的社会必要劳动量，而且按劳分配是从整个社会的长期趋势来说的。

实行各尽所能按劳分配原则，是由劳动关系具有财产关系属性和平等关系的特征所决定的。我国的劳动关系作为一种财产关系，是一种等量劳动相交换、活劳动和物化劳动相交换的关系。劳动力是劳动者赖以谋生的手段，也是其交换消费资料的财产。然而劳动力是一种蕴含在劳动者体内的非对象化的因素，它是不能计量的，因此也无法直接按劳动力分配。只有“各尽所能”，让劳动者实际发挥并作为劳动表现出来，才能成为可以计算的依据。“按劳分配”正是根据劳动力实际发挥的状况进行分配的。这种以劳动力的实现程度作为分配尺度，比较好地体现了劳动关系在建立时所具有的那种平等的特征和财产的属性。实行各尽所能按劳分配的原则，也可以说是劳动领域中的等量劳动相交换或等价有偿原则。

（二）保护劳动者原则

“保护劳动者原则”是我国宪法第二章“公民的权利和义务”中一系列规定体现的原则。《劳动法》开宗明义，在第一条中就明确“保护劳动者的合法权益”。

在我国，“保护劳动者原则”主要是通过提供劳动者的就业机会或基本生活需要，保障劳动者在生产过程中的健康和安全，防止过度劳动的伤害，在劳动者部分或全部丧失劳动能力时给予物质帮助来实现的。劳动立法既要维护用人单位的经营权，也要维护劳动力的所有权。而在维护双方当事人合法权益时，依据“保护劳动者原则”，宪法把保护的重点放在劳动者这一方。

“保护劳动者原则”是由劳动关系具有人身关系的属性和隶属关系的特征所决定的。作为一种人身关系，劳动者是劳动力的物质载体，两者须臾不可分开。然而两者又存在着一定的矛盾：劳动力的过度使用会损害劳动者的健康；在不安全状况下使用劳动力又可能危及劳动者的生命。当劳动力由劳动者本人来支配时，矛盾并不突出；而当劳动力的所有和劳动力的支配在一定条件下分离之后，由于用人单位掌握了劳动力的支配权，形成了带有从属性质的纵向关系，可能会导致权利、义务的失当，出现损害劳动者权益的情况，从而危及劳动者的健康和生命。可见，在劳动者与用人单位之间，劳动关系双方当事人的地位并不完全相等，劳动者处在一个相对较弱的地位，因此劳动法应将保护的重心放在劳动者这一方。“保护劳动者原则”也可以说是劳动领域中的保护弱者原则。

二、原则的特点

劳动法基本原则有以下特点：

第一，劳动法基本原则是劳动法律部门中具有指导性、纲领性的法律规范，而不是调整劳动关系运行中的特定事项或劳动关系当事人某一特定行为的具体规定。基本原则一般并不预先设定任何确定而具体的事实状态，也无须规定具体的权利义务实现的方式。因而，基本原则的内容在明确性程度上显然低于调整劳动关系的具体规定。但是基本原则所覆盖的事实状态远远地大于具体规定。劳动法的某一具体规定只能对一类行为加以调整，而基本原则却可以调整整个劳动关系运行领域。

第二，不同的法律部门有着不同的基本原则，劳动法基本原则反映了所调整的劳动关系的特殊性，反映了劳动法律部门的本质和特点。

第三，劳动法基本原则有着高度的稳定性，只要社会的基本经济制度、政治制度未发生根本性的变化，基本原则是不会改变的。劳动法对某一类行为的具体规定或标准可以随着经济社会的发展而变动(如最低工资标准可以改变等)，但基本原则则是相对稳定的。

第四，劳动法基本原则具有高度的权威性，对各项劳动法律制度均具有约束力。劳动法律制度中的各类具体规定不能与基本原则相抵触，基本原则适用于所有的劳动关系。

三、两条原则的内在联系

以上两条原则有着密切的联系。“实行各尽所能按劳分配的原则”实际上是等价有偿原则。在市场经济条件下，这一原则要求赋予劳动关系当事人以充分的活力。在劳动领域，这一原则带有私法原则的特征，其“契约化”的特点来源于民法中关于雇佣合同的规定。“保护劳动者原则”实际上是保护弱者原则，要求通过国家干预以加强劳动者的保护力度。这一原则要求强化法定内容。在劳动领域，这一原则带有公法原则的特征，其“基准化”的特点来源于“工厂法”的规定。劳动法是私法与公法相融合而产生的法律部门，其基本原则也分别体现了私法的特征与公法的特征。在高度集中的管理体制下，我国曾通过制定全面而具体的规定对劳动者进行保护，其结果是使企业丧失了活力。实践证明，两者的结合点是“倾斜立法”，通过法定内容限制约定内容，既使劳动者得到必要的保护，也为劳动关系双方当事人的平等协商留下余地。

法律的作用在于形成制衡关系。劳动法是以劳动者与劳动力使用者之间的不平等性为基础的一种制度设计，其目的在于对劳动者的弱者地位予以补救，从而达成新的平衡关系，维护劳动者的正当权益。在西方，劳动法的形成过程可以说是“私法公法化”的过程，劳动者的正当权益长期得不到有力的保护。直到19世纪后叶，工人运动风起云涌，劳资冲突日趋激烈，西方各国才开始摒弃将劳资关系交由民法调整的做法，建立起了以“保护劳动者”为原则的劳动法领域。与西方国家不同，我国形成与市场经济相联系的劳动法过程从某种意义上说是“公法私法化”的过程。社会主义的建立，使我国很早就确立了“保护劳动者”的原则，劳动领域中反复争论的倒是如何贯彻“各尽所能，按劳分配”的等量劳动相交换的原则。

第二章 劳动法律关系

第一节 劳动法律关系概述

劳动法律关系是劳动关系为劳动法规所调整而形成的权利与义务关系，是劳动法律规范在实际生活中的体现。不同社会制度下的劳动法律关系具有根本不同的性质，社会主义劳动法律关系，就是劳动关系为社会主义劳动法规调整所形成的权利与义务的关系。生产资料所有制的形式不同，决定了劳动法律关系的种类不同。同时，劳动法律关系的种类也可以按劳动法律关系当事人的法律地位的不同来划分。构成劳动法律关系的要素有：劳动法律关系的主体，就是依劳动法享有权利与承担义务的劳动法律关系的参与者，包括自然人和法人；公民和法人的劳动权利能力和劳动行为能力；劳动法律关系的内容，即依劳动法规定，劳动法律关系主体双方享有的权利和承担的义务。能够引起劳动法律关系产生、变更和消灭的，必须是劳动法规定的法律事实，包括事业事件和行为两类。

一、劳动法律关系的概念

劳动法律关系是指劳动者与用人单位依据劳动法律规范，在实现社会劳动过程中形成的权利义务关系。它是劳动关系在法律上的体现，是劳动关系为劳动法律规范调整的结果。

劳动法律关系的主体，就是依劳动法享有权利与承担义务的劳动法律关系的参与者。

劳动法律关系的主体一方是自然人，包括本国公民、外国人(外国公民+无国籍人)。另一方主体是用人单位，具体而言，在中国是有法人资格的企业、事业单位、国家机关、社会团体、个体经济组织等。

二、劳动法律关系的要素

劳动法律关系的要素主要包括：主体要素、内容和客体。

(1) 主体要素：劳动法律关系的主体，一方是劳动者，且劳动者必须是自然人，包括具有劳动能力的中国公民、外国人和无国籍人；另一方是用人单位，包括企业、事业、机关、团体、民办非企业单位等单位及个体经营组织。

(2) 内容：劳动法律关系的主体双方依法享有的权利和承担的义务。

(3) 客体：劳动法律关系主体双方的权利义务共同指向的对象，即劳动法律关系所要达到的目的和结果，如劳动、工资、保险福利、工作时间、休息休假、劳动卫生安全等。

三、劳动法律关系的内容

劳动法律关系的内容是劳动法律关系的核心和实质，即劳动法律关系主体双方依法享有的权利和承担的义务。

劳动法律关系的客体是指劳动法律关系主体双方的权利义务共同指向的对象。

（1）劳动法律关系的当事人一方固定为劳动力所有者和支出者，称劳动者；另一方固定为生产资料占有者和劳动力使用者，称用人单位(或雇主)。其中，劳动者在劳动过程中及其前后都是劳动力所有者，并且在劳动过程中还是劳动力支出者；用人单位(劳动力吸收器)以占有生产资料，作为其成为劳动力使用者的必要条件。

（2）劳动法律关系的内容以劳动力所有权与使用权相分离为核心。在劳动关系中，劳动力所有权以依法能够自由支配劳动力并且获得劳动力再生产保障为基本标志。劳动力使用权则只限于依法将劳动力同生产资料相结合。一方面，劳动者将其劳动力使用权让渡给用人单位，由用人单位对劳动力进行分配和安排，以同生产资料相结合；另一方面，劳动者仍然享有劳动力所有权，用人单位在使用劳动力的过程中应当为劳动者提供保障劳动力再生产所需要的时间、物质、技术、学习等方面的条件，不得损害劳动力本身及其再生产机制，也不得侵犯劳动者转让劳动力使用权的自由和在劳动力被合法使用之外支配劳动力的自由。

（3）劳动法律关系是人身关系属性和财产关系属性相结合的社会关系。由于劳动力的存在和支出与劳动者人身须臾不可分离，劳动者向用人单位提供劳动力，实际上就是劳动者将其人身在一定限度内交给用人单位，因而劳动关系就其本来意义来说是一种人身关系。由于劳动者是以让渡劳动力使用权来换取生活资料的，所以，用人单位要向劳动者支付工资等物质待遇，这是一种通行着商品等价物交换原则的等量劳动相交换。就此意义而言，劳动关系同时又是一种财产关系。

（4）劳动法律关系是平等性质与不平等性质兼有的社会关系。劳动者与用人单位之间通过相互选择和平等协商，以合同形式确立劳动关系，并可以通过协议来续延、变更、暂停、终止劳动关系。这表明劳动关系是一种平等关系，即平等主体间的合同关系。然而，劳动关系当事人双方在劳动力市场上处于实质不平等状态，即劳动者处于弱者地位；并且，劳动关系一经缔结，劳动者就成为用人单位的职工，用人单位就成为劳动力的支配者和劳动者的管理者，这使得劳动关系又具有隶属性质，即成为一种隶属主体间的以指挥和服从为特征的管理关系。

（5）劳动法律关系是对抗性质与非对抗性质兼有的社会关系。劳动者与用人单位在利益目标上存在冲突，前者追求工资福利最大化，后者追求利润最大化，这在一定意义上是成本与利润的矛盾。因而，双方之间的对抗性非常明显，这种对抗性在一定条件下还会酿成社会危机。但是，双方之间也是一种利益伙伴关系，彼此的利益处于相互依存的共生状态，甚至有的利益目标，如劳动者的就业保障目标与用人单位的发展目标之间，具有相对的一致性。在劳动关系中，对抗性与非对抗性处于此消彼长的不断变动状态，对抗性表明协调劳动关系的必要性，非对抗性表明协调劳动关系的可行性。

四、劳动法律关系的分类

劳动法律关系的分类可按不同的标准进行划分，如劳动者的职业、劳动者与用人单位的实际关系、生产资料所有制的形式(最重要的)等。按照生产资料所有制形式的不同，劳动法律关系可分为：(1)全民所有制单位劳动法律关系；(2)劳动人民群众集体所有制单位劳动法律关系；(3)劳动者个体经营单位劳动法律关系；(4)私营企业劳动法律关系；(5)中外合资经营企业、中外合作经营企业劳动法律关系；(6)外商独资经营企业劳动法律关系。

五、劳动法律关系的产生、变更和消灭

劳动法律关系的产生：劳动者同用人单位依据劳动法律规范和劳动合同约定，明确相互间的权利义务，形成劳动法律关系。产生劳动法律关系的劳动法律事实，只能是劳动法律关系主体双方的合法行为，而不是违法行为。

劳动法律关系的变更：劳动者同用人单位依据劳动法律规范，变更其原来确定的权利义务内容。

劳动法律关系的消灭：劳动者同用人单位依据劳动法律规范，终止相互间的劳动权利义务关系。劳动法律关系的消灭就是劳动权利义务关系的消灭。消灭劳动法律关系的劳动法律事实，包括行为人的合法行为和违法行为及事件。

第二节　劳动者的基本权利和义务

劳动者与用人单位作为劳动关系主体，其权利与义务是《劳动法》《劳动合同法》的核心内容，关键在于如何保证劳动关系主体双方的基本权利与义务的实施。

一、规定劳动关系主体双方劳动权利与义务的意义

宪法作为国家的根本大法，与部门法是母法与子法的关系。同样，宪法也规定了劳动法的基本原则，对劳动关系主体双方的劳动权利义务确定了基本准则。具体表现在《宪法》第六条、第四十二条、第四十三条、第四十五条、第四十八条、第五十三条。这一系列的规定涉及劳动关系的各个方面，是我国建立和谐劳动关系的准绳，也是规范劳动关系主体双方权利义务的指导原则，是我国《劳动法》的灵魂。

《劳动法》《劳动合同法》中规定劳动关系主体双方的权利与义务有着重要的意义，表现在以下几个方面：

(1) 劳动关系主体双方的权利与义务是当事人的行为准则。

(2) 劳动关系主体双方的权利与义务是建立和谐的劳动关系的标准。

(3) 劳动关系主体双方的权利与义务是维护劳动关系当事人合法权益的法律依据。

二、劳动者的基本劳动权利与义务

劳动者的权利与义务是我国《劳动法》《劳动合同法》中最核心的内容，具有特别重要的作用和地位。《劳动法》《劳动合同法》的立法宗旨和目的，最终几乎都通过关于对劳动者的权利与义务的具体规定来实现。

(一) 劳动者的基本劳动权利与义务的特点

(1) 劳动者的权利与义务既具有对应性，又具有单向性。

(2) 劳动者的权利范围广泛，是由多层次构成的综合权利。劳动权是人权的重要组成部分，而且劳动者的权利范围十分广泛，涉及多个层次。在劳动者的人身权利方面，有劳动安全权、自由择业权、休息权；在劳动者的财产和经济权利方面，有劳动报酬权、福利权和社会保障权；在劳动者的政治、文化权利方面，有结社权、职业教育权、民主管理权等。

(3) 劳动者的权利与义务具有人身属性。劳动者的权利与义务原则上只能由本人享有或履行，第三人不能行使权利和履行义务。即使劳动者因病或因工死亡产生的抚恤或供养人员的生活救济问题，其实也是劳动者权利的一种延伸。劳动者权利义务的人身属性，是由劳动关系本身具有人的身份属性这一性质决定的。

(二) 劳动者的基本劳动权利与义务的主要内容

劳动者享有的基本权利有以下几种：(1)平等就业和选择职业的权利；(2)取得劳动报酬的权利；(3)休息休假的权利；(4)获得劳动安全卫生保护的权利；(5)接受职业技能培训的权利；(6)享受社会保险和福利的权利；(7)提请劳动争议处理的权利；(8)法律规定的其他劳动权利。

劳动者应履行的基本劳动义务有：(1)积极完成劳动任务；(2)不断提高劳动技能；(3)认真执行劳动安全卫生规程；(4)严格遵守劳动纪律和职业道德。

第三章　就业促进制度

第一节　就业与就业促进

一、就业与就业人口

就业的含义是指在法定年龄内的有劳动能力和劳动愿望的人们所从事的为获取报酬或经营收入进行的活动。

就业人口，在我国是指在16周岁以上(特殊职业需要18周岁以上)，从事一定社会劳动并获取劳动报酬或经营收入的人员。其中，城镇就业人口是指在城镇地区从事非农业活动的就业人口，包括在国有单位、城镇集体单位、股份合作单位、联营单位、有限责任公司、股份有限公司、私营企业、港澳台投资单位、外商投资单位和个体工商户从业的人员。

二、新经济条件下劳动就业的特征

考察当代主流的经济增长理论，就会发现：新古典经济学以生产为核心，以均衡为目标，建立在完全信息的假定基础上。它采用生产函数这一基本分析工具，来描述和研究经济增长。该理论把劳动、资本、土地等视为主要的生产要素，而把知识或技术进步视作外生于经济系统的变量。这说明在新古典理论基础上，研究和讨论知识经济条件下的就业问题存在着先天不足。以罗默等为代表提出的新增长理论，改变了新古典理论的传统，把增长理论建立在了知识内生的基础上。该理论认为，知识增长是经济增长的关键，知识是一种特定的商品。由知识本身的特征决定的是人类跨入新经济时代初期不可避免的结构失业难题。

(一) 就业问题实质是人类工业文明的产物

在农业经济时代，劳动者的主要活动是从事农产品生产，他们日出而作，日落而息。社会经济的基本单元是家庭或庄园，生产成果是在家庭以及庄园成员之间平均分配，劳动者实际上获得的是“制度工资”而非“劳动或就业报酬”。因此农业经济时代不存在现代经济学意义上的就业问题。

人类进入工业化时代后，大量采用机器进行生产。通过“资本雇佣劳动”的典型形式，大批劳动者进入工厂从事规模化生产活动，并且逐渐形成了劳动要素对资本要素的依附。由此出现了资本积累进而影响整个经济增长的结果，而经济增长反过来又决定劳动力就业以及相应的收入分配问题。

新经济时代以后，人力资本要素逐渐起着越来越重要的作用。作为人力资本载体的劳动者，其就业模式开始发生了重大变化。从对创新劳动的分析中可以看出，劳动者与资本两要素的相对价格已因供求状况的改变而发生了实质的改变，创新型劳动在与资本的结合过程中获得了更加主动的地位，而且在一些情况下出现了劳动雇佣资本的局面。在传统工业经济条件下，劳动者就业增加的速度与规模一般须依赖于资本(物质资本)的积累与扩张情况。这也就是为何当今世界上许多国家的劳动力就业率仍主要依赖于经济总量增长速度的原因。在新经济条件下，劳动力(尤其是创新型劳动力)已经在一定程度上摆脱了工业化就业模式的束缚，反而物质资本在与这一要素的结合中居于从属地位，这些特征在知识创新集中的行业已非常显著。

（二）人力资本积累在经济增长与就业中的作用凸显

工业经济时代，劳动者主要从事体力或以体力为主的集体活动，此时劳动力在对生活资料的消费过程中，只要能恢复必要的体力与脑力就可以了，个人人力资本投资居于无关紧要的地位。在新经济条件下，情况则大不相同，整个劳动力群体就业的规模、劳动力个体对就业的依赖程度，甚至宏观经济的增长，都取决于人力资本积累及其投资。可见新经济条件下的经济增长是以人力资本为源泉的增长，而与人力资本有关的消费与投资是经济系统运行以及经济总量扩张的重要方面；劳动者的个人消费不是独立于生产过程的个人私事，而是与投资有了相同的含义。广义上讲，劳动者的消费与投资是等价的，是一个事物的两个方面。

经济学家的研究思路说明，人力资本在现代经济发展中的作用增强是一个历史趋势，由于人力资本的重要作用，教育的地位将在新经济条件下日益突出。教育对就业的影响有两个方面：一方面是教育作为增加人力资本投资的重要途径，通过经济总量增长扩大了对劳动力的需求，提高了就业率；另一方面，教育作为一项产业，发展教育本身亦将吸纳大量劳动力就业。这表明，新经济条件下的教育与劳动力就业之间的关系越来越直接，并且教育通过就业进一步影响不同劳动力群体的收入水平。

（三）劳动力转移有了新特点

众所周知，在工业化时代，世界各国劳动力流动都存在这样一个趋势，即劳动力由第一产业转移到第二产业，等到第二产业有了一定发展后，大量的劳动力又由第一、第二产业转向第三产业。这种现象在理论上被称作“配第-克拉克命题”。然而在新经济条件下，劳动力流动一方面仍保持这一基本流动趋势，另一方面也发生了显著变化。例如一些代表新经济特点的行业，如信息技术、计算机、高新技术等，其劳动力需求尽管也需要从第二产业转移一部分，然而更多的却是依靠新增劳动力群体中的高学历、高技能人才来填充，而不是像过去工业化、城市化过程中那样，第二、第三产业的发展主要由第一产业的劳动力转移来实现。在新经济条件下，劳动力在就业过程中将充分享受到信息、网络技术带来的便利。如果劳动者更换就业岗位，不一定严格依赖于就业场所的改变，他甚至完全可以在家里受雇于千里之外。归纳起来，就业有以下基本特征：

（1）就业的主体必须符合法定的就业年龄；

（2）就业的主体必须具有劳动能力；

（3）就业必须是出自就业主体的自愿；

（4）就业必须是一种能够为社会创造财富或有益于社会的劳动；

（5）就业必须使就业主体能够获得一定的劳动报酬或经营收入。

三、就业促进

就业促进是指国家采取的帮助公民实现就业的一系列措施的总称，就业促进的目标是实现充分就业。

第二节　就业促进的权利义务主体

一、就业促进的义务主体

（一）政府

就业促进是政府的基本职责，政府是就业促进的最主要体现。

1. 就业促进是劳动力市场健康运行的必然要求

劳动力市场理论和实践表明，利用市场机制来配置劳动力资源是高效的，正是市场这只“看不见的手”的作用，才使就业关系基本上处于正常运转之中。然而，市场又并非是万能的。纯粹的市场机制调节存在着固有的弱点和消极作用，具有自发性、盲目性和滞后性等明显缺陷，它往往不能从整体上实现社会资源的合理配置。因此在治理失业问题上，要采用“两手”(市场和政府)协同的办法来解决，合理地寻找就业政策与劳动力市场运行之间的最佳结合位点。

2. 就业促进是控制失业率，维护社会安全的需要

失业一般包括自愿失业和非自愿失业，且非自愿失业是失业的主流。如果是自愿失业，就不存在就业促进问题。但是，无论是何种类型的非自愿失业，都会对个人和家庭、对经济增长和社会发展带来很大程度的负面影响。这是因为，对个人和家庭来讲，就业是保障劳动者实现其生存权的根本途径，失业的代价就是收入的减少和生活水平的下降。工作不仅对劳动者个人重要，而且是解决社会贫困问题的主要手段。

3. 就业促进是解决我国人口大国就业形势严峻的必然要求

我国就业问题，主要表现在以下五个方面。一是劳动力供大于求的基本格局的长期存在。二是失业人员再就业的压力依然很大。三是就业结构性矛盾十分突出。特别是中西部地区和老工业基地、困难行业、资源枯竭城市出现大批下岗失业人员，解决的难度很大；另外，新兴的产业、行业和技术性职业所需素质较高的人员供不应求。四是来自新成长的劳动力和农村劳动力向城镇及非农领域转移的就业压力大。五是劳动就业市场不够规范。六是职业教育和培训工作相对滞后。

（二）用人单位、人力资源市场中介机构、职业教育和培训机构以及相关的社会团体

按照我国《就业促进法》的规定，用人单位、人力资源市场中介机构、职业教育和培训机构以及相关的社会团体也是就业的主体。

(1)“人力资源市场”是全国人大宪法和法律委员会协调各方面意见后确定的表述，是对原有的劳动力市场、人才市场、毕业生就业市场等各类场所的总概括。

(2) 人力资源市场中介机构包括公共就业服务机构、职业中介机构。

(3) 职业教育和培训机构包括职业教育和培训类职业院校、职业技能培训机构和用人单

位等。

（4）相关的社会团体包括工会、共产主义青年团、妇女联合会、残疾人联合会以及其他社会组织。

二、就业促进的权利主体

（一）就业促进的权利主体范围的界定

就业权利主体不单纯指劳动法上的劳动者，还包括需要通过建立劳动关系以获得劳动报酬为目的的劳动者和并不需要通过建立劳动关系以获得一定劳动报酬或者经营收入为目的的非劳动法上的劳动者。

（二）就业促进的权利主体的条件

就业促进的权利主体应满足下列条件：

（1）必须符合法定的就业年龄；

（2）必须具有劳动能力；

（3）就业必须是自愿的；

（4）就业必须是一种能够为社会创造财富或有益于社会的劳动；

（5）就业的直接目的是获得一定的劳动报酬或经营收入。

（三）就业促进的权利主体的义务

劳动者首先应该以个人的手段与方法通过个人自主性努力在用人单位获得就业机会。

第三节 政府就业促进的主要措施

为切实解决好就业这个重大民生问题，党的十八大报告明确提出，要实施就业优先战略和更加积极的就业政策，推动实现更高质量的就业，并将就业更加充分作为全面建成小康社会的重要目标，进一步明确了促进就业的方针政策和重大举措。

一、全面准确把握新的就业方针

党的十八大报告进一步充实和完善了我国的就业方针，在坚持劳动者自主就业、市场调节就业、政府促进就业的基础上，第一次将鼓励创业纳入就业方针，并强调引导劳动者转变就业观念，鼓励多渠道多形式就业，促进创业带动就业。

新的就业方针明确了劳动者、市场、政府在促进就业中应发挥的作用。自主就业体现了劳动者在就业中的主体地位和自主选择就业的权利。

市场机制在人力资源配置中发挥基础性作用，是调节就业的基础平台。

政府则通过制定就业扶持政策、提供公共就业服务，发挥促进就业的作用。创业带动就业效果显著，需要采取鼓励创业的财税金融等扶持政策，加强创业培训和服务。

二、认真贯彻落实促进就业的重大政策措施

党的十八大报告第一次将促进就业上升到新的战略高度，明确提出实施就业优先战略和更加积极的就业政策。

实施就业优先战略，就是要把促进就业作为经济社会发展的优先目标，放在经济社会发展的优先位置，更加注重选择有利于扩大就业的经济社会发展战略，强化政府促进就业的责任。

落实更加积极的就业政策，就是要根据就业形势和就业工作重点的变化，及时充实和完善各项就业政策，加强就业政策与产业、贸易、财政、税收、金融等政策措施的协调。

加大公共财政对促进就业的资金投入，完善财税金融扶持政策，着力扶持发展吸纳就业能力强的现代服务业、战略性新兴产业、劳动密集型企业和小型微型企业。

第四章 劳动合同制度

第一节 劳动合同概述

一、劳动合同在我国的发展

从2008年1月1日起，《中华人民共和国劳动合同法》(简称《劳动合同法》)施行。

众所周知，劳动合同是规范劳动关系最基本的法律形式，在法律上完善劳动合同制度，是夯实劳动关系基础的必然要求。

尽管我国从20世纪80年代中期就开始进行劳动合同制度改革试点，1995年1月1日施行的《劳动法》正式确立了劳动合同制度，1996年开始施行全员劳动合同制度，但由于受制于多方面因素，劳动合同制度实施情况并不理想。特别是劳动合同签订率不高、质量低下等问题突出，直接影响了劳动者权益的维护和劳动关系的和谐发展。因此，专门就劳动合同制度进行立法刻不容缓。

实际上，在1994年的下半年，国家劳动部和全国总工会就已经启动了《劳动合同法》的立法程序，但是到1998年下半年准备提交国务院法制办进行审查的时候却被暂时搁置。其原因主要是当时中央提出到20世纪末建立起社会主义市场经济体制。但诸如就业、社会保险等配套法律尚未启动立法，单独制定《劳动合同法》存在衔接问题，即使制定《劳动合同法》，其所产生的实际效应也未必理想。因此，直到2004年底，《劳动合同法》的起草工作才重新启动。

重新起草的《劳动合同法(草案)》于2005年12月24日提交全国人大常委会审议，并于2006年3月20日向社会公开征求意见。社会反响十分强烈，全国人大常委会收到的反馈意见达19万条之多。

我国出台《物权法》的时候，就曾引起社会各方面的高度关注，审议7次才通过。但就是这部关注度非常高的法律，在公开征求意见的时候，也只收到1万多条反馈意见。而《劳动合同法》不但创造了收集意见之多的纪录，其各方阵营对抗之激烈、立场对峙之鲜明、意见对立之清晰，也给人们留下了深刻的印象。不仅因为这部法律与劳动者的切身利益息息相关，更反映出劳动合同制度亟须通过法律进一步规范和完善的现实需要。

其中，最为集中和激烈的争议莫过于立法宗旨了，即《劳动合同法》究竟应该是平等保护劳资双方利益的“平等法”，还是侧重保护劳动者权益的“倾斜法”。

经过了4次审议之后，2007年的6月29日，《劳动合同法》提交到全国人大常委会进行表决，当天参加表决的146人中有145人投了赞成票。尽管波折重重，《劳动合同法》最终还是以高得票率获得通过。

二、《劳动合同法》与《劳动法》的关系

众所周知，《劳动合同法》与《劳动法》有密切的关系。现在社会上有很多宣传《劳动合同法》的言论，其中难免会有不正确的说法。比如，有人说出台了一个新的《劳动法》，这个说法显然是错误的。而有人说出台了一个新的《劳动合同法》，也不完全正确。因为《劳动法》是于 1995 年出台的，是劳动领域里的基本法，它不会被《劳动合同法》所取代，而且这部法律到目前为止，也没有做任何修改，所以不存在新的《劳动法》一说。新出台的《劳动合同法》与《劳动法》之间到底是什么关系呢？确切地说，《劳动合同法》是《劳动法》的一个子法。二者的关系如表 1 所示。

表 1 《劳动合同法》与《劳动法》的关系

《劳动法》	《劳动合同法》	《劳动法》	《促进就业法》
	《劳动基准法》		《劳动争议处理法》
	《社会保险法》		《其他相关法律》

我们已有了《劳动法》《劳动合同法》《劳动基准法》《社会保险法》《促进就业法》《劳动争议处理法》等相关法律。为什么还要“出台一部新的《劳动合同法》”呢？这是因为国家在出台《劳动法》之后，并没有及时出台《劳动合同法》。为了调整各地用人单位和劳动者的劳动关系，各地政府部门都纷纷采用制定地方性法规或规章的方式，来制定本地区调整劳动关系的相关政策文件。比如上海有《上海市劳动合同条例》，北京有《北京市劳动合同规定》，深圳有《深圳经济特区劳动管理规定》。这些地方性的法规或规章，都是行使《劳动合同法》职能的临时性规定，并不能算作《劳动合同法》。2008 年 1 月 1 日《劳动合同法》正式施行后，这些地方性的规定通通被废止，因为它们的历史使命已经完成了。正因为之前有这些地方性规定的存在，有人将新出台的《劳动合同法》视为新的劳动合同法，也有一定道理。

虽然在《劳动合同法》出台以后，调整劳动关系的具体细则实施起来会和以前有所不同，但是《劳动合同法》本身并不存在新旧之说，因为它是首次制定的。而《劳动法》是劳动领域里的基本法，其主要内容是一些原则规定，其主要条款反映的是立法精神、立法原则。《劳动法》下面要有若干个配套的法律，才能构成劳动领域里的一部整体法律。

虽然《劳动合同法》遵循了《劳动法》的立法精神，但是在具体实施细则方面，会与《劳动法》特别是“劳动合同”那一章的内容可能有冲突。一旦出现法律冲突，在实际操作当中应该怎样解决，就是一个很现实的问题。

有人可能会说，既然《劳动合同法》是《劳动法》的子法，那就不应该有冲突，《劳动法》的规定，《劳动合同法》都应该遵守。但是，《劳动合同法》是《劳动法》的子法只是学理上的一种说法，当初在《劳动合同法(草案)》第一次审议的时候，在条款里确实有这样一句话：“根据《劳动法》制定本法。”但是正式出台的《劳动合同法》中并没有这句话。在《劳动合同法》正式通过后的当天，全国人大常委会召开了一个记者招待会，就有记者提出过类似的问题，得到的回答是，《劳动法》是全国人大常委会讨论通过的一部法律，《劳动合同法》也是全国人大常委会讨论通过的一部法律。

这个说法对《劳动合同法》的实际操作有什么意义呢？虽然从学理上把《劳动合同法》看

成是《劳动法》的下位法，但是在实际操作过程中，既然二者都是全国人大常委会讨论通过的法律，按照我国《立法法》的规定，不同时期的两部法律如果出现了法律冲突，就采用新法取代旧法的方式去解决这个冲突。

所以，如果遇到《劳动法》和《劳动合同法》的规定不一致时，不要想当然地认为，既然《劳动法》没被废止，就应按《劳动法》的规定办理。实际上应该按照《劳动合同法》的规定办理，因为《劳动合同法》的条款已经取代了《劳动法》的相关条款。

例如，《劳动合同法》和《劳动法》都有关于"员工连续工作十年以上的，签无固定期限合同"的规定，但是两者在具体规定上截然不同。《劳动法》规定，劳动者在同一单位连续工作满十年以上，双方当事人同意续延劳动合同的，如果劳动者提出订立无固定期限的劳动合同，应当订立无固定期限的。根据《劳动合同法》相关规定：用人单位与劳动者协商一致，可以订立无固定期限劳动合同。有下列情形之一，劳动者提出或者同意续订、订立劳动合同的，除劳动者提出订立固定期限劳动合同外，应当订立无固定期限劳动合同：

（一）劳动者在该用人单位连续工作满十年的；

（二）用人单位初次实行劳动合同制度或者国有企业改制重新订立劳动合同时，劳动者在该用人单位连续工作满十年且距法定退休年龄不足十年的；

（三）连续订立二次固定期限劳动合同，且劳动者没有本法第三十九条和第四十条第一项、第二项规定的情形，续订劳动合同的。

按照这些条款，一个员工合同到期，已在本单位连续工作十年以上，如果用人单位和劳动者都愿意续签合同，而用人单位并没有问劳动者要续多长时间，劳动者本人也没有提出来要签无固定期限劳动合同，用人单位就可以与其签订一个一年期的劳动合同。

三、劳动合同的分类

劳动合同按照不同的分类方法，有不同的种类。

（1）按照劳动合同期限的不同进行划分，劳动合同可以分为有固定期限的劳动合同、无固定期限的劳动合同、以完成一定工作为期限的劳动合同。

有固定期限的劳动合同，亦称定期劳动合同，是指双方当事人在劳动合同中约定一个明确的合同期限，期限届满可以依法续签，否则就终止双方的权利义务关系的劳动合同。

无固定期限的劳动合同，也称为不定期劳动合同，是指用人单位与劳动者约定无确定终止时间的劳动合同。

以完成一定工作为期限的劳动合同是指双方当事人把完成某一项工作或劳动任务作为劳动关系的存续期间，约定任务完成后合同即自行终止的劳动合同。

用人单位自用工之日起满 1 年不与劳动者订立书面劳动合同的，视为用人单位与劳动者已订立无固定期限的劳动合同。

（2）根据用工形式的不同，劳动合同可以分为典型劳动合同、非典型劳动合同。

典型劳动合同主要是指有固定期限的劳动合同、无固定期限的劳动合同以及以完成一定的工作为期限的劳动合同。

非典型劳动合同主要包括劳务派遣合同和非全日制劳动合同。

劳务派遣合同，是由实际用工单位和劳务派遣公司首先签订劳务派遣协议，之后由劳务派遣公司代替用人单位招聘员工进行派遣的合同。

劳务派遣合同的期限一般在2年以上，内容包括用工单位、派遣期限、工作岗位等。

非全日制劳动合同：劳动者和用人单位签订的，以小时计酬为主，劳动者在同一用人单位一般平均每日工作时间不超过4小时，每周工作时间累计不超过24小时的非典型形式的劳动合同。

(3) 按照劳动合同的存在形式进行分类，劳动合同可以分为书面劳动合同、口头劳动合同。

非全日制用工双方当事人可以订立口头协议，而全日制用工的双方当事人应当订立书面劳动合同。

第二节　劳动合同的特点

根据《劳动法》第十六条的规定，所谓劳动合同，是劳动者与用人单位确立劳动关系、明确双方权利和义务的协议。

劳动合同与一般的民事合同不同，它具有以下四个比较突出的特点。

一、国家干预下的意思自治

劳动合同是在国家干预下的当事人的意思自治，而民事合同是没有国家干预的，体现的是当事人之间的意思自治。也就是说，当两个人在签民事合同的时候，只要合同的内容不侵犯国家利益、公共利益，也不侵害第三者的利益，基本上都不受国家的干预。

但是劳动合同却不同，尽管用人单位和劳动者之间约定的是他们双方之间的事，他们也不可以随便约定合同内容。比如说，用人单位在跟劳动者约定工资条款的时候，就不可以把工资约定在当地规定的最低工资以下；在约定时间条款的时候，对于标准工时制的劳动者，用人单位不可以约定让其每天工作时间超过8小时。8小时之内可以随便约定，8小时以外就不行。

尽管把每天的标准工时定在8小时以上，并不侵犯国家的利益，也不侵犯公共利益，但也是不可以的，因为这违反了《劳动法》的规定。这就是国家干预的体现。因此，双方当事人的意思自治是限定在一定范围内的。

二、合同双方的当事人之间强弱对比悬殊

在民事合同中，当事人之间基本上没有强弱之分，而劳动合同的双方当事人之间强弱对比则比较悬殊——一方是非常弱小的个体，即劳动者；另一方是实力较强的组织，即用人单位。既然要求双方签订劳动合同，首先要给双方当事人平等的法律地位，没有平等的法律地位，就不可能有平等的劳动合同。鉴于这种情况，在立法的时候，如果给双方当事人平等分配的权利，实际上作为弱者的劳动者一方，还是要吃亏的。

到底是“平等”还是“倾斜”，是《劳动合同法》立法过程中的主要争议之一。我国在制定《劳动合同法》的时候，给予双方当事人之间的权利分配基本上是平等的，没有偏向哪一方。而在实际操作中，劳动合同无法体现出权利分配的平等性，对个体劳动者来说是不公平的。所以在立法的时候，就使用了倾斜性立法技术，即在设定某些双方当事人都有权利的时候，

可能会给劳动者分配的权利大一些，给用人单位分配的权利小一些，这就是倾斜立法。

我们经常把法律比喻成天平，把强弱对比悬殊的双方当事人放在上面称一称，天平立刻就会倾斜。如果平均分配权利的话，那么天平仍然会倾斜。怎么办呢？只能给劳动者这边加重砝码(权利大一点)，给用人单位砝码小一点(权利小一点)，这样才能实现天平的平衡。

三、劳动合同具有人身性

用人单位与劳动者建立劳动合同关系，就是为了使用劳动力。劳动力是看不见、摸不着的，隐藏在劳动者的肌肉和大脑里。用人单位如果要用的话，就得让劳动者亲自到单位来。劳动力既然跟劳动者人身密不可分，那么，签订劳动合同的劳动者要履行劳动义务，必须亲自到场，这样劳动合同就具有了人身性。

劳动力其实是使用或者占有之后不能再生的东西，一个员工，当他 30 多岁的时候，具有优质的劳力。但到了 59 岁时，身体差了，脑筋也不灵活，劳动力就变得劣质了。也就是说，他的劳动力经过那么多年的折旧，到了 59 岁其实就剩一点残值了，到了 60 岁，劳动力就“报废”了，女同志可能还要更早一些。

因此，企业不可以跟退休以后的员工再签劳动合同，或者继续履行劳动合同。但是企业仍然可以用退休以后的员工，这就要跟他建立民事上的劳务合同，或者建立雇佣合同关系。虽然从《劳动法》的意义来讲，一个人到了退休年龄，已经丧失了劳动权利能力，但他是自然人，可以行使自己的民事权利能力和民事行为能力，为任何个人或者企业提供劳动。

既然劳动力的折旧体现在人身上，而企业的通常做法是，员工工作，企业支付报酬。报酬里有劳动力的折旧费体现吗？没有。因为企业只是根据员工的表现和业绩支付相应的报酬：业绩好，可能拿的奖金多；业绩差，可能拿的奖金少。

那么企业是怎么支付劳动力折旧费用的呢？企业除了支付给员工工资以外，还要每个月给员工缴纳社会保险。社会保险实际上是劳动力折旧的一种体现。当一个人在不同单位工作的时候，不同单位给他缴纳社会保险，等他到了退休年龄，就可以享受这种权益。

四、劳动合同具有隶属性

任何合同都有平等性，劳动合同也不例外，但是劳动合同还有隶属性。前面提到，劳动合同有人身性，劳动者必须亲自到用人单位履行劳动合同。用人单位在每天的 8 小时工作时间里，要给劳动者分配工作。劳动者必须为用人单位分配的工作提供劳动，用人单位不允许劳动者在工作时间做其他的事，否则劳动者就是违纪，准确地说叫违约。因为用人单位已经通过劳动合同购买了劳动者这 8 个小时的劳动力，也就是说，其劳动力的使用权、支配权都已经转让给用人单位了，劳动者自己不可以再使用。从这个意义来讲，劳动者的人身自由都已经让给用人单位了。

(一) 员工与企业的隶属关系

既然大家都到企业来上班，企业就要对员工进行管理，因此制定了各种规章制度，这些制度其实就界定了员工与企业的隶属关系。员工必须服从企业的规章制度，而企业不需要同员工商量。没见过哪个企业对员工说：“我们要加工一种产品，加工的工序是这样的，你们看看同意不，不同意我们就改，只要你们把产品制造出来就行。”

所以说，企业的规章制度对于员工来讲，是一种管理的手段，员工要服从，法律上也是这么规定的。《劳动合同法》第四条规定："用人单位应当依法建立和完善劳动规章制度，保障劳动者享有劳动权利、履行劳动义务。"而劳动者应当遵守企业的规章制度和劳动纪律。这就是隶属性的体现，即在经营及生产过程中，员工要服从企业制定的规章制度。

（二）隶属性给企业管理带来的问题

这种隶属性也给人力资源工作带来很多麻烦，因为有些人不懂劳动合同的这种关系，在遇到问题的时候，就不清楚该怎么处理。比如在管理员工或者在工作当中处理某个问题的时候，有的企业就会想，这个问题好像在劳动合同当中没有涉及，如果要求员工去做没有约定的事情，他们不愿意做怎么办？我可不可以强制他们去做？如果强制，好像不符合合同的要求；不强制，这又是一项非做不可的工作……

其实产生这种矛盾的想法是完全没有必要的。因为劳动合同虽然具有平等性，但也有隶属性。在某些方面，员工和企业是隶属关系，而不是平等关系，隶属性是劳动合同非常独特的特点。民事合同就比较简单，因为它只有平等性，签订合同的双方没有任何一方会凌驾于对方之上。但是劳动合同就比较复杂，既体现平等关系，又体现隶属关系。

（三）运用平等关系和隶属关系处理问题

在具体工作当中，到底什么时候用平等关系来处理问题，什么时候用隶属关系来处理问题呢？很简单，凡是应该用劳动合同调整的事，或者说劳动合同里涉及的内容，就应该用平等关系去处理，也就是说按照合同约定来操作。如果合同里没有约定，或者约定不明确，就要跟员工商量，不可以强迫员工按照企业的要求去做。但如果是企业各种制度规定的内容，那么企业有权要求员工遵守，或者服从；员工想不接受、不服从，那是他们的过错。

（四）与工会协商制定企业规章制度

不过，《劳动法》施行了20多年以来，在具体的操作中，确实出现了有些企业滥用规章制度的现象，把不该由制度规定的东西也用制度的方式来强加给员工，甚至出现了很多不公平、不合理、严重侵犯员工合法权益的"规章制度"。于是，《劳动合同法》立法时采用了一个办法，使企业的内部制度变得比较公平和合理。《劳动合同法》第四条规定："用人单位在制定、修改或者决定有关劳动报酬、工作时间、休息休假、劳动安全卫生、保险福利、职工培训、劳动纪律以及劳动定额管理等直接涉及劳动者切身利益的规章制度或者重大事项时，应当经职工代表大会或者全体职工讨论，提出方案和意见，与工会或者职工代表平等协商确定。"

其中，"经职工代表大会或者全体职工讨论，提出方案和意见，与工会或者职工代表平等协商确定"这一内容就要求，以后企业在制定规章制度时，并不是想怎么定就怎么定，而是必须有一个民主参与的环节，这样就大大提高了企业规章制度的合理性和公平性。

但在实际操作中，也会产生一些问题，比如有的企业没有职工代表大会，那么只能通过全体职工讨论来决定。而有的企业规模很大，在全国各个地区都有分公司，全体职工讨论也无法实现，怎么办？其实这种情况也好处理，因为讨论并不一定是面对面的口头讨论。企业可以通过书面的形式，或者把拟定的规章制度草案发给各分公司，向各分公司的员工征求意见，或者进行讨论。

总而言之，企业的规章制度要先民主再集中，即先通过民主的方式讨论，把方案提出来，再由企业或工会（没有工会的，可由职工代表代为行使职能）协商确定下来。

关于制定企业规章制度，笔者认为，企业不要盲目进行，不能动辄提出一个想法，让员工各抒己见。这样做，只会导致混乱。因为员工可能替企业着想，也可能替自己着想，如果每个人都替自己着想，这样就没法形成可执行的草案。所以企业应该先拿出一个草案提交职工代表大会，然后通过职工代表大会收集修改意见，或者让员工表决。

这里要注意的是，企业制定规章制度要通过一个民主程序，比如说经过职工代表大会表决，只要有二分之一以上的人赞成就可以了，并不是每一个人都同意才行。

在制定规章制度的过程中，如果有些职工或者工会认为规章制度有问题的，他们有权向企业提出，而企业要用原程序进行修改，不能绕过原程序。否则，修改的内容是无效的。比如规章制度最初是由职工代表大会通过，再同工会协商确定出来草案，在修改的时候也得严格按照这个程序进行。

企业规章制度确定下来以后，其中涉及劳动者切身利益的部分，企业还要履行告知义务。履行告知义务的主要方法是公示，比如大型企业可以在单位内部设置公告栏，在公告栏中将规章制度贴出来，以便全体员工阅读；如果没有公告栏，企业可以召开全体职工大会，将规章制度宣读一遍；或者把规章制度印成小册子，保证人手一份。

当然，有的单位做得更好，在制定好规章制度以后，对全体员工进行一次培训，让每一名员工都充分了解这些制度，以便更好地执行。

第三节 劳动合同的订立

一、劳动合同的订立

劳动合同的订立是指劳动者和用人单位之间经过相互选择和平等协商，就劳动合同条款达成协议，从而确立劳动关系和明确相互权利义务的法律行为。

订立劳动合同，应当遵循合法、公平、平等自愿、协商一致、诚实信用的原则。

合法原则的具体要求是：(1)劳动合同的当事人必须具备法定资格；(2)劳动合同的内容必须合法，劳动合同的形式要合法，除非全日制用工外，劳动合同需要以书面形式订立。

订立劳动合同主要经过要约与承诺两个基本阶段。全日制劳动合同应当采取书面形式。

（一）应该而没有订立书面劳动合同情况的处理

用人单位自用工之日起即与劳动者建立劳动关系。

已建立劳动关系未同时订立书面劳动合同的，如果在自用工之日起 1 个月内订立书面劳动合同，其行为不违法。自用工之日起 1 个月内，经用人单位书面通知后，劳动者不与用人单位订立书面劳动合同的，用人单位应当书面通知劳动者终止劳动关系，无须向劳动者支付经济补偿，但是应当依法向劳动者支付其实际工作时间的劳动报酬。

用人单位未在用工的同时订立书面劳动合同，与劳动者约定的劳动报酬不明确的，新招用的劳动者的劳动报酬按照集体合同规定的标准执行；没有集体合同或者集体合同未规定的，实行同工同酬。

用人单位自用工之日起超过 1 个月不满 1 年未与劳动者订立书面劳动合同的，应当向劳动者每月支付两倍的工资，并与劳动者补订书面劳动合同；劳动者不与用人单位订立书面劳动合同的，用人单位应当书面通知劳动者终止劳动关系。

用人单位自用工之日起满1年未与劳动者订立书面劳动合同的，自用工之日起满1个月的次日至满1年的前一日应当向劳动者每月支付两倍的工资，并视为自用工之日起满1年的当日已经与劳动者订立无固定期限劳动合同，应当立即与劳动者补订书面劳动合同。

非全日制用工的劳动合同可以是书面形式，也可以是口头协议。

劳务派遣用工形式，只有依法设立的能够独立承担民事法律责任，且具备一定经济实力以承担对被派遣劳动者义务的公司法人才能专门从事劳务派遣经营。

劳务派遣单位应当与被派遣劳动者订立2年以上的固定期限劳动合同，按月支付劳务报酬；被派遣劳动者在无工作期间，劳务派遣单位应当按照所在地人民政府规定的最低工资标准，向其按月支付报酬。

劳务派遣单位应当与用工单位订立劳务派遣协议。约定派遣岗位、人员数量、派遣期限、劳动报酬、社会保险费的数额与支付方式以及违反协议的责任。

劳务派遣一般在临时性、辅助性或者替代性的工作岗位上实施。

在被派遣劳动者合法权益受到侵害是，用工单位与劳务派遣单位承担连带赔偿责任。

（二）劳动合同的条款

劳动合同的必备条款：(1)用人单位的名称、住所和法定代表人或者主要负责人；(2)劳动者的姓名、住址和居民身份证或者其他有效身份证件号码；(3)劳动合同期限；(4)工作内容和工作地点；(5)工作时间和休息休假；(6)劳动报酬；(7)社会保险；(8)劳动保护、劳动条件和职业危害防护；(9)法律、法规规定应当纳入劳动合同的其他事项。

在劳动合同中，用人单位与劳动者可以约定试用期、培训、保守秘密、补充保险和福利待遇等其他事项。

试用期条款：(1)试用期包含在劳动合同期限内，劳动合同仅约定试用期的，试用期不成立，该期限为劳动合同期限；(2)同一用人单位与同一劳动者就同一岗位只能约定一次试用期；(3)试用期最长不超过6个月。

劳动合同期限3个月以上不满1年的，试用期不得超过1个月；劳动合同期限1年以上3年以下的，试用期不得超过2个月；3年以上固定期限和无固定期限的劳动合同，试用期不得超过6个月。同一用人单位与同一劳动者只能约定一次试用期。以完成一定工作任务为期限的劳动合同或者劳动合同期限不满3个月的，不得约定试用期。

劳动者在试用期内提前3日通知用人单位，可以解除劳动合同。

劳动合同当事人可以在劳动合同中约定保守用人单位商业秘密的有关事项。

竞业限制的人员限于用人单位的高级管理人员、高级技术人员和其他负有保密义务的人员。

在解除或者终止劳动合同后，竞业限制的人员到与本单位生产或经营同类产品、从事同类业务的有关系的其他用人单位，或者自己开业生产或经营同类产品、从事同类业务的竞业限制期限，不得超过2年。

以劳动合同对劳动者的违约行为约定违约金，只限定在三种情形，即服务期、竞业限制和保守商业秘密。

劳动合同成立的条件：双方当事人做出完整的意思表示；当事人的意思表示以订立劳动合同为目的，并能产生相应的法律后果；当事人的意思表示须一致。

劳动合同的生效：合同的主体必须合法；合同的内容和形式必须合法；订立合同的程序

必须合法；当事人的意思表示必须真实。

二、劳动合同有效性的认定

无效劳动合同是指当事人违反法律、法规或违背平等、自愿原则签订的对当事人全部或者部分不产生法律约束力的劳动合同。

以下合同为无效劳动合同：(1)违反法律、行政法规强制性规定的劳动合同；(2)以欺诈、胁迫的手段或者乘人之危，使对方在违背其真实意思的情况下订立或者变更的劳动合同；(3)用人单位免除自己的法定责任，排除劳动者权利的劳动合同。

按劳动合同无效程度分类，无效劳动合同可以分为全部无效、部分无效两种。

全部无效包括两种情况：一是劳动合同的内容全部不符合国家法律、法规的要求；二是尽管劳动合同中只有部分内容无效，但无效部分足以影响其他部分的效力，导致全部无效的后果。

无效的劳动合同，从订立的时候起，就没有法律约束力。确认劳动合同部分无效的，如不影响其余部分的效力，其余部分仍然有效。

无效劳动合同的确认机关，必须是劳动争议仲裁委员会或者人民法院。

无效劳动合同的处理主要包括：(1)取消全部无效的劳动合同；(2)修改部分无效劳动合同和赔偿损失。

劳动合同的无效应追溯自劳动合同成立之时，即从订立的时候起就没有法律效力。

劳动合同被确认无效，劳动者已付出劳动的，用人单位应当向劳动者支付劳动报酬。

劳动合同被确认无效，给对方造成损害的，有过错的一方应当承担赔偿责任。

三、订立劳动合同的注意事项

用人单位在与劳动者订立劳动合同时，应该注意以下几点。

(一) 正确行使订立劳动合同过程中的知情权

在劳动合同缔结之前，用人单位和员工为了建立劳动合同关系，通常采用用人单位招聘、员工应聘的方式，来实现订立合同之前的平等协商。在这个过程中，双方当事人必须有一个权利——了解对方相关信息的权利。如果没有这个权利，用人单位的面试根本就无法开展，因此法律必须赋予双方当事人知情权。

对于劳动者来讲，用人单位在招聘劳动者时，应当告知劳动者本单位工作方面的相关内容和劳动者想了解的一些情况，这是劳动者的知情权。而用人单位也有权了解劳动者与劳动合同直接相关的基本情况，劳动者不得隐瞒，这是用人单位的知情权。

在实际操作过程中，用人单位的知情权行使得非常充分。当用人单位面试劳动者的时候，什么问题都可以直接问。一般来说，劳动者都要回答这些问题，因为现在劳动力供大于求，如果劳动者不配合用人单位的面试，就可能失去被聘用的机会，所以用人单位知情权的行使几乎没有什么障碍。

但劳动者知情权的行使是有障碍的，或者说是未能充分行使的。

(二) 禁止设定担保和收取抵押金

《劳动合同法》中有禁止设定担保和收取抵押金的规定。就是说，用人单位招聘劳动者时，不得让劳动者提供担保或者缴纳抵押金。

很多用人单位担心，由于不了解招进来的员工，万一这个员工在工作当中犯了错误，给本单位造成巨大损失，而这个员工又一走了之，不赔偿用人单位的损失，用人单位怎么办呢？所以，现在很多用人单位都要求员工缴纳一定数额的抵押金，等员工离开本单位时再予以返还，甚至有的用人单位还支付抵押金的利息，只求降低风险。

这种做法看似合情合理，但是仔细想想并不尽然。用人单位只求自保，却从来没有替员工考虑，因为员工也有类似的风险。

四、劳动合同的内容

关于劳动合同的条款，《劳动法》与《劳动合同法》规定的内容并不完全相同。《劳动法》第十九条规定，劳动合同应当以书面形式订立，并具备以下内容：(1)期限；(2)工作内容；(3)劳动保护和劳动条件；(4)劳动报酬；(5)劳动纪律；(6)终止的条件；(7)违反的责任。除这些必备条款外，当事人可以协商约定其他内容。

《劳动合同法》第十七条规定劳动合同应当具备以下内容：(1)用人单位的名称、住所和法定代表人或者主要负责人；(2)劳动者的姓名、住址和居民身份证或者其他有效身份证件号码；(3)劳动合同期限；(4)工作内容和工作地点；(5)工作时间和休息休假；(6)劳动报酬；(7)社会保险；(8)劳动保护、劳动条件和职业危害防护；(9)法律、法规规定应当纳入劳动合同的其他事项。

劳动合同除规定的必备条款外，用人单位与劳动者可以约定试用期、培训、保守秘密、补充保险和福利待遇等其他事项。

对比这两部法律对劳动合同内容的规定，除了“劳动合同期限”“劳动报酬”这两项是完全相同之外，其他条款都有些差别。比如，《劳动法》就没有规定劳动合同一定要约定工作地点，而《劳动合同法》就明确了这一点；《劳动合同法》规定，劳动合同应约定“工作时间和休息休假”“社会保险”，这都是新增加的内容。另外，《劳动合同法》也减少了一些《劳动法》的必备条款，比如，取消“劳动纪律”“违反的责任”等内容。

必备条款就是劳动合同应该具备的内容，《劳动合同法》第十七条所涉及的内容就是最基本的劳动合同。但是并不是说，用人单位和劳动者只能约定这些条款，而是可以额外增加内容，比如增加试用期条款、培训条款、保密条款等。

《劳动合同法》规定的劳动合同的必备条款有助于我们判断合同的性质。比如，有的企业与员工签订了聘用合同，有的企业与员工签订了劳动协议(或者叫雇佣协议)。有人可能会对聘用合同或劳动协议提出疑问。其实名字并不重要，如果聘用合同或劳动协议里的内容，已经具备了《劳动合同法》规定的上述9项必备内容的话，它就是一个劳动合同。这就是必备条款的作用。

第四节　劳务派遣和非全日制用工

劳务派遣是指劳务派遣单位与被派遣劳动者订立劳动合同后，再与接受以劳务派遣形式用工的单位订立劳务派遣协议，将被派遣劳动者派遣至用工单位，从而形成的一种用工形式。

只有依法设立的能够独立承担民事法律责任，且具备一定经济实力以承担对被派遣劳动者义务的公司法人才能专门从事劳务派遣经营。劳务派遣单位注册资本不得少于50万元。

劳务派遣单位应当与被派遣劳动者订立2年以上的固定期限劳动合同，按月支付劳务报酬；被派遣劳动者在无工作期间，劳务派遣单位应当按照所在地人民政府规定的最低工资标准，向其按月支付报酬。

劳务派遣单位应当与用工单位订立劳务派遣协议。劳务派遣一般在临时性、辅助性或者替代性的工作岗位上实施。在被派遣劳动者合法权益受到侵害时，用工单位与劳务派遣单位承担连带赔偿责任。劳务派遣单位不得以非全日制用工形式招用被派遣劳动者。

非全日制用工是指以小时计酬为主，劳动者在同一用人单位一般平均每日工作时间不超过4小时，每周工作时间累计不超过24小时的用工形式。非全日制用工的特殊规定指从事非全日制用工的劳动者可以与一个或者一个以上用人单位订立劳动合同，但后订立的劳动合同不得影响先订立的劳动合同的履行。

非全日制用工双方当事人可以订立口头协议。

非全日制用工双方当事人不得约定试用期，非全日制用工双方当事人任何一方都可以随时通知对方终止用工。终止用工时，用人单位不向劳动者支付经济补偿。

非全日制用工小时计酬标准不得低于用人单位所在地人民政府规定的最低小时工资标准。

非全日制用工劳动报酬结算支付周期最长不得超过15日。

第五节　劳动合同的履行和变更

一、劳动合同变更的概念

根据《劳动合同法》第三条和第十六条的规定，劳动合同由用人单位与劳动者协调一致，并经用人单位与劳动者在劳动合同文本上签字或者盖章生效。因此，劳动合同一经依法订立，即具有法律约束力，受法律保护，双方当事人应当严格履行，任何一方不得随意变更劳动合同约定的内容。但是，当事人在订立合同时，有时不可能对涉及合同的所有问题都做出明确的规定；合同订立后，在履行劳动合同的过程中，由于社会生活和市场条件的不断变化，订立劳动合同所依据的客观情况发生变化，使得劳动合同难于履行或者难于全面履行，或者合同的履行可能造成当事人之间权利义务的不平衡。这就需要用人单位和劳动者双方对劳动合同的部分内容进行适当的调整。否则，在劳动合同与实际情况相脱节的情况下，若继续履行，有可能会对当事人的正当利益造成损害。因此《劳动合同法》允许当事人在一定条件下可以变更劳动合同。双方当事人可以依据有关法律法规的规定，经协商一致，就劳动合同的部分条款进行修改、补充或者删减，通过对双方权利义务关系重新进行调整和规定，使劳动合同适应变化发展了的新情况，从而保证劳动合同的继续履行。

劳动合同的变更是在原合同的基础上对原劳动合同内容做部分修改、补充或者删减，而不是签订新的劳动合同。原劳动合同未变更的部分仍然有效，变更后的内容就取代了原合同的相关内容，新达成的变更协议条款与原合同中其他条款具有同等法律效力，对双方当事人都有约束力。

二、劳动合同变更的情形

根据《劳动合同法》的规定，在一般情况下，只要用人单位与劳动者协商一致，即可变更劳动合同约定的内容。首先，劳动合同是劳动关系双方协商达成的协议，当然也可以协商变更；对于劳动合同约定的内容，只要是经双方当事人协商一致而达成的，都可以经协商一致予以变更。其次，对于变更劳动合同，用人单位和劳动者之间应当采取自愿协商的方式，不允许合同的一方当事人未经协商单方变更劳动合同。当事人未经对方当事人同意任意改变合同内容的，在法律上是无效行为，变更后的内容对另一方没有约束力，而且这种擅自改变合同的做法也是一种违约行为。再次，劳动合同的变更只是对原劳动合同的部分内容做修改、补充或者删减，而不是对合同内容的全部变更。对劳动合同所要变更的部分内容，当事人双方通过协商后，必须达成一致的意见。如果在协商过程中，有任何一方当事人不同意所要变更的内容，则就该部分内容的合同变更就不能成立，原有的合同就依然具有法律效力。最后，变更过程必须遵循与订立劳动合同时同样的原则，即遵循合法、公平、平等自愿、协商一致、诚实信用的原则。

根据《劳动合同法》第四十条第三款的规定，劳动合同订立时所依据的客观情况发生重大变化，致使劳动合同无法履行，经用人单位与劳动者协商，未能就变更劳动合同内容达成协议的，用人单位在提前三十日以书面形式通知劳动者本人或者额外支付劳动者一个月工资后，可以解除劳动合同。由此可以确定，劳动合同订立时所依据的客观情况发生重大变化，是劳动合同变更的一个重要事由。

所谓“劳动合同订立时所依据的客观情况发生重大变化”，主要包括以下方面：

(1) 订立劳动合同所依据的法律、法规已经修改或者废止。劳动合同的签订和履行必须以不得违反法律、法规的规定为前提。如果合同签订时所依据的法律、法规发生修改或者废止，合同如果不变更，就可能出现与法律、法规不相符甚至违反法律、法规的情况，导致合同因违法而无效。因此，根据法律、法规的变化而变更劳动合同的相关内容是必要而且是必须的。

(2) 用人单位方面的原因。用人单位的生产经营不是一成不变的，而是根据上级主管部门批准或者根据市场变化可能会经常调整自己的经营策略和产品结构，这就不可避免地发生转产、调整生产任务或者生产经营项目情况。在这种情况下，有些工种、产品生产岗位就可能因此而撤销，或者为其他新的工种、岗位所替代，原劳动合同就可能因签订条件的改变而发生变更。

(3) 劳动者方面的原因。如劳动者的身体健康状况发生变化、劳动能力部分丧失、所在岗位与其职业技能不相适应、职业技能提高了一定等级等，造成原劳动合同不能履行或者如果继续履行原合同规定的义务对劳动者明显不公平。

(4) 客观方面的原因。这种客观原因的出现使得当事人原来在劳动合同中约定的权利义务的履行成为不必要或者不可能。这时应当允许当事人对劳动合同有关内容进行变更。这些客观原因主要有两个方面。①由于不可抗力的发生，使得原来合同的履行成为不可能或者失去意义。不可抗力是指当事人不能预见、不能避免并不能克服的客观情况，如自然灾害、意外事故、战争等。②由于物价大幅度上升等客观经济情况变化致使劳动合同的履行会花费太大代价而失去经济上的价值。这是民法的情势变更原则在劳动合同履行中的运用。

三、劳动合同变更应注意的问题

（1）必须在劳动合同依法订立之后，在合同没有履行或者尚未履行完毕之前的有效时间内进行。即劳动合同双方当事人已经存在劳动合同关系，如果劳动合同尚未订立或者是已经履行完毕则不存在劳动合同的变更问题。

（2）必须坚持平等自愿、协商一致的原则，即劳动合同的变更必须经用人单位和劳动者双方当事人的同意。平等自愿、协商一致是劳动合同订立的原则，也是其变更应遵循的原则。劳动合同关系是通过劳动者与用人单位协商一致而形成的，其变更当然应当通过双方协商一致才能进行。劳动合同允许变更，但不允许单方变更，任何单方变更劳动合同的行为都是无效的。

在实践中，有些用人单位为达到变更劳动合同的目的，采取了许多变通的手段。如某用人单位根据工作的需要，决定采取公开考试的办法，对考试不通过的职工，一律另行安排工作岗位或予以辞退。这种形式是否合法呢？笔者认为，劳动合同的变更需要经过双方当事人协商一致，否则不能变更。采取公开考试的办法似乎公平，但是在未经劳动者同意的情况下，它对劳动者不具有约定力，所以用人单位对原合同仍应履行。

（3）必须合法，不得违反法律、法规的强制性规定。劳动合同变更也并非是任意的，用人单位和劳动者约定的变更内容必须符合国家法律、法规的相关规定。

（4）变更劳动必须采用书面形式。劳动合同双方当事人经协商后对劳动合同中的约定内容的变更达成一致意见时，必须达成变更劳动合同的书面协议，任何口头形式达成的变更协议都是无效的。劳动合同变更的书面协议应当指明对劳动合同的哪些条款做出变更，并应订明劳动合同变更协议的生效日期，书面协议经用人单位和劳动者双方当事人签字盖章后生效。本条的这一规定，是为避免劳动合同双方当事人因劳动合同的变更问题而产生劳动争议。

（5）劳动合同的变更要及时进行。提出变更劳动合同的主体可以是用人单位，也可以是劳动者，无论是哪一方要求变更劳动合同，都应当及时向对方提出变更劳动合同的要求，说明变更劳动合同的理由、内容和条件等。如果应该变更的劳动合同内容没有及时变更，由于原订条款继续有效，往往使劳动合同不适应变化了的新情况，从而引起不必要的争议。当事人一方得知对方变更劳动合同的要求后，应在对方规定的合理期限内及时做出答复，不得对对方提出的变更劳动合同的要求置之不理。因为根据《劳动法》第二十六条和《劳动合同法》第四十条的规定，劳动合同订立时所依据的客观情况发生重大变化，致使劳动合同无法履行，如果用人单位经与劳动者协商，未能就变更劳动合同内容达成协议的，则可能导致用人单位可以单方解除劳动合同。

四、变更后的劳动合同文本的执有

根据《劳动合同法》第三十五条的规定，变更后的劳动合同文本由用人单位和劳动者各执一份。

五、劳动合同变更要符合法律规定

劳动合同变更要符合法律规定，用人单位与劳动者协商一致，可以变更劳动合同约定的内容。变更劳动合同，应当采用书面形式。变更后的劳动合同文本由用人单位和劳动者各执一份。

劳动合同变更是指劳动合同依法订立后，在合同尚未履行或者尚未履行完毕之前，经用人单位和劳动者双方当事人协商同意，对劳动合同内容做部分修改、补充或者删减的法律行为。企业在进行劳动合同变更时，应注意以下几个方面：

(1) 变更劳动合同必须在劳动合同依法订立之后，在合同没有履行或者没未履行完毕之前的有效时间进行。

(2) 变更劳动合同必须坚持平等自愿、协商一致的原则，即劳动合同变更必须经用人单位和劳动者双方当事人的同意。

(3) 变更后的劳动合同必须合法，不得违反法律、法规的强制性规定。

(4) 变更劳动合同必须采用书面形式。

(5) 变更后的劳动合同文本应交付劳动者一份。

"调职、调岗、调薪"是劳动合同变更的常见类型，同样应遵守劳动合同变更的法律规定。

第六节　劳动合同的解除和终止

一、劳动合同的解除

劳动合同的解除，是指当事人双方提前终止劳动合同的法律效力，解除双方的权利义务关系。

(一) 双方协商解除劳动合同

用人单位与劳动者协商一致，可以解除劳动合同。

协商解除劳动合同没有规定实体、程序上的限定条件，只要双方达成一致，内容、形式、程序不违反法律禁止性、强制性规定即可。

若是用人单位提出解除劳动合同的，用人单位应向劳动者支付解除劳动合同的经济补偿金。

(二) 劳动者单方解除劳动合同

在具备法律规定的条件时，劳动者享有单方解除权，无须双方协商达成一致意见，也无须征得用人单位的同意。具体可以分为预告解除和即时解除。

1. 预告解除

预告解除劳动合同是指劳动者履行预告程序后单方解除劳动合同，包括两种情形：

(1) 劳动者提前 30 日以书面形式通知用人单位，可以解除劳动合同。

(2) 劳动者在试用期内提前 3 日通知用人单位，可以解除劳动合同。

2. 即时解除

即时解除劳动合同即《劳动合同法》第三十八条规定的情形。

用人单位以暴力、威胁或者非法限制人身自由的手段强迫劳动者劳动的，或者用人单位违章指挥、强令冒险作业甚至危及劳动者人身安全的，劳动者可以立刻解除劳动合同，无须事先告知用人单位。这种属于即时解除中可以立即解除且不用事先告知用人单位的情形。

注意：对于劳动者可即时解除劳动合同的上述情形，劳动者无须支付违约金，用人单位应当支付经济补偿。

（三）用人单位单方解除劳动合同

在具备法律规定的条件时，用人单位享有单方解除权，无须双方协商达成一致意见。主要包括过错性辞退、非过错性辞退、经济性裁员三种情形。

1. 过错性辞退

（1）概要。过错性辞退即在劳动者有过错性情形时，用人单位有权单方解除劳动合同。过错性解除劳动合同在程序上没有严格限制。用人单位无须支付劳动者解除劳动合同的经济补偿金。若规定了符合法律规定的违约金条款的，劳动者须支付违约金。

（2）适用情形：在试用期间被证明不符合录用条件的；严重违反用人单位的规章制度的；严重失职，营私舞弊，给用人单位造成重大损害的；劳动者同时与其他用人单位建立劳动关系，对完成工作任务造成严重影响，或者经用人单位提出，拒不改正的；因劳动者以欺诈、胁迫的手段或者乘人之危，使对方在违背真实意思的情况下订立或者变更劳动合同致使劳动合同无效的；被依法追究刑事责任的。

2. 非过错性辞退

（1）概要。非过错性辞退即劳动者本人无过错，但由于主客观原因致使劳动合同无法履行，用人单位在符合法律规定的情形下，履行法律规定的程序后有权单方解除劳动合同。非过错性解除劳动合同在程序上具有严格的限制。具体是指：用人单位应提前30日以书面形式通知劳动者本人或者额外支付劳动者1个月工资后，才可以解除劳动合同；用人单位选择额外支付劳动者1个月工资解除劳动合同的，其额外支付的工资应当按照该劳动者上1个月的工资标准确定。

（2）适用情形：劳动者患病或非因工负伤，在规定的医疗期满后仍不能从事原工作，也不能从事用人单位另行安排的工作的；劳动者不能胜任工作，经过培训或者调整工作岗位，仍不能胜任工作的；劳动合同订立时所依据的客观情况发生重大变化，导致劳动合同无法履行，经用人单位与劳动者协商，仍未能就变更劳动合同内容达成协议的。（注意以上每个条件之间的先后顺序关系）

3. 经济性裁员

（1）概要。经济性裁员是指用人单位为降低劳动成本，改善经营管理，由于经济或技术等原因一次裁减20人以上或者不足20人以上但占企业职工总数10%以上的劳动者。对于经济性裁员具有严格的条件和程序限制，用人单位裁员时必须遵守规定。对于经济性裁员，用人单位应当支付劳动者经济补偿金。

（2）适用情形：依照企业破产法规定进行重整的；生产经营发生严重困难的；企业转产、重大技术革新或者经营方式调整，经变更劳动合同后，仍需裁减人员的；其他因劳动合同订立时所依据的客观经济情况发生重大变化，致使劳动合同无法履行的。

(3) 裁员时应优先留用的人员：与本单位订立较长期限的固定期限劳动合同的；与本单位订立无固定期限劳动合同的；家庭无其他就业人员，有需要扶养的老人或者未成年人的。

(4) 裁员后重新招录的限制。用人单位依法裁减人员时，在6个月内重新招用人员的，应当通知被裁减的人员，并在同等条件下优先招用被裁减的人员。

(5) 经济性裁员的例外。用人单位有以下情形之一的，不得依据非过错性辞退和经济性裁员的规定单方解除劳动合同：①从事接触职业病危害作业的劳动者未进行离岗前职业健康检查，或者疑似职业病病人在诊断或者医学观察期间的；②在本单位患职业病或者因工负伤并被确认丧失或者部分丧失劳动能力的；③患病或者非因工负伤，在规定的医疗期内的；④女职工在孕期、产期、哺乳期的；⑤在本单位连续工作满15年，且距法定退休年龄不足5年的；⑥法律、行政法规规定的其他情形。

(四) 法律和条例的规定

对于劳动合同的解除和终止，《劳动法合同法》《劳动合同法实施条例》都做了比较详细的规定。

1.《劳动合同法实施条例》中关于解除劳动合同的规定

《劳动合同实施条例》第十八条规定，有下列情形之一的，依照《劳动合同法》规定的条件、程序，劳动者可以与用人单位解除固定期限劳动合同、无固定期限劳动合同或者以完成一定工作任务为期限的劳动合同，劳动者可与用人单位解除劳动合同：

(1) 劳动者与用人单位协商一致的；

(2) 劳动者提前30日以书面形式通知用人单位的；

(3) 劳动者在试用期内提前3日通知用人单位的；

(4) 用人单位未按照劳动合同约定提供劳动保护或者劳动条件的；

(5) 用人单位未及时足额支付劳动报酬的；

(6) 用人单位未依法为劳动者缴纳社会保险费的；

(7) 用人单位的规章制度违反法律、法规的规定，损害劳动者权益的；

(8) 用人单位以欺诈、胁迫的手段或者乘人之危，使劳动者在违背真实意思的情况下订立或者变更劳动合同的；

(9) 用人单位在劳动合同中免除自己的法定责任、排除劳动者权利的；

(10) 用人单位违反法律、行政法规强制性规定的；

(11) 用人单位以暴力、威胁或者非法限制人身自由的手段强迫劳动者劳动的；

(12) 用人单位违章指挥、强令冒险作业危及劳动者人身安全的；

(13) 法律、行政法规规定劳动者可以解除劳动合同的其他情形。

但是，同时《劳动合同实施条例》第十九条也对用人单位的权利做了规定，用人单位在这14种情形下可以与劳动者解除无固定期限劳动合同：

(1) 用人单位与劳动者协商一致的；

(2) 劳动者在试用期间被证明不符合录用条件的；

(3) 劳动者严重违反用人单位的规章制度的；

(4) 劳动者严重失职，营私舞弊，给用人单位造成重大损害的；

(5) 劳动者同时与其他用人单位建立劳动关系，对本单位的工作任务造成严重影响，或经用人单位提出，拒不改正的；

（6）劳动者以欺诈、胁迫的手段或者乘人之危，使用人单位在违背真实意思的情况下订立或者变更劳动合同的；

（7）劳动者被依法追究刑事责任的；

（8）劳动者患病或者非因工负伤，在医疗期满后不能从事原工作，也不能从事用人单位另行安排的工作的；

（9）劳动者不能胜任工作，经过培训或者调整工作岗位，仍不能胜任工作的；

（10）劳动合同订立时所依据的客观情况发生重大变化，致使劳动合同无法履行，经用人单位与劳动者协商，未能就变更劳动合同内容达成协议的；

（11）用人单位依照企业破产法规定进行重整的；

（12）用人单位生产经营发生严重困难的；

（13）企业转产、重大技术革新或者经营方式调整，经变更劳动合同后，仍需裁减人员的；

（14）其他因劳动合同订立时所依据的客观经济情况发生重大变化，致使劳动合同无法履行的。

第四十条　有下列情形之一的，用人单位提前三十日以书面形式通知劳动者本人或者额外支付劳动者一个月工资后，可以解除劳动合同：

（1）劳动者患病或者非因工负伤，若在规定的医疗期满后仍然不能从事原工作，也不能从事由用人单位另行安排的工作的；

（2）劳动者不能胜任工作，经过培训或者调整工作岗位，仍不能胜任工作的；

（3）劳动合同订立时所依据的客观情况发生重大变化，致使劳动合同无法履行，经用人单位与劳动者协商，未能就变更劳动合同内容达成协议的。

第四十一条　有下列情形之一的，需要裁减人员二十人以上或者裁减不足二十人但占企业职工总数百分之十以上的，用人单位提前三十日向工会或者全体职工说明情况，听取工会或者职工的意见后，裁减人员方案经向劳动行政部门报告，可以裁减人员：

（1）依照企业破产法规定进行重整的；

（2）生产经营发生严重困难的；

（3）企业转产、重大技术革新或者经营方式调整，经变更劳动合同后，仍需裁减人员的；

（4）其他因劳动合同订立时所依据的客观经济情况发生重大变化，致使劳动合同无法履行的。

裁减人员时，应当优先留用下列人员：

（1）与本单位订立较长期限的固定期限劳动合同的；

（2）与本单位订立无固定期限劳动合同的；

（3）家庭无其他就业人员，有需要抚养的老人或者未成年人的。

用人单位依照本条第一款规定裁减人员，在六个月内重新招用人员的，应当通知被裁减的人员，并在同等条件下优先招用被裁减的人员。

第四十二条　劳动者有下列情形之一的，用人单位不得依照《劳动法》第四十条、第四十一条的规定解除劳动合同：

（1）从事接触职业病危害作业的劳动者未进行离岗前职业健康检查，或者疑似职业病病人在诊断或者医学观察期间的；

(2) 在本单位患职业病或者因工负伤并被确认丧失或者部分丧失劳动能力的；

(3) 患病或者非因工负伤，在规定的医疗期内的；

(4) 女职工在孕期、产期、哺乳期的；

(5) 在本单位连续工作满十五年，且距法定退休年龄不足五年的；

(6) 法律、行政法规规定的其他情形。

第四十三条　用人单位单方解除劳动合同，应当事先将理由通知工会。用人单位违反法律、行政法规规定或者劳动合同约定的，工会有权要求用人单位纠正。用人单位应当研究工会的意见，并将处理结果书面通知工会。

2.《劳动合同法实施条例》关于劳动合同终止的规定

第十二条　地方各级人民政府及县级以上地方人民政府有关部门为安置就业困难人员提供的给予岗位补贴和社会保险补贴的公益性岗位，其劳动合同不适用劳动合同法有关无固定期限劳动合同的规定以及支付经济补偿的规定。

第十三条　用人单位与劳动者不得在劳动合同法第四十四条规定的劳动合同终止情形之外约定其他的劳动合同终止条件。

第十四条　劳动合同履行地与用人单位注册地不一致的，有关劳动者的最低工资标准、劳动保护、劳动条件、职业危害防护和本地区上年度职工月平均工资标准等事项，按照劳动合同履行地的有关规定执行；用人单位注册地的有关标准高于劳动合同履行地的有关标准，且用人单位与劳动者约定按照用人单位注册地的有关规定执行的，从其约定。

第二十一条　劳动者达到法定退休年龄的，劳动合同终止。

第四十四条　有下列情形之一的，劳动合同终止：

(1) 劳动合同期满的；

(2) 劳动者开始依法享受基本养老保险待遇的；

(3) 劳动者死亡，或者被人民法院宣告死亡或者宣告失踪的；

(4) 用人单位被依法宣告破产的；

(5) 用人单位被吊销营业执照、责令关闭、撤销或者用人单位决定提前解散的；

(6) 法律、行政法规规定的其他情形。

第四十五条　劳动合同期满，第四十二条规定情形之一的，劳动合同应当续延至相应的情形消失时终止。但是，第四十二条第二项规定丧失或者部分丧失劳动能力劳动者的劳动合同的终止，按照国家有关工伤保险的规定执行。

3.《劳动合同法》中关于解除或终止时经济补偿金的规定

第二十条　用人单位依照《劳动合同法》第四十条的规定，选择额外支付劳动者一个月工资解除劳动合同的，其额外支付的工资应当按照该劳动者上一个月的工资标准确定。

第二十二条　以完成一定工作任务为期限的劳动合同因任务完成而终止的，用人单位应当依照《劳动合同法》第四十七条的规定向劳动者支付经济补偿。

第二十三条　用人单位依法终止工伤职工的劳动合同的，除依照《劳动合同法》第四十七条的规定支付经济补偿外，还应当依照国家有关工伤保险的规定支付一次性工伤医疗补助金和伤残就业补助金。

第二十七条　经济补偿的月工资按照劳动者应得工资计算，包括计时工资或者计件工资以及奖金、津贴和补贴等货币性收入。劳动者在劳动合同解除或者终止前12个月的平均工资低于当地最低工资标准的，按照当地最低工资标准计算。劳动者工作不满12个月的，按照实际工作的月数计算平均工资。

第四十六条 有下列情形之一的，用人单位应当向劳动者支付经济补偿：

（1）劳动者依照本法第三十八条规定解除劳动合同的；

（2）用人单位依照本法第三十六条规定向劳动者提出解除劳动合同并与劳动者协商一致解除劳动合同的；

（3）用人单位依照本法第四十条规定解除劳动合同的；

（4）用人单位依照本法第四十一条第一款规定解除劳动合同的；

（5）除用人单位维持或者提高劳动合同约定条件续订劳动合同，劳动者不同意续订的情形外，依照本法第四十四条第一项规定终止固定期限劳动合同的；

（6）依照本法第四十四条第四项、第五项规定终止劳动合同的；

（7）法律、行政法规规定的其他情形；

第四十七条 经济补偿按劳动者在本单位工作的年限，每满一年支付一个月工资的标准向劳动者支付。六个月以上不满一年的，按一年计算；不满六个月的，向劳动者支付半个月工资的经济补偿。

劳动者月工资高于用人单位所在直辖市、设区的市级人民政府公布的本地区上年度职工月平均工资三倍的，向其支付经济补偿的标准按职工月平均工资三倍的数额支付，向其支付经济补偿的年限最高不超过十二年。

本条所称月工资是指劳动者在劳动合同解除或者终止前十二个月的平均工资。

第四十八条 用人单位违反本法规定解除或者终止劳动合同，劳动者要求继续履行劳动合同的，用人单位应当继续履行；劳动者不要求继续履行劳动合同或者劳动合同已经不能继续履行的，用人单位应当依照本法第八十七条规定支付赔偿金。

第三十二条 劳务派遣单位违法解除或者终止被派遣劳动者的劳动合同的，依照《劳动合同法》第四十八条的规定执行。

第四十九条 国家采取措施，建立健全劳动者社会保险关系跨地区转移接续制度。

（五）解除劳动合同的举证责任

用人单位预告通知解除劳动合同，也称非过失性解除劳动合同，是指劳动者本身并不存在过失，但是由于存在特定情况，用人单位可以解除劳动合同：

（1）劳动者患病或者非因工负伤，在规定的医疗期满后不能从事原工作，也不能从事由用人单位另行安排的工作的；

（2）劳动者不能胜任工作，经过培训或者调整工作岗位，仍不能胜任工作的；

（3）劳动合同订立时所依据的客观情况发生重大变化，致使劳动合同无法履行，经用人单位与劳动者协商，未能就变更劳动合同达成协议的。

用人单位预告通知解除劳动合同，有以下一些举证责任问题。

1. 劳动者医疗期满后仍然不能从事原来的工作，用人单位解除劳动合同的举证责任

劳动者患病或者非因工负伤，在医疗期满后仍不能从事原工作，也不能从事用人单位另行安排的工作，则用人单位可以解除劳动合同。这里需要注意的是，医疗期满后，劳动者不能从事原来的工作的，用人单位仍不能解除劳动合同，只有用人单位为劳动者另行安排工作，劳动者仍然不能胜任的，用人单位才可以解除劳动合同。《企业职工患病或非因工负伤医疗期的规定》以及原劳动部《关于贯彻执行〈劳动法〉若干问题的解释》中都规定，请长病假的职工在医疗期满后，能从事原工作的，可以继续履行劳动合同；医疗期满后仍不能从事原工作也不能从事由单位另行安排的工作的，由劳动鉴定委员会参照工伤与职业病致残程度鉴定标准进行劳动能力鉴定。被鉴定为一至四级的，应当退出劳动岗位，解除劳动关系，办理因病或非因工负伤退休退职手续，享受相应的退休退职待遇；被鉴定为五至十级的，用人单位可以解除劳动合同，并按规定支付经济补偿金和医疗补助费。这就意味着，医疗期满后，企业需要证明劳动者不能从事原来的工作，需要经过劳动能力鉴定这道程序。

2. *劳动者被证明不能胜任工作，经过培训或者调整工作岗位，仍不能胜任工作，用人单位解除劳动合同的举证责任*

根据《劳动合同法》第四十条的规定，劳动者被证明不能胜任工作，经过培训或者调整工作岗位，仍不能胜任工作的，用人单位履行预告程序后，可以解除劳动合同。适用这一规定解除劳动合同需要同时具备以下两个条件：

(1) 劳动者被证明不能胜任工作。不能胜任工作，是指有证据表明，劳动者不能按要求完成劳动合同中约定的工作任务或者同工种同岗位人员的工作量。这就要求用人单位在与劳动者签订劳动合同时，要明确员工的工作内容，特定行业的，还需要明确工作量。如果签订劳动合同时没有明确工作量的，只能参照同工种同岗位人员的工作量来确定。一般来讲，应参照平均的同工种同岗位人员的工作量，不能参照最高的同工种同岗位人员的工作量。因此，提供本单位平均的同工种同岗位人员的工作量，就成了劳动者被证明能不能胜任工作的重要证据。

(2) 经培训或者调岗后，仍不能胜任工作的。这就是说，用人单位解除劳动合同有个程序：必须先培训，或者调岗，如还不能满足新的岗位要求，则可以解除劳动合同。需要指出的是，劳动者被证明还不能胜任工作，必须要能证明。为防止在解除劳动合同时发生举证不能的风险，企业需在劳动合同中或在岗位说明书中确定员工的工作量，如果因此而培训员工的，还需要保存相应的培训资料。

3. *劳动合同订立时所依据的客观情况发生重大变化，致使劳动合同解除的举证责任*

根据《劳动合同法》第四十条第三项规定，劳动合同订立时所依据的客观情况发生重大变化，致使劳动合同无法履行，经用人单位与劳动者协商，未能就变更劳动合同内容达成一致的，用人单位可以用预告通知程序解除劳动合同。具体操作时要注意必须证明同时符合的两个条件：

(1) 要证明客观情况发生重大变化致使原劳动合同无法履行。客观情况发生变化，是指发生不可抗力或出现导致劳动合同全部或部分条款无法履行的情况，如单位迁移、被兼并、被上级主管部门撤销等致使劳动合同无法履行或无法完全履行的情况。如果当事人就某一种情形出现是否属于“客观情况发生重大变化”认识不一致，应由劳动争议仲裁机构和法院裁定。

(2) 要证明未能就变更劳动合同内容或者中止劳动合同达成协议。用人单位确因客观情况发生重大变化，需要解除劳动合同时，一定要注意与员工的沟通和协商，即与劳动者要先走协商变更劳动合同程序，只有经协商无法就变更劳动合同达成一致意见，用人单位才可以解除劳动合同。

用人单位与劳动者解除或终止劳动合同后，如果解除或终止的原因是属于用人单位引起的，需用人单位支付经济补偿金的，用人单位通常应在合同解除或终止，办理离职手续之日一次性支付给劳动者，但若用人单位与劳动者就经济补偿金经协商达成一致，可以按双方约定的时间支付。如果用人单位认为不应当支付经济补偿金，或金额无法达成一致，或用人单位拒不支付经济补偿金的，劳动者即可依法向劳动争议仲裁委员会申请仲裁或向人民法院起诉。但劳动者申请仲裁或起诉应在法定期间内提出，否则，将可能承担超过仲裁时效而承担败诉的后果。

我国《劳动争议调解仲裁法》第二十七条规定，劳动者申请仲裁的时效期间为一年。仲裁时效期间从当事人知道或者应当知道其权利被侵害之日起计算。何谓“当事人知道或者应当知道其权利被侵害之日”？

当事人知道或者应当知道其权利被侵害之日是指有证据表明权利人知道自己的权利被侵害的日期，或者根据一般规律推定权利人知道自己的权利被侵害的日期。当事人知道或者应当知道其权利被侵害之日即劳动争议发生之日。这些规定实际上就是要确定一年的时效期间的起算点，但是在具体确定时效期间的起算点时则需要根据具体的劳动争议事项来确定。

根据《最高人民法院关于审理劳动争议案件适用法律若干问题的解释(二)》第一条之规定，对于要求用人单位支付经济补偿金的，劳动者申请劳动仲裁的时效的计算起点分为两种情况：劳动关系解除或终止后，用人单位对支付经济补偿金有承诺，用人单位到期未支付的，则用人单位承诺支付之日为起算点，但这种承诺需有证据证明，如协议书，欠条等；在没有承诺的情况下，通常则是劳动关系解除或终止之日为起算点。

当然，如果在起算点之后没有先申请仲裁，而是向劳动行政部门投诉或向调解组织申请调解等，则时效期间重新计算，不过劳动者应向相关部门取得相应的投诉或调解的证明材料。

（六）解除劳动合同三定律

(1) 除了法定条件，任何约定不得解除劳动合同的条件，均无效(协商一致解除劳动合同，不是在订立劳动合同时就协商排斥其他法定的解除劳动合同的权利)。

(2) 任何约定违约金、赔偿金的，均无效。《劳动合同法》第二十二条、二十三条规定：“用人单位为劳动者提供专项培训费用，对其进行专业技术培训的，可以与该劳动者订立协议，约定服务期。劳动者违反服务期约定的，应当按照约定向用人单位支付违约金。”“用人单位与劳动者可以在劳动合同中约定保守用人单位的商业秘密和与知识产权相关的保密事项。对负有保密义务的劳动者，用人单位可以在劳动合同或者保密协议中与劳动者约定竞业限制条款，并约定在解除或者终止劳动合同后，在竞业限制期限内按月给予劳动者经济补偿。劳动者违反竞业限制约定的，应当按照约定向用人单位支付违约金。”《劳动合同法》第二十五条规定，除第二十二条和第二十三条规定的情形外，用人单位不得与劳动者约定由劳动者承担违约金。

(3)《劳动合同法》第二十二条、二十三条规定：“用人单位为劳动者提供专项培训费用，对其进行专业技术培训的，可以与该劳动者订立协议，约定服务期。劳动者违反服务期约定的，应当按照约定向用人单位支付违约金。”

（七）赔偿

1. 用人单位需支付辞退赔偿金的情形

用人单位违法解除或者终止劳动合同，《劳动合同法》规定，劳动者有下列情形之一的，用人单位可以解除劳动合同：(1)在试用期间被证明不符合录用条件的；(2)严重违反用人单位的规章制度的；(3)严重失职，营私舞弊，给用人单位造成重大损害的；(4)劳动者同时与其他用人单位建立劳动关系，对完成本单位的工作任务造成严重影响，或者经用人单位提出，拒不改正的；(5)因本法第二十六条第一款第一项规定的情形致使劳动合同无效的；(6)被依法追究刑事责任的；(7)劳动合同到期员工不要求继续履行劳动合同；(8)劳动合同已经不能继续履行。由此可知，当用人单位解除劳动合同时，劳动者不存在以上情形的，属于违法解除劳动合同。

2. 辞退赔偿金的计算标准

用人单位违反《劳动合同法》规定解除或者终止劳动合同的，依照经济补偿标准的两倍向劳动者支付赔偿金。经济补偿按劳动者在本单位工作的年限，每满一年支付两个月工资的标准向劳动者支付。六个月以上不满一年的，按一年计算；不满六个月的，向劳动者支付一个月工资的辞退补偿。

月工资按劳动者在劳动合同解除或者终止前十二个月的平均工资计算。

另外，若是劳动者月工资高于用人单位所在直辖市或者设区的市级人民政府公布的本地区上年度职工月平均工资三倍的，应按职工月平均工资三倍的数额标准向其支付经济补偿，向其支付经济补偿的年限最高不超过十二年。

二、劳动合同的终止

（一）劳动合同终止的概念

劳动合同的终止，是指劳动合同关系自然失效，双方不再履行。《劳动法》第二十三条规定，劳动合同期满或者当事人约定的劳动合同终止条件出现，劳动合同即行终止。

《劳动法》在这里对劳动合同的终止规定了两种情况。一是劳动合同期满，合同即告终止。这里主要是针对有固定期限的劳动合同和以完成一定工作为期限的劳动合同。二是当事人约定的合同终止条件出现，劳动合同即告终止。这种情况既适用于有固定期限和以完成一定工作为期限的劳动合同，同时适用于无固定期限的劳动合同，属于约定终止。

在2008年《劳动合同法》施行以后，劳动合同的终止只有法定终止，没有约定终止。劳动合同的解除和终止不是一个概念，读者不要混淆。

（二）劳动合同终止适用情况

以下情况发生时，就应终止劳动合同：(1)劳动合同期满的；(2)劳动者开始依法享受基本养老保险待遇的；(3)劳动者死亡，或者被人民法院宣告死亡或者宣告失踪的；(4)达到法定退休年龄的；(5)用人单位被依法宣告破产的；(6)用人单位被吊销营业执照、责令关闭、撤销或者用人单位决定提前解散的；(7)法律、行政法规规定的其他情形。

（三）对劳动者的保护措施

《劳动合同法》在劳动合同终止的情况下对某些劳动者采取了特殊保护制度。

劳动者有《劳动合同法》第四十二条规定的下列情形之一的，劳动合同到期也不得终止，应当续延至该情形消失时终止。这些情形包括：(1)从事接触职业病危害作业的劳动者未进行离岗前职业健康检查，或者疑似职业病病人在诊断或者医学观察期间的；(2)在本单位患职业病或者因工负伤并被确认丧失或者部分丧失劳动能力的；(3)患病或者非因工负伤，在规定的医疗期内的；(4)女职工在孕期、产期、哺乳期的；(5)在本单位连续工作满十五年，且距法定退休年龄不足五年的；(6)法律、行政法规规定的其他情形。

另外，在本单位患职业病或者因工负伤并被确认丧失或者部分丧失劳动能力的劳动者的劳动合同的终止，按照国家有关工伤保险的规定执行。

(四) 合同规定的情况

(1) 除用人单位维持或者提高劳动合同约定条件续订劳动合同，劳动者不同意续订的情形外，依照劳动合同法第四十四条第一项(劳动合同期满)规定终止固定期限劳动合同的。

① 在劳动合同期满时，用人单位以低于原劳动合同约定的条件要求与劳动者续订劳动合同，而劳动者不同意续订的，用人单位应当支付经济补偿金；

② 如果在劳动合同期满时，用人单位维持或者提高劳动合同约定条件续订劳动合同，劳动者不同意续订时，则用人单位不用支付经济补偿金。

(2) 用人单位被依法宣告破产的，终止合同的，用人单位应当支付经济补偿金。

(3) 用人单位被吊销营业执照、责令关闭、撤销或者用人单位决定提前解散，终止合同的，用人单位应当支付经济补偿金。

(4) 以完成一定工作任务为期限的劳动合同因任务完成而终止的，用人单位应当依法向劳动者支付经济补偿金。

(5) 法律、行政法规规定的其他情形。

(五) 终止情况下的经济补偿

《劳动合同法》第四十六条规定，有下列情形之一的，用人单位应当向劳动者支付经济补偿：(1)劳动者依照本法第三十八条规定解除劳动合同的；(2)用人单位依照本法第三十六条规定向劳动者提出解除劳动合同并与劳动者协商一致解除劳动合同的；(3)用人单位依照本法第四十条规定解除劳动合同的；(4)用人单位依照本法第四十一条第一款规定解除劳动合同的；(5)除用人单位维持或者提高劳动合同约定条件续订劳动合同，劳动者不同意续订的情形外，依照本法第四十四条第一项规定终止固定期限劳动合同的；(6)依照本法第四十四条第四项、第五项规定终止劳动合同的；(7)法律、行政法规规定的其他情形。

《劳动合同法实施条例》第二十二条规定，以完成一定工作任务为期限的劳动合同因任务完成而终止的，用人单位应当依照劳动劳动合同法第四十七条的规定向劳动者支付经济补偿。

第五章　集体合同制度

第一节　集体协商和集体合同概述

一、集体合同制度的概念

集体合同制度，是一种法律制度，在市场经济国家通常被称作集体谈判制度。集体合同制度就是指用人单位职工一方与用人单位就劳动报酬、工作时间、休息休假、保险福利、劳动条件、职业培训等双方共同关心的问题，依法经过谈判达成一致协议，以书面的形式确定该用人单位劳动标准，用此协议规范劳动和劳动管理行为的法律制度。

所谓集体合同，又称团体协约、集体协议等，是指工会或者职工推举的职工代表代表职工与用人单位依照法律法规的规定就劳动报酬、工作条件、工作时间、休息休假、劳动安全卫生、社会保险福利等事项，在平等协商的基础上进行协商谈判所缔结的书面协议。《劳动合同法》第五十一条规定：企业职工一方与用人单位通过平等协商，可以就劳动报酬、工作时间、休息休假、劳动安全卫生、保险福利等事项订立集体合同。集体合同草案应当提交职工代表大会或者全体职工讨论通过。集体合同由工会代表企业职工一方与用人单位订立；尚未建立工会的用人单位，由上级工会指导劳动者推举的代表与用人单位订立。可见，作为一种契约关系，集体合同是集体协商的结果。

二、主要内容

集体合同制度应当包括这样一些内容：(1)谈判代表团的承认；(2)集体谈判；(3)集体合同；(4)集体合同的履行；(5)集体合同的监督；(6)集体合同争议处理；等等。

三、集体合同的特征

集体合同首先具有一般合同的共同特征，即是平等主体基于平等、自愿协商而订立的规范双方权利和义务的协议。

除此以外，集体合同还具有其自身特征：(1)集体合同是特定的当事人之间订立的协议。在集体合同中当事人一方是代表职工的工会组织或职工代表，另一方是用人单位。当事人中至少有一方是由多数人组成的团体。特别是职工方，必须由工会或职工代表参加，集体合同才能成立。(2)集体合同内容包括劳动报酬、工作时间、休息休假、劳动安全卫生、保险福利等事项。在集体合同中，劳动标准是集体合同的核心内容，对个人劳动合同起制约作用。(3)集体合同的双方当事人的权利义务不均衡，基本上都是强调用人单位的义务，如为劳动者提供合法的劳动设施和劳动条件。(4)集体合同采取要式合同的形式，需要报送劳动行政部门登记、审查、备案方为有效。(5)集体合同受到国家宏观调控计划的制约，就效力来说，集体合同效力高于劳动合同，劳动合同规定的职工个人劳动条件和劳动报酬标准，不得低于集体合同的规定。

四、集体合同的应用状况

中国的集体合同制度实践在《劳动法》颁布以来的20多年间取得了长足的进步。1994年底，中华全国总工会抓住《劳动法》颁布的契机，及时提出了工会工作的总体思路，要求各级工会把签订集体合同作为工会工作的关键和突破口。自那时起，工会在集体合同普遍推进、工资等专项集体合同实施、区域性行业性集体合同试点等方面做了大量工作。据中华全国总工会统计，截至2006年底，全国签订集体合同共86.2万份，覆盖企业153.8万个，覆盖职工1.1亿人。

但总的来看，集体合同制度在保障劳动者利益方面的作用还不是很显著，距离劳动关系调整核心机制的作用要求还相去甚远。很多集体合同文本的内容主要还是对现行劳动法律中有关劳动标准条款的简单重复，在法定标准上的提高不多，对改进劳动者的利益实现没有起到太大的作用；不少集体合同的条款主要是一些原则性的规定，缺乏可执行性；集体协商大多处在企业级层面上，以企业集体合同为主，效力受到很大限制；由于工会自身的要约能力不强，集体合同实践往往变成自上而下的行政化推进，与职工的要求存在一定的距离。集体劳动合同争议几乎没有发生过的事实，也从另一个方面反映了集体合同的形式化。

这种事实的存在，主要与中国工会源于官方机构有关，与国际劳工组织公约定义的工会含义不相符，这样的工会作为官办的官僚机构部门不可能与劳工利益保持一致。国际劳工组织有理由要求中国政府向国际劳工大会解释违背公约的情况，并接受调查。

第二节 集体合同的订立及内容

一、集体合同的订立的概念

集体合同的订立主体也称为集体合同签约人、缔约人，实际上就是集体合同的订约当事人，包括劳动者方签约人和用人单位方签约人。

劳动者方签约人一般情况下为工会。如果用人单位未建立工会组织，则允许由其上级工会指导职工推选的代表充当签约当事人。

二、集体合同订立的原则

进行集体协商，签订集体合同或专项集体合同，应当遵循下列原则：(1)遵守法律、法规、规章及国家有关规定；(2)相互尊重，平等协商；(3)诚实守信，公平合作；(4)兼顾双方合法权益；(5)不得采取过激行为；(6)在我国，集体合同必须以书面形式订立。

集体协商双方的代表人数应当对等，每方至少3人，并各确定1名首席代表。职工一方的协商代表由本单位工会选派。集体协商中未达成一致意见或出现了事先未预料到的问题时，经双方协商，可以中止协商。中止期限及下次协商时间、地点、内容由双方商定。

集体合同草案由集体协商双方首席代表正式签字。用人单位一方应当在签字后的 10 日内将集体合同文本一式三份报送劳动保障行政部门审批，办理登记手续。

县级以上劳动保障行政部门负责审查本行政区域内的集体合同或专项集体合同。

劳动保障行政部门自收到文本之日起 15 日内未提出异议的，集体合同或专项集体合同即行生效。

集体合同协商争议的协调处理：当事人协商，劳动保障行政部门协调处理。

协调处理集体协商争议，应当自受理协调处理申请之日起 30 日内结束协调处理工作。期满未结束的，可以适当延长协调期限，但延长期不得超过 15 日。

集体合同或专项合同期限一般为 1 至 3 年。

三、集体合同订立的内容

我国集体合同的内容属于列举式立法模式，集体协商的内容包括：(1)劳动报酬；(2)工作时间；(3)休息休假；(4)劳动安全卫生；(5)补充保险和福利；(6)女职工和未成年工的特殊保护；(7)职业技能培训；(8)奖惩；(9)裁员；(10)集体合同期限；(11)变更、解除集体合同的程序；(12)履行集体合同发生争议时的协商处理办法；(13)违反集体合同的责任；(14)双方认为应当协商的其他内容。

第三节　集体合同的履行、变更、解除和终止

集体合同的履行应当坚持实际履行、适当履行和协作履行的原则。

对于履行集体合同发生争议的，双方可以协商解决；协商解决不成的，可以向劳动争议仲裁机构申请仲裁，对仲裁裁决不服的，可以向人民法院提起诉讼。

集体合同变更与解除的条件：(1)双方协商一致；(2)用人单位由于被兼并、解散、破产等原因，致使集体合同无法履行；(3)因不可抗力等致使集体合同无法履行或部分无法履行；(4)集体合同约定的变更或解除条件出现；(5)法律、法规、规章规定的其他情形。

集体合同的终止条件：(1)合同期限届满；(2)约定的终止条件出现。

第四节　工　　会

世界上最早的工会组织出现在 19 世纪初西欧的资本主义国家。以 1871 年英国颁布的《工会法》为标志，工会最终获得了法律上的合法地位。我国最早出现的工会立法是 1924 年 11 月孙中山公布的《工会条例》。我国真正代表工人阶级利益和意志的公会立法，始于 1930 年中央革命根据地指定的《赤色工会组织法》。新中国最早成立的三部重要法律是：《工会法》《土地改革法》《婚姻法》。

在我国，工会分为全国总工会、地方总工会、产业工会、基层工会。

中国工会实行产业和地方相结合的组织领导原则。中华全国总工会是各地方总工会和各

产业工会全国组织的领导机关。工会是职工自愿结合的工人阶级的群众组织。

我国工会的法律地位：(1)工会的唯一性和独立性；(2)工会大都具有法人资格；(3)工会的永续性。

我国工会的组织原则是民主集中制原则。

我国工会的基本职能有：维权职能、参与职能、组织职能、教育职能。

工会参加企业的劳动争议调解工作。地方劳动争议仲裁组织应当有同级工会代表参加。

工会依照国家规定对新建、扩建企业和技术改造工程中的劳动条件和安全卫生设施与主体工程同时设计、同时施工、同时投产使用进行监督。

县级以上各地总工会可以为所属工会和职工提供法律服务。

第六章　工作时间与休息休假制度

第一节　工作时间制度

工作时间是指劳动者根据国家的法律规定，在一个昼夜或一周之内从事本职工作的时间。法律规定一昼夜内从事工作时间的小时数总和称为工作日；一周内从事工作的工作日的总和称为工作周。

被认为现代劳动立法开端的1802年英国颁布的《学徒健康与道德法》就是以限制工作时间为主要内容的劳动立法。

工作时间是确定劳动者报酬的一个重要的衡量依据。

1848年，瑞士颁布了世界上第一部限制成年男工工时的法律。1908年，新西兰的立法最早确立了“8小时工作、8小时休息、8小时睡眠”的原则。

国家实行劳动者每日工作时间不超过8小时，平均每周工作时间不超过40小时的工时制度。用人单位应当保证劳动者每周至少休息2日。

我国的非标准工作时间：缩短工作时间、延长工作时间、不定时工作时间、综合计算工作时间和计件工作时间

一、目前允许缩短工作时间的情形

特定的岗位。从事矿山井下、高山作业、严重有毒有害作业、特别繁重和过度紧张的体力劳动的职工，每个工作日的时间要少于8小时。

夜班。实行三班制的企业，从事夜班工作的时间要比白班减少1小时。夜班一般是指当日晚上10点至次日早晨6点之间当班。

哺乳期女工。哺乳未满周岁婴儿的女职工，每班工作时间内可哺乳两次，每次30分钟。多胞生育的，每多哺乳一名婴儿，每次哺乳时间增加30分钟；一班内，两次哺乳可以合并使用。哺乳时间和哺乳往返时间算工作时间。

未成年工和怀孕女工。未成年工应实行少于8小时工作日制度。怀孕7个月以上的女职工，在正常工作时间内应安排一定的休息时间。

二、不定时工作时间主要适用人群

企业中的高级管理人员、外勤人员、推销人员、部分值班人员和其他因工作无法按标准工作时间衡量的职工。

企业中的长途运输人员，出租车汽车司机和铁路、港口、仓库的部分装卸人员，以及因

工作性质特殊需机动作业的人员。

其他因生产特点、工作特殊需要或职责范围的关系，适合实行不定时工作制的职工。

对不定时工作时间工作的人员，采取集中工作、集中休息、轮班调休、弹性工作时间等适当方式，确保职工的休息休假权利和生产、工作任务的完成。

三、综合计算时间主要适用人群

交通、铁路、邮电、水运、航空、渔业等行业中因工作性质特殊，需要连续作业的职工。

地质及资源勘探、建筑、制盐、制糖、旅游等受季节和自然条件限制的行业的部分职工。

其他适合实行综合计算工时工作制的职工。

对实行综合计算工作时间工作的人员，采取集中工作、集中休息、轮班调休、弹性工作时间等适当方式，确保职工的休息休假权利和生产、工作任务的完成。

第二节　休息休假制度

休息时间是指劳动者依法获得的一个工作日或工作周循环周期的不计付工资报酬的自由支配时间。

休假是指劳动者依法获得的具有某种特定意义的计付工资的自由支配时间。

休息休假的立法最早体现在 1936 年国际劳工大会通过的《带薪休假公约》。

一个工作日内的休息时间是指劳动者在一个工作日内进行工作过程中的休息时间和用膳时间。通常劳动者在连续工作 4 小时后应当安排一次休息，其中用饭的休息时间一般不得少于半小时，这种休息时间不计入劳动者的工作时间之内。

连续两个工作日之间的休息时间：劳动者每日的工作时间不得超过 8 小时，也就是在连续两个工作日之间的休息时间不得少于 16 小时。

用人单位应当保证劳动者每周至少休息一日。

用人单位应当依法安排劳动者休假的节日包括：元旦、春节、国际劳动节、国庆节，以及法律、法规规定的其他休假节日。

全体公民放假的节日有：元旦(放假 1 天)、春节(放假 3 天)、清明节(放假 1 天)、劳动节(放假 1 天)、端午节(放假 1 天)、中秋节(放假 1 天)、国庆节(放假 3 天)。

部分公民放假的节日及纪念日：妇女节(妇女放假半天)、青年节(14 周岁以上 28 周岁以下的青年放假半天)、儿童节(13 周岁以下的少年儿童放假 1 天)、中国人民解放军建军纪念日(现役军人放假半天)。

少数民族习惯的节日、二七纪念日、五卅纪念日、七七抗战纪念日、九三抗战胜利纪念日、九一八纪念日、教师节、护士节、记者节、植树节等其他节日、纪念日，均不放假。

全体公民放假的假日，如果适逢周六、周日，应当在工作日补假。部分公民放假的假日，如果适逢周六、周日，则不补假。

探亲假，是指劳动者的工作地点与父母或配偶的居住地不在一起，不住在一起，在公休假日不能团聚时享受的与父母或配偶团聚的带薪假期。

劳动者享受探亲假的条件：凡在国家机关、人民团队和全民所有制企业、事业单位工作满 1 年的固定职工，与配偶不住在一起，又不能在公休假日团聚的，可以享受本规定探望配偶的待遇。与父亲、母亲都不住在一起，又不能在公休假日团聚的，可以享受本规定探望父母的待遇。但是，职工与父亲或与母亲一方能够在公休假日团聚的，不享受探望父母的待遇。

探亲假的期限规定如下：(1) 职工探望配偶的，每年给予一方探亲假一次，假期为 30 天。(2) 未婚职工探望父母，原则上每年给假一次，假期为 20 天。如果因为工作需要，本单位当年不能给予假期，或者职工自愿两年探亲一次的，可以两年给假一次，假期为 45 天。(3) 已婚职工探望父母的，每 4 年给假一次，假期为 20 天。上述假期均包括公休假日和法定节日在内。

在规定的职工探亲假期和路程假期内，用人单位按照职工的标准工资发给工资；职工探望配偶和未婚职工探望父母的往返路费，由所在单位负担。已婚职工探望父母的往返路费，在本人月标准工资 30% 以内的，由本人自理，超过部分由所在单位负担。

年休假是指劳动者每年享受的一定期限的带薪休假。年休假适用于机关、团体、企业、事业单位、民办非企业单位、有雇工的个体工商户等单位的连续工作 1 年以上的职工。

职工累计工作已满 1 年不满 10 年的，年休假 5 天；已满 10 年不满 20 年的，年休假 10 天；已满 20 年的，年休假 15 天。国家法定休假日、休息日不计入年休假的假期。

职工有下列情形之一的，不享受当年的年休假：(1) 职工依法享受寒暑假，其休假天数多于年休假天数的；(2) 职工请事假累计 20 天以上且单位按照规定不扣工资的；(3) 累计工作满 1 年不满 10 年的职工，请病假累计 2 个月以上的；(4) 累计工作满 10 年不满 20 年的职工，请病假累计 3 个月以上的；(5) 累计工作满 20 年以上的职工，请病假累计 4 个月以上的。

职工在年休假期间享受与正常工作期间相同的工资收入。单位确因工作需要不能安排职工休年休假的，经职工本人同意，可以不安排职工休年休假。对职工应休未休的年休假天数，单位应当按照该职工日工资收入的 300% 支付年休假工资报酬。

婚丧假是指劳动者本人结婚以及劳动者的直系亲属死亡时依法享受的假期，婚丧假一般不超过 3 天。劳动者在法定休假日和婚丧假期间以及依法参加社会活动期间，用人单位应当依法支付工资。

女职工生育享受不少于 90 天的产假。

第三节　延长工作时间

延长工作时间是指根据法律的规定，在标准工作时间之外延长劳动者的工作时间，分为加班和加点两种。

加班是指劳动者根据用人单位的要求在休息日和节假日进行工作；加点是指劳动者根据用人单位的要求在一个标准工作日之外延长工作时间。

怀孕 7 个月以上和哺乳期内的女职工，不得安排延长工作时间，禁止安排未成年工延长工作时间。

用人单位由于生产经营需要，经与工会和劳动者协商后可以延长劳动时间，一般每日不得超过1小时；因特殊情况需要延长工作时间的，在保障劳动者身体健康的条件下延长工作时间每日不得超过3小时，每月不得超过36小时。

一、特殊情况下延长工作时间，不受法律规定的时间长度限制

（1）发生自然灾害、事故或者其他原因，威胁劳动者生命健康和财产安全，需要紧急处理的。

（2）生产设备、交通运输线路、公共设施发生故障，影响生产和公众利益，必须及时抢修的。

（3）法律、行政法规规定的其他情形。主要包括：在法定节日和公休假日内工作不能间断，必须连续生产、运输或者营业的；必须利用法定节日或公休日的停产期间进行设备检修、保养的；为完成国防紧急任务的；为完成国家下达的其他紧急生产任务的。

二、延长工作时间的劳动报酬

（1）安排劳动者延长工作时间的，支付不低于工资的150%的工资报酬。

（2）休息日安排劳动者工作又不能安排补休的，支付不低于工资的200%的工资报酬。

（3）法定休假日安排劳动者工作的，支付不低于工资的300%的工资报酬。

休息日安排劳动者加班的，应先按同等时间安排其补休，不能安排补休的应按法律规定支付劳动者延长工作时间的工资报酬。

（4）法定节假日（元旦、春节、劳动节、国庆节）安排劳动者加班工作的，应按规定支付劳动者延长工作时间的报酬，一般不安排补休。

第七章　工资基准与工资集体协商制度

第一节　工资基准概述

工资也称薪金，是指劳动者因履行劳动合同义务获得的，用人单位以法定或约定方式向劳动者支付的劳动报酬。

工资基准、工资集体协商、工资自决是确定工资的几种法律途径。

工资基准是指国家立法规定的用人单位在签订劳动合同、核算和支付劳动者工资时所应遵守的最低标准。工资基准是工资集体协商、工资自决权行使的基础和前提。

用人单位根据本单位的生产经营特点和经济效益，依法自主确定本单位的工资分配方式和工资水平。

集体合同中劳动报酬和劳动条件等标准不得低于当地人民政府规定的最低标准；用人单位与劳动者订立的劳动合同中的劳动报酬和劳动条件等标准不得低于集体合同规定的标准。

基本工资是指劳动者与用人单位在劳动合同中约定的与工作岗位相适应的相对固定的工资单位。主要特点：常规性、固定性、主干性、基准性、等级性。

奖金是指用人单位支付给劳动者的超额劳动或相关非基本工资核算要素的报酬。

(1) 以直接增加社会财富为标准：超产奖、质量奖、节约奖。

(2) 以为增加社会财富创造条件为标准：劳动竞赛奖、创造发明奖、安全生产奖。

(3) 以设奖形式为标准：单项奖、综合奖、集体奖、个人奖。

最常见的工资构成单元：基本工资、奖金、津贴、补贴。

我国现行的津贴分类：

(1) 为补偿劳动者额外劳动消耗而设置的津贴。

(2) 为补偿职工特殊劳动和生活费额外支出的双重性而设置的津贴。

(3) 为保障职工身体健康而设置的津贴。

(4) 为鼓励职工钻研技术、努力工作而设置的津贴。

(5) 为维护社会所需要的工作的正常进行而设置的津贴。

(6) 为补偿职工的特殊贡献而设置的奖励性津贴。

第二节　最低工资制度

最低工资是指劳动者在法定工作时间或劳动合同约定的工作时间内提供了正常劳动的前

提下，用人单位依法应当支付的最低劳动报酬。

最低工资的立法，最早出现于 19 世纪末。澳大利亚的维多利亚州在 1896 年颁布的最低工资法令，被认为是世界上最低工资立法的开端。

劳动者在试用期的工资不得低于本单位相同岗位最低档工资或者劳动合同约定工资的 80%，并不得低于用人单位所在地的最低工资标准。最低工资应当以货币形式支付，不得以实物或有价证券形式替代货币支付。

确定最低工资标准的原则：(1)协调原则；(2)基本生活保障原则；(3)分级管理原则。

最低工资标准的构成：(1)维持劳动者本人最低生活的费用；(2)劳动者平均赡养人口的最低生活标准(核心考量因素)；(3)其他因素。

我国最低工资占社会平均工资的比例一般为 34% ~36%。

不适用最低工资标准的几种情形：(1)劳动者在工作时间内有迟到、早退、旷工等违纪行为；(2)企业下岗待工人员；(3)因患病或非因公负伤处于治疗期间的职工(不能低于最低工资标准的 80%)；(4)处于非带薪休假期间的人员。

不包括在最低工资范围的几种情形：(1)延长工作时间工资；(2)中班、夜班、高温、井下，有毒有害等特殊工作环境、条件下的津贴；(3)法律、法规和国家规定的劳动者福利待遇等以货币形式支付的住房和用人单位支付的伙食补贴。

第三节 工资保障制度

工资保障制度包括劳动者实际工资水平保障、工资支付保障。

在我国，处理工资与物价的基本方式有工资调整、物价补贴。用人单位应将工资支付给劳动者本人。用人单位必须书面记录支付劳动者工资的数额、时间、领取者的姓名及签字，并保存 2 年以上备查。工资必须在用人单位与劳动者约定的日期支付。如遇节假日或休息日，则应提前在最近的工作日支付。工资至少每月支付一次，实行周、日、小时工资制的可按周、日、小时支付工资。

有下列情况之一的，用人单位可以代扣劳动者工资。(1)用人单位代扣代缴的个人所得税。(2)用人单位代扣代缴的应由劳动者个人负担的各项社会保险费用。(3)法院判决、裁定中要求代扣的抚养费、赡养费。(4)因劳动者本人问题给用人单位造成经济损失的，用人单位可按照劳动合同的约定要求赔偿损失，可从劳动者本人的工资中扣除。但每月扣除部分不得超过劳动者当月工资的 20%。若扣除后的剩余工资部分低于当月最低工资标准，则按最低工资标准支付。

加班加点工资的支付：(1)安排劳动者延长工作时间的，支付不低于工资的 150%的工资报酬；(2)休息日安排劳动者工作又不能安排补休的，支付不低于工资的 200%的工资报酬；(3)法定休假日安排劳动者工作的，支付不低于工资的 300%的工资报酬。

休假期间的工资：(1)劳动者患病或非因公负伤治疗期间，在规定的医疗期内，由企业按有关规定支付其病假工资或疾病救济费，病假工资或疾病救济费可以低于当地最低工资标准，但不得低于当地最低工资标准的 80%；(2)非因劳动者问题造成单位停工、停产在一个工资支付周期内的，用人单位应按照劳动合同规定的标准支付劳动者工资；(3)劳动者在法定工作时间依法参加社会活动期间，用人单位应视同其提供了正常劳动而支付工资；(4)用人单位不得将怀孕女职工孕期检查身体按事假扣发工资，用人单位不得在女职工怀孕期、产期、哺乳期降低其基本工资，或者解除劳动合同。

现行欠薪支付保障措施主要有：欠薪索赔优先权制度、欠薪保障基金制度、欠薪报告和欠薪预警制度(预警期一般不超过3个月)。

第四节　工资集体协商制度

工资集体协商的内容：(1)工资协议的期限，一般为1至3年；(2)工资分配制度、工资标准和工资分配形式；(3)职工年度平均工资水平及其调整幅度；(4)奖金、津贴、补贴等分配办法；(5)工资支付办法；(6)试用期及病、事假等期间的工资待遇；(7)变更、解除工资协议的程序；(8)工资协议的终止条件(工资协议期满或双方约定终止的条件出现，即行终止)；(9)工资协议的违约责任；(10)双方认为应当协商约定的其他事项。

协商工资应参考的因素：(1)地区、行业、企业的人工成本水平；(2)地区、行业的职工平均工资水平；(3)当地政府发布的工资指导线、劳动力市场工资指导价位；(4)本地区城镇居民消费价格指数；(5)企业劳动生产率和经济效益；(6)国有资产保值增值；(7)上年度企业职工工资总额和职工平均工资水平；(9)其他与工资集体协商有关的情况。

工资集体协商一般一年进行1次。期满前60日内提出意见书。

第八章　劳动安全卫生基准制度

第一节　劳动安全卫生基准概述

1802 年英国的《学徒健康与道德法》是最早的劳动保护立法。1888 年美国马萨诸塞州首先规定了伤亡事故报告制度。

1992 年 11 月《中华人民共和国矿山安全法》是我国第一部有关劳动卫生法律。劳动安全卫生，是指直接保护劳动者在劳动或工作中的生命和身体健康的法律制度。

安全生产责任制是劳动安全卫生管理制度的核心。国家对矿山、建筑施工企业和危险化学品、烟花爆竹、民用爆破器材生产企业实行安全生产许可制度。

安全卫生设施三同时制度：通过立法规定的，在我国境内的一切生产性建设项目的安全卫生设施，都必须与主体工程同时设计、同时施工、同时投入生产和使用的制度。

第二节　劳动安全基准制度

劳动安全基准制度是指国家为了防止劳动者在生产和工作过程中的伤亡事故，保障劳动者的生命安全和防止生产设备遭到破坏而建立的基准制度。

第三节　劳动卫生基准制度

劳动卫生基准制度主要包括：防止粉尘、防止职业中毒、防止噪声和强光刺激、防暑降温和防冻取暖、工作场所通风照明、个人防护用品和保健、职业病防治与处理等方面。

职业病，是指劳动者在职业活动中，因接触粉尘、放射性物质和有毒、有害物质等因素而引起的疾病。

第四节　特殊劳动保护制度

在我国，未成年工是指年满 16 周岁未满 18 周岁的劳动者。

禁止安排女职工从事矿山井下、国家规定的第四级劳动强度的劳动和其他禁忌从事的劳动。

女职工产假为90天，其中产前休假15天；难产的，增加产假15天；多胞胎生育的，每多生育一个婴儿的，增加产假15天。

文艺、体育和特种工艺单位招用未满16周岁的未成年人，必须依照国家有关规定，履行审批手续，并保障其接受义务教育的权利。

用人单位应当对未成年工定期进行健康检查。

第九章 社会保险法

第一节 社会保险法概述

社会保险是指国家通过立法实施的，对遭遇年老、疾病、失业、生育、因工伤残或者患职业病等社会风险的社会成员或职业劳动者，提供一定物质补偿和帮助的社会保障法律制度。

我国当前的社会保险制度包含养老保险、医疗保险、工伤保险、失业保险、生育保险。2010 年 10 月 28 日通过的《中华人民共和国社会保险法》把养老保险和医疗保险覆盖到各类劳动者和全体公民，工伤、失业、生育保险则覆盖全体职业人群。

社会保险法覆盖的范围：(1)基本养老保险制度和基本医疗保险制度覆盖了我国城乡全体居民；(2)工伤保险、失业保险和生育保险制度覆盖了所有用人单位及其职工；(3)被征地农民按照国务院规定纳入相应的社会保险制度；(4)在中国境内就业的外国人，也应当按照法律规定参加我国的社会保险。

社会保险法的基本原则：(1)社会保险水平与社会生产力发展水平相适应的原则；(2)社会保险一体化和社会化相统一的原则；(3)保障功能与激励机制相结合的原则。

社会保险法律关系的客体可以是资金和给付等服务行为。

社会保险基金的来源主要有个人缴费、用人单位缴费、政府补贴、保险金的收入和罚款共四部分构成。

社会保险费的强制征缴制度：从用人单位存款账户直接划拨社会保险费。

用人单位未按时足额缴纳社会保险费，经社会保险费征收机构责令其限期缴纳或者补足，逾期仍不缴纳或者补足的，社会保险费征收机构可以申请县级以上有关行政部门做出从用人单位存款账户中划拨社会保险费的决定，并书面通知其开户银行或者其他金融机构划拨社会保险费。

个人跨统筹区域就业的，其基本养老保险关系、基本医疗保险关系都随本人转移，缴费年限累计计算；职工跨统筹地区就业的，其失业保险关系随本人转移，缴费年限累计计算。

第二节 养老保险法律制度

一、养老保险的概念和特点

养老保险又称年金保险，是指劳动者因年老或病残丧失劳动能力而退出劳动岗位后，从国家和社会获得物质补偿和帮助的一种社会保险制度。

养老保险的特点：强制性、补偿性、广泛性、社会性。

德国1889年颁布的《残疾和老年保险法》是养老保险法诞生的标志。美国于1935年颁布了以养老保险为主要内容的《社会保障法》，并于同年实行年金保险制度。我国的养老保险立法始于20世纪50年代初。我国的养老保险由基本养老保险、企业补充养老保险和个人储蓄性养老保险三部分组成。

养老保险基金的三个基本渠道：国家财政补贴、用人单位和劳动者缴纳保险费。

企业缴纳养老保险费的比例，一般不得超过企业工资总额的20%；职工个人缴纳养老保险费的比例最高不得超过职工个人缴费工资的8%。

养老保险的劳动风险包括退休年龄条件和丧失劳动能力。

二、退休年龄条件

（一）职员（干部）的退休年龄

一般退休年龄：男年满60周岁，女年满55周岁，并且工作年限达到10年。

提前退休年龄：男年满50周岁，女年满45周岁，工作年限满10年，经证实完全丧失劳动能力的，可以提前退休。

延迟退休年龄：高级专家经批准可延迟退休，但正职不超过70周岁，副职不超过65周岁。

（二）工人退休年龄

一般退休年龄：男年满60周岁，女年满50周岁，并且连续工龄达到10年。

提前退休年龄：男年满55周岁，女年满45周岁，连续工龄达到10年；此外，男年满50周岁，女年满45周岁，连续工龄满10年的工人，经证实完全丧失劳动能力的，也可以提前退休。

退职的条件：劳动者因工伤残或患有职业病，并经劳动鉴定委员会确认丧失劳动能力的。

关于最低保龄（缴费年限），国际劳工组织建议为15年。

参加基本养老保险的个人，达到法定退休年龄时累计缴费满15年的，按月领取基本养老金。参加基本养老保险的个人，达到法定退休年龄时累计缴费不足15年的，可以缴费至满15年，按月领取基本养老金；也可以转入新型农村社会养老保险或者城镇居民社会养老保险，按照国务院规定享受相应的养老保险待遇。

任何组织和个人都不得挪用社会保险基金。

第三节　医疗保险法律制度

疾病保险又称病伤保险、健康保险，是指劳动者及其供养的亲属由于患病或非因公负伤后，在医疗和生活上获得物质帮助的一种社会保险制度。

历史上被视为社会保险制度开端的立法是1883年《德国劳工疾病保险法》。

建立城镇职工基本医疗保险制度的原则：（1）基本医疗保险水平要与社会主义初级阶段

生产力发展水平相适应；(2)城镇所有用人单位及其职工都要参加基本医疗保险，实行属地管理；(3)基本医疗保险费由用人单位和职工双方共同负担；(4)基本医疗保险基金实行社会统筹和个人账户相结合。

基本医疗保险费由用人单位和职工共同缴纳。用人单位缴纳率应控制在职工工资总额的6%左右，职工缴费率一般为本人工资收入的2%。

职工缴纳的基本医疗保险费，全部划入个人账户。用人单位缴纳的费用一部分用于建立统筹基金，一部分划入个人账户。划入个人账户的比例一般为用人单位缴费的30%左右。

企业补充医疗保险费在工资总额4%以内的部分，从职工福利费中列支，福利费不足列支的部分，经同级财政部门核准后列入成本。

国有企业下岗职工的基本医疗保险费，包括单位缴费和个人缴费，均由再就业服务中心按照当地上年度职工平均工资的60%为基数缴纳。

第四节 工伤保险法律制度

工伤是指劳动者在劳动过程中因执行职务(业务)而受到的意外伤害。

工伤保险又称职业伤害保险或职业伤害赔偿保险，是指依法为在生产、工作中遭受事故伤害或患职业性疾病的劳动者及其亲属提供医疗救治、生活保障、经济补偿、医疗和职业康复等物质帮助的一种社会保险制度。

一、工伤保险的特点

工伤保险的对象是在生产劳动过程中的劳动者。

工伤保险的责任具有赔偿性。实行无过错责任原则，无论工伤事故的责任归于用人单位还是职工个人或第三人，用人单位均应承担保险责任。工伤保险的投保人为用人单位，劳动者不缴纳保险费。职工应当参加工伤保险，由用人单位缴纳工伤保险费，职工不缴纳工伤保险费。

二、工伤认定的条件

职工有下列情形之一的，应当认定为工伤：(1)在工作时间和工作场所内，因工作而受到事故伤害的；(2)在工作时间前后在工作场所内，从事与工作有关的预备性或者收尾性工作受到事故伤害的；(3)在工作时间和工作场所内，因履行工作职责受到暴力等意外伤害的；(4)患职业病的；(5)因工外出期间，由于工作原因受到伤害或者发生事故下落不明的；(6)在上下班途中，受到非本人主要责任的交通事故或者城市轨道交通、客运轮渡、火车事故伤害的；(7)法律、行政法规规定应当认定为工伤的其他情形。

职工有下列情形之一的，视为工伤：(1)在工作时间和工作岗位，突发疾病死亡或者在48小时之内抢救无效死亡的；(2)在抢险救灾等维护国家利益、公共利益活动中受到伤害的；(3)职工原在军队服役，因战、因公负伤致残，已取得革命伤残军人证，到用人单位后旧病复发的；(4)职工因故意犯罪、酗酒或者吸毒、自残或者自杀等行为导致本人在工作中伤亡的，不得认定为工伤或者视同工伤。

职业病是指企业、事业单位和个体经济组织等用人单位的劳动者在职业活动中，因接触粉尘、放射性物质和其他有毒、有害物质等因素而引起的疾病。

世界上多数国家对于工伤保险费率采用差别费率制与浮动费率制。

因工伤发生的下列费用，从工伤保险基金中支付：(1)治疗工伤的医疗费用和康复费用；(2)住院伙食补助费；(3)到统筹地区以外就医的交通食宿费；(4)安装配置伤残辅助器具所需费用；(5)生活不能自理的，经劳动能力鉴定委员会确认的生活护理费；(6)一次性伤残补助金和一至四级伤残职工按月领取的伤残津贴；(7)终止或者解除劳动合同时，应当享受的一次性医疗补助金；(8)因公死亡的，其遗属领取的丧葬补助金、供养亲属抚恤金和因工死亡补助金。

因工伤发生的下列费用，由用人单位支付：(1)治疗工伤期间的工资福利；(2)五级、六级伤残职工按月领取的伤残津贴；(3)终止或者解除劳动合同时，应当享受的一次性伤残就业补助金；(4)工伤职工符合领取基本养老金条件的，停发伤残津贴，享受基本养老保险待遇(基本养老保险待遇低于伤残津贴的，从工伤保险基金中补足差额)。

下列情形，停止享受工伤保险待遇：(1)丧失享受待遇条件的；(2)拒不接受劳动能力鉴定的；(3)拒绝治疗的；(4)停工留薪不超过12个月的。

工伤伤残待遇：职工因公死亡，其直系亲属按照下列规定从工伤保险基金领取丧葬补助金、供养亲属抚恤金和一次性工亡补助金。

(1) 丧葬补助金为6个月的统筹地区上年度职工月平均工资。

(2) 供养亲属抚恤金按照职工本人工资的一定比例发给由因工死亡职工生前提供主要生活来源、无劳动能力的亲属。标准为：配偶每月40%，其他亲属每人每月30%，孤寡老人或者孤儿每人每月在上述标准的基础上增加10%。

(3) 一次性工亡补助金标准为上一年度全国城镇居民人均可支配收入的20倍。

第五节　失业保险法律制度

失业保险是指劳动者在因失业而暂时中断生活来源的情况下，在法定期间内从国家和社会获得物质帮助的一种社会保险制度。失业保险只适用于失业的劳动者，而且必须是非自愿性失业的。我国失业人员只限定为就业转失业的人员。我国规定劳动者领取失业保险金的最长期限为24个月。

我国真正建立失业保险制度是在20世纪80年代中期。1986年7月，国务院发布的《国有企业职工待业保险暂行规定》标志着我国失业保险制度正式建立。

我国失业保险制度实行基金制，在基金来源上采取用人单位缴费和财政补贴的方式。

城镇企业事业单位按照本单位工资总额的2%缴纳失业保险费。城镇企业事业单位职工按照本人工资的1%缴纳失业保险费。

失业保险基金的构成：(1)城镇企业事业单位、城镇企业事业单位职工缴纳的失业保险费；(2)失业保险基金的利息；(3)财政补贴；(4)依法纳入失业保障基金的其他资金；(5)失业保险基金的支出，主要包括用于失业救济，用于促进就业。

失业保险金是指失业保险机构按规定支付给符合条件的失业人员的基本生活费用。

失业人员领取失业保险金的条件：(1)按照规定参加失业保险，失业前用人单位和本人已经缴纳失业保险费满1年的；(2)非因本人意愿中断就业的；(3)已进行失业登记，并有求职要求的。

失业人员失业前用人单位和本人累计缴费满1年不足5年的，领取失业保险金的期限最长为12个月；累计缴费满5年不足10年的，领取失业保险金的期限最长为18个月；累计缴费超过10年的，领取失业保险金的期限最长为24个月。

停止领取失业保险金，并同时停止享受其他失业保险待遇的情形：(1)重新就业的；(2)应征服兵役的；(3)移居境外的；(4)享受基本养老保险待遇的；(5)无正当理由，拒不接受当地人民政府指定部门或者机构介绍的适当工作或者提供的培训的。

失业人员在领取失业保险金期间，参加职工基本医疗保险，享受基本医疗保险待遇。失业人员应当缴纳的基本医疗保险费从失业保险基金中支付，个人不缴纳基本医疗保险费。

第六节　生育保险法律制度

生育保险是指妇女劳动者因怀孕、分娩而暂时中断劳动时，获得生活保障和物质帮助的一种社会保险制度。

我国生育保险制度是20世纪50年代初建立的。1951年《劳动保险条例》对生育保险有关待遇做了明确规定。职工应当参加生育保险，由用人单位按照国家规定缴纳生育保险费，职工不缴纳生育保险费。生育保险费的提取比例最高不得超过工资总额的1%。

现在法定正常产假为90天，其中产前假期为15天，产后假期为75天。难产的，增加15天假期。若系多胞胎生育，每多生育一个婴儿增加产假15天。流产产假以4个月划界，其中不满4个月流产的，根据医务部门的证明给予15 ~30天的产假；满4个月以上流产的，产假为42天。

很多地区还采取了对晚婚晚育的职工给予奖励政策，产假假期延长到180天。

用人单位已经缴纳生育保险费的，其职工享受生育保险待遇；职工未就业配偶按照国家规定享受生育医疗费用待遇，所需资金从生育保险基金中支付。生育保险待遇包括生育医疗费用和生育津贴。

生育医疗费用包括：生育的医疗费用、计划生育的医疗费用，法律、法规规定的其他项目费用。

职工有下列情形之一的，可以按照国家规定享受生育津贴：(1)女职工生育享受产假；(2)享受计划生育手术休假；(3)法律、法规规定的其他情形。

生育津贴按照职工所在用人单位上年度职工月平均工资计发。

第十章　劳动保障监察制度

第一节　劳动保障监察制度概述

劳动保障监察是指由劳动保障行政部门对发生劳动关系的用人单位、劳动者以及其他社会组织遵守劳动法律、法规、规章情况进行检查并对违法行为予以处罚的执行活动的总称。

劳动保障监察的基本属性：法定性、行政性、专门性。

劳动保障监察的基本原则：(1)重在保护劳动者权益的原则；(2)合法原则；(3)公开原则；(4)公正原则；(5)高效、便民原则；(6)教育与处罚相结合的原则；(7)保障行政相对人权利的原则；(8)监察执法与社会监督相结合的原则

2004 年 11 月 1 日，国务院发布了《劳动保障监察条例》。

第二节　劳动保障监察机构

国务院劳动保障行政部门主管全国的劳动保障监察工作。县级以上地方人民政府劳动保障行政部门主管本行政区域内的劳动保障监察工作。

县级以上各级人民政府劳动行政部门根据工作需要配备专职和兼职劳动监察员。

劳动监察员实行每 3 年进行一次考核验证制度。

第三节　劳动保障监察的实施

劳动保障监察的地域管辖：由用人单位用工所在地的县级或设区的市级劳动保障行政部门管辖。

劳动保障行政部门对劳动保障监察管辖发生争议的，报请共同的上一级劳动保障行政部门指定管辖。

劳动监察的形式：日常巡视检查、书面材料审查、专项检查、对举报和投诉的查处、应急预案制度、建立用人单位劳动保障守法诚信档案。

劳动保障监察员进行调查、检查，不得少于 2 人。

劳动保障行政部门对违反劳动保障法律的行为的调查，应当自立案之日起 60 个工作日内完成；情况复杂的，经劳动保障行政部门负责人批准，可以延长 30 个工作日。

第十一章　劳动法律责任

第一节　劳动法律责任概述

劳动法律责任是指用人单位、劳动者、劳动行政机关以及其他劳动法主体，违反劳动法的规定所应承担的否定性的法律后果。

行政责任包括：行政处罚（罚款、责令改正、责令停产整顿、吊销营业执照等）；行政处分（警告、记过、记大过、降级、降职、撤销、留用察看、开除等）。用人单位对职工实施的处分还包括罚款、扣发工资、停发工资（奖金）等。

民事法律责任的承担方式主要有：赔偿损失、经济补偿、强制履行合同、不发工资、补缴保险费、提供安全卫生条件等。

主要的刑事责任：重大安全事故罪、违章冒险作业罪、危险物品肇事罪、强迫劳动罪、妨碍执行公务罪、滥用职权罪。

第二节　用人单位违反劳动法的行为及法律责任

用人单位指定的直接涉及劳动者切身利益的规章制度违反法律、法规规定的，由劳动行政部门责令改正，给予警告；给劳动者造成损害的，用人单位应当承担赔偿责任。

用人单位延长劳动者工作时间的，由劳动行政部门给予警告，责令改正，并可处以罚款。

用人单位有下列情形之一的，由劳动行政部门责令限期支付劳动报酬、加班费或者经济补偿；劳动报酬低于当地最低工资标准的，应当支付其差额部分，逾期不支付的，责令用人单位按应付金额50%以上100%以下的标准向劳动者加付赔偿金。

（1）未依照劳动合同的约定或者国家规定及时足额支付劳动者劳动报酬的；

（2）低于当地最低工资标准支付劳动者工资的；

（3）安排加班不支付加班费的；

（4）解除或者终止劳动合同，未依照本法规定向劳动者支付经济补偿的。

用人单位有下列情形之一的，依法给予行政处罚，构成犯罪的，依法追究法律责任；给劳动者造成损失的，应当承担赔偿责任。（1）以暴力、威胁或者非法限制人身自由的手段强迫劳动的；（2）违章指挥或者强令冒险作业危及劳动者人身安全的；（3）侮辱、体罚、殴打、非法搜查或者拘禁劳动者的；（4）劳动条件恶劣、环境污染严重给劳动者身心健康造成严重损害的。

第三节　劳动者违反劳动法的行为及法律责任

自用工之日起1个月内，经用人单位书面通知后，劳动者不与用人单位订立书面劳动合同的，用人单位应当书面通知劳动者终止劳动关系，无须向劳动者支付经济补偿，但是应当依法向劳动者支付其实际工作时间的劳动报酬。

自用工之日起超过1个月不满1年，劳动者不与用人单位订立书面劳动合同的，用人单位应当书面通知劳动者终止劳动关系，无须支付经济补偿。

劳动者提前30日以书面形式通知用人单位，可以解除劳动合同。如果劳动者违法解除劳动合同造成用人单位损失的，那么劳动者应予赔偿。

劳动者违反竞业限制协议的法律责任包括：支付违约金、造成用人单位经济损失的应承担赔偿责任。

用人单位招用尚未解除劳动合同的劳动者，对原用人单位造成经济损失的，该劳动者承担直接赔偿责任。

第十二章　劳动争议处理制度

第一节　劳动争议处理概述

一、劳动争议的概念和分类

劳动争议是指劳动者与用人单位之间所生之争议及用人单位或用人单位团体与工会之间围绕权利、义务以及相关利益所生的争议。

劳动争议按照争议标的不同，可以分为权利争议与利益争议。

按照争议主体的不同，劳动争议可以分为个别劳动争议、集体劳动争议和集体合同劳动争议。

劳动争议的受案范围：(1)因确认劳动关系发生的争议；(2)因订立、履行、变更、解除和终止劳动合同发生的争议；(3)因除名、辞职和辞退、离职发生的争议；(4)因工作时间、休息休假、社会保险、福利、培训以及劳动保护发生的争议；(5)因劳动报酬、工伤医疗费、经济补偿或者赔偿金等发生的争议；(6)法律法规规定的其他劳动争议。

二、我国劳动争议处理制度的弊端

《劳动法》规定了劳动争议处理体制中的裁审单轨制，但对诉讼和仲裁的衔接没有法律规定。《劳动法》只是简单地规定“对仲裁裁决不服的，可以向人民法院提起诉讼”，但对两种程序如何衔接未做规定，民事诉讼法也未有相应规定，导致人民法院在处理劳动争议时碰到较多的理论和操作上的障碍，而最高人民法院的有关司法解释虽然解决了部分操作上的问题，但仍有理论上及部分操作上的问题没有解决。

(一) 对仲裁不予受理的司法救济问题

按最高人民法院《关于审理劳动争议案件适用法律若干问题的解释》(以下简称《解释》)规定，对当事人不服劳动争议仲裁委员会以当事人申请仲裁事项不属于劳动争议、当事人仲裁申请超过60日期限、申请仲裁的主体不适格三种理由做出的不予受理的书面裁决、决定或者通知而提起诉讼的，人民法院应当视情况处理。司法解释采取列举方式规定上述三种情形，人民法院应当处理。对实践中劳动争议仲裁委员会以其他理由做出的不予受理的书面裁决、决定或者通知，如劳动争议仲裁委员会以无管辖权为由而不予受理，人民法院能否处理？对此，缺乏相关规定。笔者认为，《劳动法》规定对仲裁裁决不服的，可以向人民法院提起诉讼，而《解释》只列举了上述三种不予受理情形法院应当处理，故对劳动争议仲裁委员会以其他理由做出的不予受理的书面裁决、决定或者通知，当事人不服而起诉的，人民法院应当不予受理。当事人不能提供书面的裁决、决定或者通知的，应视为当事人未先行申请仲裁，对当事人的起诉人民法院也应当不予受理。《解释》第四条规定，劳动争议仲裁委员会以申请仲裁的主体不适格为由，做出的不予受理的书面裁决、决定或者通知，当事人诉至法院，法院经审查，确属主体不适格的，裁定不予受理或驳回起诉，但对审查后主体适格的如何处理，《解释》未做出明确规定。有观点认为还应驳回当事人起诉，由当事人再次申请仲裁。笔者认为，《解释》对第二种理由（当事人申请超过60日期限）、第四条规定的情形，均未做出明确规定。另外，如果仲裁委员会认为是劳动争议并做出实体裁决，当事人诉至法院后，法院审查认为不是劳动争议，该如何处理？有观点认为，法院可以直接依职权变更案由继续审理。但多数人认为，依照最高人民法院《关于人民法院对经劳动争议仲裁裁决的纠纷准予撤诉或驳回起诉后劳动仲裁裁决从何时起生效的解释》第三条（因仲裁裁决确定的主体资格错误或仲裁裁决事项不属于劳动争议，被人民法院驳回起诉的，原仲裁裁决不发生法律效力）的规定，应当裁定驳回当事人的起诉，由当事人另行提起民事诉讼。

（二）诉讼与仲裁管辖的冲突

《解释》规定，劳动争议案件由用人单位所在地或者合同履行地的基层法院管辖。《中华人民共和国企业劳动争议处理条例》（下称《条例》）规定，企业与职工不在同一个仲裁委员会管辖地区的，由职工当事人工资关系所在地的仲裁委员会处理。《解释》规定劳动争议案件“由用人单位所在地或者由合同履行地的基层法院管辖”，主要是为方便用人单位与劳动合同履行地不在同一地的当事人诉讼和查清案件事实 。“用人单位与劳动合同履行地不在同一地”与“企业与职工不在同一个仲裁委员会管辖地区”应属同一意思，但二者对此确定的管辖地是不完全一致的。按《解释》规定，当用人单位与劳动者不在同一地点时，用人单位所在或者合同履行地的基层法院均有管辖权。按《条例》规定，应由职工当事人工资关系所在地的仲裁委员会处理，按原劳动部《〈中华人民共和国企业劳动争议处理条例〉若干问题解释》规定，“职工当事人工资关系所在地”是指向职工发放工资的单位所在地，现实中相当多的情况是指用人单位所在地。如劳动者在劳动合同履行地（工作地）申请仲裁，当地仲裁部门可能会以申诉应由用人单位所在地仲裁部门管辖为由，做出不予受理的书面裁决、决定或者通知。如果劳动者不服并起诉到法院，那么法院应不予受理或驳回起诉。劳动者只好又回到用人单位所在地申请仲裁。这样，劳动者不但不方便诉讼，而且增加了诉讼时间和成本。

（三）不服仲裁裁决的起诉期限问题

《中华人民共和国劳动法》《中华人民共和国企业劳动争议处理条例》规定：“当事人对仲裁裁决不服的，自收到裁决书之日起15日内，可以向人民法院起诉；期满不起诉的，裁决书发生法律效力。”人们对“自收到裁决书之日”有着不同看法。一种意见认为应按《劳动争议仲裁委员会办案规则》第四十五条（期间包括法定期间和仲裁委员会指定的期间）的规定应理解为收到裁决书的当日，而非次日。另一种意见认为《劳动争议仲裁委员会办案规则》仅是部门规章，且该规则中并未涉及该15日期间问题，故应按《中华人民共和国民事诉讼法》规定，从次日开始计算。笔者同意第二种意见。另外，人们对该期间的性质存在不同看法，对该期间能否适用中止、中断、延长，对超过15日起诉的受理后，是从实体上还是从程序上处理等均有争议。笔者认为相关法律对此未做规定，可参照《中华人民共和国民事诉讼法》关于上诉期间的规定处理，即不得中止、中断和延长，对超过15日起诉的，不予受理，受理后应从程序上驳回其起诉。最高人民法院《关于人民法院对经劳动争议仲裁裁决的纠纷准予撤诉或驳回起诉后劳动争议仲裁裁决从何时生效的解释》已含有这种意思。当然，如当事人因不可抗力或其他正当理由耽误期限的，可在障碍消除后 10 日内向人民法院申请顺延期限，是否准许，由人民法院审查决定。

另外，对《解释》列举的三种仲裁不予受理情形，当事人应当在什么期限内提起诉讼，《解释》未进一步明确。实践中的劳动争议仲裁委员会的不予受理的书面裁决、决定或者通知亦未告知当事人诉权及起诉期限。有观点认为，既然没有规定，当事人在两年内起诉均应受理。笔者认为，《解释》规定不予受理可以起诉的依据是"不予受理"可视为仲裁部门已做出处理，根据对等原则，对不予受理的起诉期限应等同于不服仲裁裁决的起诉期限，即 15 日。如果规定两年起诉期限，则远远超过了劳动争议申请仲裁的 60 日期限。当然，人民法院应和劳动仲裁部门加强沟通，建议仲裁部门在不予受理的文书中告知起诉权和起诉期限。规定可以起诉，但不规定起诉期限，不能不说是重大缺陷，最高人民法院应尽快就此做出司法解释。另外，对当事人不服劳动争议仲裁委员会以当事人申请仲裁事项不属于劳动争议、当事人仲裁申请超过 60 日期限、申请仲裁的主体不适格三种理由做出的不予受理的书面裁决、决定或者通知而提起诉讼的，在人民法院受理后，原告申请撤诉获准许或被法院裁定按撤诉处理的，劳动争议仲裁委员会的不予受理裁决、决定或通知是否生效，缺乏有关规定。这涉及撤诉后能否再次起诉问题。笔者认为，可参照对仲裁裁决撤诉情形的处理。

（四）驳回起诉后仲裁裁决效力问题

最高人民法院《关于人民法院对经劳动争议仲裁裁决的纠纷准予撤诉或驳回起诉后劳动争议仲裁裁决从何时生效的解释》规定了当事人不服仲裁裁决起诉后，当事人申请撤诉被准许、当事人起诉超过起诉期间被驳回起诉、仲裁裁决确定的主体资格错误或仲裁裁决事项不属于劳动争议被驳回起诉的，仲裁裁决分别发生（恢复）法律效力或不发生法律效力。司法实践中还存在其他类似情形，如当事人起诉后因无正当理由拒不到庭等情形被法院裁定按撤诉处理等。《解释》第十八条规定，劳动争议仲裁委员会对多个劳动者的劳动争议做出裁决，部分劳动者对仲裁裁决不服，依法向人民法院起诉的，仲裁裁决对提出起诉的劳动者不发生法律效力；对未提出起诉的部分劳动者，发生法律效力，如其申请执行，人民法院应当受理。上述规定仅规定劳动者提出起诉的情形，而对用人单位对部分劳动者提出起诉的情形未做规定。上述两种情形在实践中受到不同看法，笔者认为应参照司法解释相似情形的规定处理。

实践中，部分法官在裁定驳回起诉的同时，加上"仲裁裁决发生法律效力"或"仲裁裁决不发生法律效力"。对此做法，笔者认为是不妥当的。首先，司法解释有明确规定的情形，无须再做裁决处理，如要提醒当事人，可在本院认为部分说明。将仲裁裁决是否发生法律效力作为裁决主文有审查仲裁裁决之嫌，亦为二审变更驳回起诉理由设置了障碍。如一审以超过起诉期间驳回起诉，二审审查认为没有超过起诉期间，但认为仲裁裁决事项不属于劳动争议，故可能变更理由后还是驳回起诉，但仲裁裁决由恢复法律效力变为不发生法律效力，因此二审将面临两难境地。

（五）双方当事人均不服仲裁裁决而起诉的问题

在《解释》出台之前，对双方当事人均不服仲裁裁决而起诉的情况，司法实践中存在多种做法，如将后起诉的按反诉对待，分别立案合并审理等。而《解释》规定先起诉的一方为原告，后起诉的一方为被告，而人民法院应对双方的诉讼请求一并做出裁决。按《解释》规定操作，在实践中又出现一些新问题，如后起诉一方是否应当缴纳案件受理费、原告申请撤诉该如何处理等。对原告申请撤诉的，有两种意见：一是鉴于劳动争议案件特殊性，对原告申请撤诉不予准许；另一种意见则认为应当准许，并直接更换双方的诉讼地位继续审理。笔者同意后一种意见。但在变更之前应向双方当事人说明并记录在案，相信原告理解相关规定后，坚持撤诉的可能性会较小。

第二节　劳动争议处理的原则

《劳动法》第七十八条规定：解决劳动争议，应当根据合法、公正、及时处理的原则，依法维护劳动争议当事人的合法权益。

根据《中华人民共和国企业劳动争议处理条例》的规定，处理劳动争议，应当遵循下列原则：着重调解，及时处理；在查清事实的基础上，依法处理；当事人在适用法律上一律平等。

一、着重调解的原则

着重调解是处理劳动争议的基本手段，并且贯穿于劳动争议处理的始终。无论是调解、仲裁还是审判，都要先贯彻调解原则，能够达成调解协议的首先要达成调解协议，调解的前提是双方自愿，自愿达成的协议必须合法。

二、及时处理原则

劳动争议必须及时处理。调解虽然是调解争议的重要手段，但并不是万能的手段，当调解无法达成协议时不能久调不决。为此，《劳动法》第八十三条及《中华人民共和国企业劳动争议处理条例》规定了关于调解、仲裁的期限。

三、合法原则

以事实为根据，以法律为准绳是法律适用的重要原则，也是劳动争议工作处理的准则。所谓合法，既包括新颁布的《劳动法》，也包括宪法、基本法，还包括规章、制度；既有实体的法，也有程序的法。劳动争议的依法处理要体现出大法优于小法的原则，即有法依法，无法依规定，无规定依规章，无规章依政策，无政策依惯例、依情依理。但是，也要考虑专业法优于一般法，地方法优于普通法，合同的约定优于法律的规定，以及先程序、后实体，后法优于先法等在劳动争议处理中所体现的法的原则性与灵活性相结合的特点。

四、公正原则

劳动关系的特征决定劳动关系是一种隶属关系，是一种领导与被领导、组织与被组织、管理与被管理的关系。所以坚持公正原则是劳动争议的重要原则。鉴于劳动关系的隶属性，在劳动争议处理中应当体现向劳动者当事人倾斜的政策。

五、在查清事实的基础上，依法处理

在劳动争议处理过程中，劳动争议处理机构和劳动争议当事人，必须在查清事实的基础上依法协商、依法解决劳动争议。要查清事实，首先，当事人应积极就自己的主张和请求提出证据；其次，劳动争议处理机构应及时调查取证。两者有机结合，才能达到查清事实的目的。依法处理争议，就要依据法律法规的程序要求和权利、义务要求去解决争议，同时要掌握好依法的顺序，即有法律依法律，没有法规依规章，没有规章依政策。

六、当事人在适用法律上一律平等

在上述劳动争议处理原则的介绍中，需要了解的是，根据《劳动法》的规定，在处理劳动争议时，必须公正、合法以及秉承及时处理的原则，去维护当事人的合法权益，而且必须要调查清楚事实，做到不偏袒任何一方。

第三节 劳动争议处理机构

有权处理劳动争议的机构包括劳动争议调解组织、劳动争议仲裁委员会、人民法院、劳动行政主管部门。

劳动争议调解组织包括企业劳动争议调解委员会，依法设立的基层人民调解组织，在乡镇、街道设立的具有劳动争议调解职能的组织。

只有劳动争议当事人对劳动争议仲裁委员会做出的裁决不服的，在裁决做出 15 日内向人民法院提起诉讼。

劳动行政主管部门是我国现行制度下重要的劳动争议处理机构。

第四节 个别劳动争议处理程序

因支付拖欠劳动报酬、工伤医疗费、经济补偿或者赔偿金事项达成调解协议，用人单位在协议约定期限内不履行的，劳动者可以持调解协议书向人民法院申请支付令。人民法院应当依法发出支付令。申请支付令被人民法院裁定终结督促程序后，劳动者依据调解协议直接向人民法院提起诉讼的，人民法院应予受理。

劳动争议案件必须经过仲裁委员会仲裁，否则人民法院将不予受理，即我国处理劳动争议采取“仲裁前置”的原则。劳动争议申请仲裁的时效期间为 1 年。当事人申请劳动争议仲裁后，可以自行和解。达成和解协议的，可以撤回仲裁申请。仲裁庭裁决争议案件，应当自劳动争议仲裁委员会受理仲裁申请之日起 45 日内结束。可以延期，但延长期限不得超过 15 日。对裁决书持不同意见的仲裁员，可以选择是否签名，不受限制。

下列劳动争议，仲裁裁决为终局裁决，裁决书自做出之日起发生法律效力：

(1) 追索劳动报酬、工伤医疗费、经济补偿或者赔偿金，不超过当地月最低工资标准 12 个月金额的；(2)因执行国家的劳动标准在工作时间、休息休假、社会保险等方面发生

的；(3)适用法律、法规错误的；(4)劳动争议仲裁委员会无管辖权的；(5)违反法定程序的；(6)裁决所根据的证据是伪造的；(7)对方当事人隐瞒了足以影响公正裁决的证据的；(8)仲裁员在仲裁该案时有索贿受贿、徇私舞弊、枉法裁决行为的；(9)劳动关系存续期间因拖欠劳动报酬发生争议的。

劳动争议由劳动合同履行地或者用人单位所在地的劳动争议仲裁委员会管辖。

仲裁裁决有下列情形的，可以自收到仲裁裁决书之日起30日内向劳动争议仲裁委员会所在地的中级人民法院申请撤销裁决：(1)适用法律、法规错误的；(2)劳动争议仲裁委员会无管辖权的；(3)违反法定程序的；(4)裁决所根据的证据是伪造的；(5)对方当事人隐瞒了足以影响公正裁决的证据的；(6)仲裁员在仲裁该案时有索贿受贿、徇私舞弊、枉法裁决行为的。

劳动关系存续期间因拖欠劳动报酬发生争议的，劳动者申请仲裁不受时效期间的限制，但是劳动关系终止的，应当自劳动关系终止之日起1年内提出。

劳动争议案件由用人单位所在地或者劳动合同履行地的基层人民法院管辖。劳动合同履行地不明确的，由用人单位所在地的基层人民法院管辖。

劳动争议诉讼案件的参加人：当事人、第三人，诉讼代理人、诉讼代表人等。

举证责任的分配原则：当事人对自己提出的主张有责任提供证据。

因用人单位做出的开除、除名、辞退、解除劳动合同、减少劳动报酬、计算劳动者工作年限等决定而发生的争议，由用人单位负担举证责任，适用举证责任倒置原则。

第五节　集体合同争议处理程序

因履行集体合同发生的争议，当事人协商解决不成的，可以向劳动争议仲裁委员会申请仲裁；对仲裁裁决不服的，可以自收到仲裁裁决书之日起15日内向人民法院提起诉讼。

因签订集体合同发生争议，当事人协商解决不成的，当地人民政府劳动行政部门可以组织有关各方协调处理。

在因履行集体合同发生的争议、因签订集体合同发生的争议两者的处理中，都没有基层调解程序。

因签订集体合同发生争议时，争议双方不能通过法院审理程序来解决争议，只能通过劳动行政部门再协调处理。

下篇 案例评析篇

一、《劳动法》与《劳动合同法》条款案例

【案例一】某设备公司诉吴某劳动合同争议纠纷案

一、案例介绍

1994年5月，某设备公司与吴某签订了6年期限的劳动合同。该合同期满后又签订1年期限劳动合同，即自2000年7月1日始至2001年6月30日止。同时该合同第8条规定："如果双方在合同期限届满的前一个月未提出异议，本合同在此以后____期限内继续有效"。2001年7月16日，某设备公司终止合同并对吴某进行了经济补偿。但吴某不服，申请仲裁。仲裁裁决认为，双方劳动合同期满前未办理终止合同手续，裁决吴某继续工作。该设备公司不服，以该劳动合同缺少重要合同条款以及该劳动合同没有经过鉴证，且以合同为期一年已经届满、应终止劳动合同为理由向中级人民法院提起诉讼。

本案中，请问该设备公司主张劳动合同无效的理由是否可以得到法院的支持呢？

二、案例评析

本案的争议焦点之一就是劳动合同的有效与无效，主要分以下两点。

(1)劳动合同的生效不以鉴证为必要。

劳动合同的鉴证，是一种针对劳动合同的行政管理措施。在《劳动合同法》颁布实施前，按照1992年原劳动部出台的《劳动合同鉴证实施办法》，为了保障劳动合同的合法性，切实维护劳动者的权益，在用人单位与求职者签订劳动合同后，由劳动相关部门对该合同进行鉴别证明及审查，检查一下合同内容是否符合国家法律法规规定，有无违反劳动法的情况等。在《劳动合同法》生效前，为了提倡签订书面劳动合同，我国大力提倡劳动合同鉴证。

但随着《劳动合同法》的颁布实施，对未签订书面劳动合同规定了惩罚性措施，因此各地劳动保障部门开始陆续停止办理劳动合同鉴证工作。此外，《行政许可法》也对劳动部门的行政许可范围做了限制性规定，劳动合同的鉴证取消的趋势更加明显。

因此，在本案中，劳动合同只要依法订立，虽未经鉴证，仍具有法律约束力。

我们需要注意：在实务操作中，有些地方的社保缴纳部门在为员工缴纳社保的过程中，需要对劳动合同采取鉴证。这个是行政规定，不属于司法实践。

(2) 劳动合同不具备相应条款，劳动合同仍然有效

本案中，被告主张其与吴某签订的劳动合同缺乏重要的合同条款，因此合同应属无效。

而我国《劳动合同法》第十七条规定：

“劳动合同应当具备以下条款：(一)用人单位的名称、住所和法定代表人或者主要负责人；(二)劳动者的姓名、住址和居民身份证或者其他有效身份证件号码；(三)劳动合同期限；(四)工作内容和工作地点；(五)工作时间和休息休假；(六)劳动报酬；(七)社会保险；(八)劳动保护、劳动条件和职业危害防护；(九)法律、法规规定应当纳入劳动合同的其他事项。”

第二十六条规定：“下列劳动合同无效或者部分无效：(一)以欺诈、胁迫的手段或者乘人之危，使对方在违背真实意思的情况下订立或者变更劳动合同的；(二)用人单位免除自己的法定责任、排除劳动者权利的；(三)违反法律、行政法规强制性规定的。”

从上述法条对比中，我们可以分析判断出如下结论：缺少劳动合同的必备条款，并不必然导致劳动合同无效或不成立。因为上述条款绝大多数属倡导条款，如劳动合同期限、劳动报酬、劳动纪律、劳动合同终止的条件、违反劳动合同的责任，均可依法补正，劳动合同中不必全部载明。

因此在本案中，虽然有些条款不具备，但被告不能据此否定劳动合同的效力。

【案例二】冒名顶替是否影响事实劳动关系的存在?

一、案例介绍

2006年10月初，42岁的李某借用朋友王某的身份证(因招工单位要求“年龄在25岁至40岁”)进入A单位从事运输工作。2008年2月10日，李某仍以王某的名义与A单位正式签订书面劳动合同。2008年7月14日上午10时30分，李某在上班途中被货车撞伤，导致左下肢截肢。事故发生后，李某认为，根据《工伤保险条例》规定，职工在上班途中受到机动车事故伤害的依法属于工伤，故向劳动部门申请工伤认定。在工伤认定中，A单位以其厂里并无“李某”而只有“王某”，其与李某并无劳动关系为由拒绝承担工伤责任。

2009年5月10日，李某向劳动争议仲裁委员会提出确认劳动关系的仲裁申请。在仲裁中，A单位对李某在其单位工作并无异议，但提出李某以王某名义进单位存在欺诈，双方签订的劳动合同无效。2009年9月30日，劳动争议仲裁委员会以李某存在欺诈、双方的劳动合同无效为由，驳回了李某要求确认劳动关系的仲裁请求。李某不服，依法向人民法院提起诉讼。

争议焦点：本案李某隐瞒了自己的真实身份，签订劳动合同存在欺诈行为导致劳动合同无效。但是，李某在A单位已经提供了劳动，事故遭受的伤害也确实是在工作中产生的，A单位能否不承担工伤责任？对因劳动合同无效而发生的劳动关系，能被认定为事实劳动关系吗？导致劳动合同无效与构成事实劳动关系是一个概念吗？如果认定了事实劳动关系，李某的工伤保险待遇到底应该由谁来承担？

二、案例评析

《劳动合同法》第七条规定：“用人单位自用工之日即与劳动者建立劳动关系。”该条款已明确，用人单位对劳动者是否存在实际用工的事实是双方是否存在劳动关系的唯一标准。

本案中，李某以王某的名义与A单位签订的劳动合同，因存在欺诈行为属于无效劳动合同。按照我国《劳动合同法》的规定，无效的劳动合同，从订立的时候起，就没有法律约束力，即劳动合同是始终无效的。按合同法理论，合同无效的，因该合同取得的财产，应当予以返还。但是很显然，劳动合同无法适用合同法的原理，劳动力一旦付出，就无法恢复到合同订约前的状态，因为这时劳动者已提供了劳动。对因劳动合同无效而发生的劳动关系，同样应当视为一种事实劳动关系，劳动者的利益应受法律保护。

综合本案具体情况，A单位对李某在其单位做事并无异议。因此，李某以王某名义和A单位签订的劳动合同虽然因欺诈而导致劳动合同无效，但劳动合同无效和双方是否存在劳动关系是两个不同的概念。事实劳动关系是一种状态，而不是一种法律行为。只有法律行为才存在效力问题，事实状态仅仅是客观情况的反映，不存在效力问题，也不存在无效的情况。用人单位自用工之日起即与劳动者建立劳动关系，也即只要有实际用工，即存在劳动关系。因此，借用他人身份证不影响事实劳动关系的认定。

所以劳动者就业时应使用自己的真实身份证，不能冒用他人身份证，更不能使用不符合自己年龄等实际情况的假身份证，以免在享受社会保险待遇时难以落实，自身权益难以得到保障。企业也应把好新员工入职关，尽先行核查身份义务，避免日后产生用工潜在风险。

相关法律条款如下：

《劳动法》第十八条规定下列劳动合同无效：(一)违反法律、行政法规的劳动合同；(二)采取欺诈、威胁等手段订立的劳动合同。

无效的劳动合同，从订立的时候起，就没有法律约束力。确认劳动合同部分无效的，如果不影响其余部分的效力，其余部分仍然有效。

劳动合同的无效，由劳动争议仲裁委员会或者人民法院确认。

《劳动合同法》第二十六条规定下列劳动合同无效或者部分无效：

(一) 以欺诈、胁迫的手段或者乘人之危，使对方在违背真实意思的情况下订立或者变更劳动合同的；

(二) 用人单位免除自己的法定责任、排除劳动者权利的；

(三) 违反法律、行政法规强制性规定的。

对劳动合同的无效或者部分无效有争议的，由劳动争议仲裁机构或者人民法院确认。

《劳动合同法》第八十六条规定：劳动合同依照本法第二十六条规定被确认无效，给对方造成损害的，有过错的一方应当承担赔偿责任。

【案例三】用人单位和劳动者在劳动关系建立时无双向选择权?

一、案例介绍

小王应聘到一软件开发公司任程序编写员。在劳动合同中约定：公司为小王支付1.2万元培训费，小王必须为该公司服务满三年，如三年内小王辞职，小王向该公司支付违约金2.4万元。后来，小王工作满两年时欲出国学习，提出解除劳动合同。现在单位要求小王支付违约金2.4万元，小王拒绝支付。双方为此产生劳动争议，提交劳动仲裁委员会裁决。

二、案例评析

这样的案件在目前职场生活中较为常见：企业想培养人才，也想留住人才；员工职业技能一旦得到提升，总是希望获得更高的收入，往往通过跳槽来得到体现。一个想留，一个想走，矛盾就这么产生了，很多劳动争议也是这么产生了。

如何留人，已经成为企业发展道路上的一道槛。企业可以采取各种手段来综合解决这个问题，如主动帮助员工设计职业生涯规划，制订员工关怀计划，与员工签订一系列法律文件，等等。就法律措施而言，本案中，企业和员工双方对法律理解都有错误的。

企业的错误有两点：

（1）企业不能要求员工小王承担 2.4 万的违约金，因为该数额高于公司为小王支付的 1.2 万元的培训费。这样的规定，违反了《劳动合同法》第二十二条规定："劳动者违反服务期约定的，应当按照约定向用人单位支付违约金，违约金的数额不得超过用人单位提供的培训费用。"因此所以支付 2.4 万元的违约金不合法。

（2）企业不能要求小王支付全额违约金。因为根据《劳动合同法》第二十二条规定："用人单位要求劳动者支付的违约金不得超过服务期尚未履行部分所应分摊的培训费用。"从本条可以看出，《劳动合同法》规定了最高限额和分担办法。小王已经服务了 2 年，只剩最后一年。按照上述规定，小王最高只需要支付 1.2 万元培训费的三分之一，即小王最多只需要支付 4000 元。

本案中，小王的想法可能是：企业培训要求签订培训协议，他只得忍气吞声地签订了，并暗暗以为这个是不平等条约，是企业单方面的要求，是强迫的，法律肯定是不支持的。通过上面分析，其实不然。

《劳动合同法》的主旨是保护员工的，但也不能忽视企业的根本利益，因为企业的核心竞争力还是人才。因此《劳动合同法》对于企业花了人力和财力去培养员工，以此付出对价要求限制一些员工的留住还是给予支持的。但本质上，《劳动合同法》第二十二条的违约金条款名不符实，因为对于违约金的最高额和分担做出限制后，该违约金的性质更像是补偿金了，因为员工承担的数额没有惩罚性质了，只是为了弥补企业为培养员工支付的经济成本。

最后，我们建议企业在签订培训协议时，培训费用是最需要注意的地方之一。培训费用一般不包括进单位的"入门教育"，也不包括单位为调整人员和岗位而进行的转岗培训。培训费用应是用人单位有付费凭证的实际支出，其主要包括单位支付的学杂费，如果是公费出国培训或异地培训，那么还包括一定比例的往返交通费和在外期间的生活补贴费用。

【案例四】事实劳动关系

一、案例介绍

刘某 1995 年 7 月在富岛公司(后更名为中海油化学实业公司)当保安。2001 年 8 月 H 公司与中海油化学实业公司签订服务承包合同后，刘某即转归 H 公司管理(即受雇于 H 公司)，仍当保安(从 2001 年 8 月至 2005 年 4 月 15 日止)。2004 年 1 月 1 日至 2004 年 12 月 31

日，原、H公司签订了为期一年的劳动合同，其他雇佣时间均未签订书面合同。2001年8月28日，中海油化学实业公司保卫处制定了《进出厂区管理制度》，H公司也在该制度上盖了公章，H公司同样执行该制度。2005年3月20日，刘某从某公司购买一批废铁转手卖给收废铁人，违规将收购废铁人带入厂区，2005年4月6日，刘某又冒充保卫科长吴某的签名，将一部被拦住的货车放行。H公司发现后，于2005年4月15日对刘某做出了解聘刘某保安工作职务的通知。刘某不服，遂申请劳动仲裁。

二、案例评析

刘某虽然只与H公司签订一年的劳动合同，但刘某从2001年8月至2005年4月15日均在H公司工作，已构成事实劳动关系。在劳动关系存续期间，H公司应依法为刘某缴纳各项社会保险费，故刘某请求H公司为其缴纳社会保险费的请求有理。《进出厂区管理制度》虽是中海油化学实业公司制定的，但H公司已在该制度上盖章，且H公司与该公司承包劳动服务，签订服务合同，故该制度应视为是H公司的内部制度，H公司的员工应予遵守。刘某违反制度规定，严重违反了劳动纪律，H公司解除刘某的劳动关系合法。

《劳动法》第二十五条规定，劳动者有下列情形之一的，用人单位可以解除劳动合同：

（一）在试用期间被证明不符合录用条件的；

（二）严重违反劳动纪律或者用人单位规章制度的；

（三）严重失职，营私舞弊，对用人单位利益造成重大损害的；

（四）被依法追究刑事责任的。

《劳动部关于贯彻执行〈中华人民共和国劳动法〉若干问题的意见》规定，中国境内的企业、个体经济组织与劳动者之间，只要形成劳动关系，即劳动者事实上已成为企业、个体经济组织的成员，并为其提供有偿劳动，适用劳动法。

第十七条规定，用人单位与劳动者之间形成了事实劳动关系，而用人单位故意拖延不订立劳动合同，劳动行政部门应予以纠正。用人单位因此给劳动者造成损害的，应按劳动部《违反〈劳动法〉有关劳动合同规定的赔偿办法》（劳部发〔1995〕223号）的规定进行赔偿。

第三十九条规定，用人单位依据劳动法第二十五条解除劳动合同，可以不支付劳动者经济补偿金。

第八十二条规定，用人单位与劳动者发生劳动争议不论是否订立劳动合同，只要存在事实劳动关系，并符合劳动法的适用范围和《中华人民共和国企业劳动争议处理条例》的受案范围，劳动争议仲裁委员会均应受理。

《劳动合同法》第十条规定，建立劳动关系，应当订立书面劳动合同，已建立劳动关系，未同时订立书面劳动合同的，应当自用工之日起一个月内订立书面劳动合同。

第十四条第三款规定，用人单位自用工之日起满一年不与劳动者订立书面劳动合同的，视为用人单位与劳动者已订立无固定期限劳动合同。

第九十七条第二款规定，本法施行前已建立劳动关系，尚未订立书面劳动合同的，应当自本法施行之日起一个月内订立。

【案例五】与用人单位之间是劳动关系还是雇佣关系?

一、案例介绍

案情：农民 A 向公司 B 承包一辆中型自卸东风货车进行营运。2004 年 9 月，A 雇请 C 为其开车跑运输，约定月工资 1000 元。同年 10 月 28 日，A 和 C 从莲花运煤去井冈山，开始由 A 驾驶运煤车，行驶至永新改由 C 驾驶。车行至一下坡时，撞在公路北侧的山崖上。A 被救出，全身损伤严重 C 在送往医院的途中死亡。交警部门认定 C 负此事故的全部责任。事故发生后，C 亲属向劳动和社会保障局提出工伤认定申请，该局认定 C 系工伤后申请仲裁。仲裁委员会于 2005 年 5 月 8 日裁决由 A 一次性赔付 C 因工亡各项补助金和供养亲属抚恤金共计 102348 元。A 不服，认为死者 C 与其不形成劳动关系，以不属于工伤为由向法院提起诉讼，要求法院确认该仲裁裁决无效。

案中 A 和 C 是劳动关系还是雇佣关系？需要赔偿吗？

二、案例评析

本案争议的焦点是 A 与 C 之间法律关系的性质。就本案而言，很多人会有疑问：部分人认为是雇佣关系，还有人认定是劳动关系。这个法律性质的最终认定将决定着当事人 A 承担的法律责任。这两者之间的确因界限比较模糊，因为区分不清而导致纠纷争议也层出不穷。因此认定为劳动关系还是雇佣关系是解决此类争议的必要前提。

1. 劳动关系与雇佣关系

劳动关系是现今社会中最为普遍的一种用工关系。自然人在各种类型的企事业单位工作，作为企事业单位的员工，与该单位之间建立的法律关系就是劳动关系，这样的关系受劳动合同法调整。而雇佣关系是指受雇人向雇佣人提供劳务服务，雇佣人支付相应报酬形成的法律关系。比如雇佣保姆、农民找人帮其摘果子等等，这实质上是一种合同关系，受民法调整。

劳动关系和雇佣关系这两种不同的法律关系的共同点都是提供劳动成果的一方均为自然人，通过提供劳动成果来获取对价。但是，劳动关系和雇佣关系又有很大的不同之处，最主要的区别是劳动关系对劳动者和单位这两方的主体资格的要求非常严格，要求劳动者一方必须是有完全行为能力的成年人，且为不是退休人员(严格意义讲是享受养老保险待遇的退休人员)，即年龄一般为 16~60 岁(女性到 55 岁)。用人单位一方应是中华人民共和国境内的企业、个体经济组织、民办非企业单位等组织，通俗地讲，这些组织都是办理过工商注册登记手续的。而雇佣关系对劳动者和单位这两方的主体资格的要求很宽泛，不做严格要求。雇佣关系中对劳动者是否属于成年人或者退休人员不限制，只要劳动者的身体状况与工作强度和内容相符合即可。用人方也不要求是注册过的组织，可以是私人，也可以是未办理工商登记手续的社会组织。

本案中，A 虽然承包了一辆汽车进行营运，但其并未依法向工商行政管理机关依法核准登记并取得营业执照，故 A 不属于个体工商户，不具备劳动关系中用工主体的资格，因此其与死者之间不存在法律上的劳动关系。

因此，应该认定原告与死者之间符合雇佣关系的特征。

2. 法律关系不同，适用法律和责任承担也不同

前文说过，劳动关系属于《劳动合同法》调整范围，因此一旦涉及工作过程中的伤亡事故，应该依据《劳动合同法》和《工伤保险条例》及相关司法解释等规定处理，并实行劳动仲裁前置程序，不服劳动仲裁裁决的才可以通过诉讼程序解决。而雇佣关系是一种民事关系，受民法和合同法调整。雇员在雇佣活动中发生人身损害，主要依据民法通则和最高人民法院《关于审理人身损害赔偿案件适用法律若干问题的解释》处理，当事人可以直接通过诉讼程序解决，没有劳动仲裁手续。

在责任承担方面，在劳动关系中，用人单位如果依法参加了工伤保险，一旦有劳动者发生工伤事故或者患职业病，用人单位的赔偿责任很大一部分由工伤基金分担，只需要承担一小部分经济责任而已。但如果用人单位应参加工伤保险而未参加的，则由用人单位按照工伤保险待遇项目和标准承担全部费用。

而在雇佣关系中，员工在雇佣活动中发生伤亡事故的，雇主都应当承担责任，无法通过社会保险降低自己的用工风险。就本案而言，不能依据《劳动法》和《工伤保险条例》的规定进行赔偿，因为死者与原告之间是雇佣关系而不是劳动关系。

因此，在本案中，死者亲属依据民法通则和最高人民法院《关于审理人身损害赔偿案件适用法律若干问题的解释》的规定，可直接向法院起诉要求赔偿，作为雇主的原告应当承担赔偿责任。

【案例六】员工手册或企业规章制度的制定有必要吗？

一、案例介绍

小徐是一家新成立的生物科技用品公司的员工，双方签订了期限自 2008 年 1 月 1 日至 2011 年 12 月 31 日三年期的劳动合同，合同约定小徐的工作岗位为行政助理。但由于公司刚刚成立，相应的制度还不够完善，公司忽视了对小徐进行公司制度的培训和告知。工作两年后，小徐认为是公司的老人，经常迟到早退，甚至不办理请假手续便不到岗上班。某日，该公司的人事部给小徐发出了书面解除劳动合同的通知书，以小徐违反单位的考勤管理制度（迟到、早退、旷工）为由，按照《劳动合同法》第三十九条的规定，与其解除劳动关系并不向小徐支付任何经济补偿金。随后，小徐诉至劳动争议仲裁委员会，认为该生物科技用品公司的处理方法违反法律的规定，属于违法解除劳动合同，要求支付解除劳动关系双倍赔偿金。

本案中，小徐的仲裁请求是否可以得到支持呢？

二、案例评析

本案涉及的主要问题是，企业在办理劳动合同和解除劳动合同手续的过程中仅仅是符合了法定的理由，但是由于缺乏配套的规章制度，是否还会产生违法解除的问题呢？

首先，《劳动合同法》第三十九条规定“劳动者有下列情形之一的，用人单位可以解除劳动合同：……严重违反用人单位的规章制度的……”那么由此可以看出，劳动者违纪是法定解除劳动合同的情形之一。但是在这个条款中，并没有对违纪的具体情形做出描述和范围的规定。那么如何确定违纪的具体标准和情形呢？在司法实践中，通常是根据用人单位的规章制度或者员工手册来进行明确的规定。本案中，小徐确实存在迟到，早退和旷工的情况，从常理上也符合违纪表现形式。但是由于企业本身并没有形成正式的规章制度，即对迟到、早退、旷工行为的处理没有明确的标准，同时在用工过程中亦没对小徐进行相关的培训和告知，因此应当认定该生物科技企业所做出的解除劳动合同是没有依据的，属于违法的解除，应该需要支付违法解除劳动合同双倍的赔偿金。那么根据《劳动合同法》第八十七条的规定：“用人单位违反本法规定解除或者终止劳动合同的，应当依照本法第四十七条规定的经济补偿标准的二倍向劳动者支付赔偿金。”小徐的仲裁请求理所应当得到支持。

在此，我们还要提醒，规章制度在司法实践中的运用在最高人民法院的司法解释中做出了很细化的规定。《关于审理劳动争议案件适用法律若干问题的解释》(法释〔2001〕14号)第十九条的规定：“用人单位根据《劳动法》第四条之规定，通过民主程序制定的规章制度，不违反国家法律、行政法规及政策规定，并已向劳动者公示的，可以作为人民法院审理劳动争议案件的依据。”也就是说，用人单位所制定的员工手册首先需要通过民主程序制定出来，比如通过企业工会或者员工代表大会，其次是要向员工进行公示，公示的方法可以采用集中培训、签字阅览等不同方法。

如果本案中的该生物科技公司已经建立了完善的规章制度，但没有经过民主程序制定或没有向小徐公示的制度，该规章制度不可以作为处理的依据，也将会导致解除缺乏依据的法律后果。因此，只有民主的制定程序、充分的公示程序才能建立完善的规章制度，从而达到降低企业的用工风险的效果。

【案例七】项目管理人与承包单位有劳动关系吗？

一、案例介绍

某建筑公司挂靠庐州公司承包了位于合肥市某路段的工程，庐州公司作为案涉工程的承包人，某建筑公司为实际施工人。自2015年起，某建筑公司雇佣田某在案涉工程工作，负责现场材料的月结对账等，每月工资8000元。田某在该项目一直工作到2020年10月底，该项目工程全部完成。田某未同庐州公司签订劳动合同，庐州公司也未发放工资给田某，未给田某购买社保。田某主张自2018年3月15日起至2020年10月工程完工一直未收到工资，遂向当地某劳动人事争议仲裁委提起仲裁，要求庐州公司支付2018年3月15日至2020年10月31日期间的工资和赔偿金474000元。

二、案例评析

本案中，田某以在案涉项目上工作为由主张其与项目承包人的劳动关系成立，并要求项目承包人支付工资及赔偿金。田某虽在庐州公司承接的案涉项目上工作过，但该项目的实际施工人是某建筑公司。田某未经过庐州公司招聘程序入职，未填写相关入职资料，未签订劳动合同，未购买社保。田某提供的证据也未能证明其接受庐州公司的考勤管理以及工资的发放等。经审理查明，田某在 2016 年 3 月至 2017 年 3 月期间也代表湖南省某公司从事相关商业活动。田某提供的证据不足以证明其同庐州公司存在劳动关系，故仲裁委认为田某同庐州公司的劳动关系不成立，对于田某的仲裁请求全部予以驳回。

延伸说法：实际施工人通常会雇佣其较为信任的人员作为项目的实际管理人员，工资通常以现金形式按月发放(避免缴纳个税)，不缴纳社保，不签订任何书面合同。当实际施工人未能及时向管理人员支付工资或实际施工人与项目承包方(被挂靠方)产生纠纷时，就会出现像本案中的情况，实际管理人员以存在事实劳动关系为由，要求承包人支付工资及赔偿金等。我们应根据法律对劳动关系认定的规定，结合案件的具体情况做出判断，尤其是注意以下几点：是否经承包方招聘入职？是否填写相关入职资料？是否签订劳动合同？是否有发放工资？是否有购买社保？是否接受承包人的考勤管理等。

【案例八】她与酒店存在劳动关系吗？

一、案例介绍

朱某系安徽某酒店有限公司服务员。2021 年 8 月 3 日进入该公司；次月 18 日，朱某在拖地时不慎滑倒摔伤。当时朱某并未觉得伤情严重，依然继续工作，未去医院进行治疗；第二天，朱某感觉身体不适，去医院就诊，经诊断为颈椎骨折，继而产生一系列的住院治疗费用共 15000 元。出院后朱某电话联系公司人事主管，让单位申报工伤并支付其相应的住院治疗费用。酒店主管经向单位领导汇报后，回复其并非公司员工，只是临时帮忙，故不应找公司索赔相应的住院治疗费用，之后对朱某置之不理。朱某将该酒店诉至当地市劳动争议仲裁委员会，要求确认其与被申请人安徽某酒店有限公司存在劳动关系，并支付相应的医疗费 15000 元。

申请人为主张劳动关系的存在，提供以下证据：(1)工作证；(2)证人证言；(3)工作记录。

二、案例评析

依据《中华人民共和国劳动合同法》第七条规定："用人单位自用工之日起即与劳动者建立劳动关系。用人单位应当建立职工名册备查。"第十条规定："已建立劳动关系，未同时订立书面劳动合同的，应当自用工之日起一个月内订立书面劳动合同。"该酒店既未与朱某签订书面劳动合同，也未建立职工名册，故而产生了朱某非该公司员工的说法。依据劳社部发〔2005〕12 号《关于确立劳动关系有关事项的通知》第一条："用人单位招用劳动者未订立书面劳动合同，但同时具备下列情形的，劳动关系成立：(一)用人单位和劳动者符合法律、法规规定的主体资格；(二)用人单位依法制定的各项劳动规章制度适用于劳动者，劳动者受用人单位的劳动管理，从事用人单位安排的有报酬的劳动；(三)劳动者提供的劳动是用人单位业务的组成部分。"第二条："用人单位未与劳动者签订劳动合同，认定双方存在劳动关系时可参照下列凭证：(一)工资支付凭证或者记录(职工工资发放花名册)、缴纳各项社会保险费的记录；(二)用人单位向劳动者发放的‘工作证’‘服务证’等能够证明身份的证件；(三)劳动者填写的用人单位招工招聘‘登记表’‘报名表’等招用记录；(四)考勤记录；(五)其他劳动者的证言等。其中，(一)(三)(四)项的有关凭证由用人单位负举证责任。”本案中，根据朱某的入职陈述和其提供的工作证、证人证言、工作记录及报酬支付记录，依据上述法律法规，本委确认朱某与该酒店存在劳动关系，并由酒店承担其住院医疗费15000元。

【案例九】违规分包不改变事实劳动关系

一、案例介绍

2017年10月24日，杨某在某建筑公司承建的公路工程施工中发生事故不幸死亡。事故发生后，杨某的家人要求建筑公司赔偿，建筑公司称其竞标该工程后并未组织人员施工，而是将工程分包，死者从事的工作分包给了袁某，并申请追加袁某为被告。而袁某系一自然人，无相应的建筑资质，其在施工过程中以该建筑公司名义施工。该建筑公司认为死者和袁某之间形成雇佣关系，与建筑公司之间不存在事实劳动关系，不予赔偿，双方遂发生争议。

那么，员工劳动关系的认定标准是什么？本案中，杨某家人的索赔对象应该是谁呢？就上述问题进行探讨，提醒用工企业，特别是建筑这样的工作环境高风险的行业，一定要注意规范用工，建立安全生产制度，对员工进行安全生产的教育和培训，从社会保障的角度给员工特别是大量的农民工创建安全生产的环境。

二、案例评析

在近几年的房地产行业中，一些建筑类企业不严格履行法定建设程序，一些施工类企业违法分包或转包、无资质施工、项目经理挂靠等现象较多存在，造成工地安全违章情况比较严重，特别是外来农民工出现工伤的事情频频发生。

劳动关系的确定对劳动者而言有极为重要的意义。这意味着劳动者可以因此享受到劳动法(包括《劳动合同法》等法律文件)的倾斜保护。

而如果劳动者不被认定为劳动关系中的劳动者，将得不到保护。现实中存在大量劳动者本身实际上属于劳动法中定义的“劳动者”的范畴，但由于没有签订劳动合同，而难以证明自己的身份和主张自己的权利，因此得不到劳动法的保护。

正是了解决这一社会难题，劳动部在2005年出台了《关于确立劳动关系有关事项的通知》(以下简称《通知》)，第一条对未订立书面劳动合同的劳动关系的确立有明确规定，“具备下列情形的，劳动关系成立：(一)用人单位和劳动者符合法律、法规规定的劳动主体资格；(二)用人单位依法制定的各项劳动规章制度适用于劳动者，劳动者受用人单位的劳动管理，从事用人单位安排的有报酬的劳动；(三)劳动者提供的劳动是用人单位业务的组成部分。”

此外，《劳动合同法》第七条规定，用人单位自用工之日起即与劳动者建立劳动关系。第十条规定，用人单位与劳动者在用工前订立劳动合同的，劳动关系自用工之日起建立。

新的劳动合同法明确规定，产生劳动关系的基本法律事实是“用工”，而不是订立劳动合同，这个精神和《通知》的精神是一脉相承的。

《通知》第四条规定："建筑施工、矿山企业等用人单位将工程(业务)或经营权发包给不具备用工主体资格的组织或自然人，对该组织或自然人招用的劳动者，由具备用工主体资格的发包方承担用工主体资格。"

结合上述法条分析，在本案中，原告建筑公司作为合法的用工主体，将工程分包给不具备用工主体资格的自然人袁某，因袁某不具有施工资质，也不具备合法用工的主体资格，故依照规定应认定由具备用工主体资格的发包人即建筑公司为用工主体，故应认定建筑公司与杨某之间存在事实上的劳动关系，建筑公司应是杨某家人的索赔对象。

作为企业，特别是建筑这样的工作环境高风险的行业，一定要注意规范用工，建立安全生产制度，对员工进行安全生产的教育和培训，杜绝疲劳加班的情形。同时还要按时缴纳外来人员综合保险等相应法定类型的社会保险，从社会保障的角度给员工特别是大量的农民工创建安全生产的环境。

【案例十】录用通知书能代替书面劳动合同吗?

一、案例介绍

郑某于2018年2月28日前往A公司面试，经过两轮面试后，3月20日，某建筑公司向郑某发送《录用通知书》，通知书上面载明员工姓名、部门、职位、录用条件、试用期(3个月)、试用期工资、转正工资、社会保险等内容。同日，郑某签收《录用通知书》回执，并在回执上写明："本人确认收到某建筑公司录用通知书，自愿接受录用通知书上提供的职位，同时对录用通知书各项条款意思理解清楚且无异议。"4月1日，郑某正式入职。11月20日，郑某因个人原因提出辞职，并于次日办理完毕各项离职手续。一个月之后，郑某向仲裁委提起劳动仲裁，要求某建筑公司支付在职期间未签订书面劳动合同二倍工资差额20000元。

A公司辩称：公司发放的《录用通知书》不仅含有录用的意思表示，还就劳动报酬、工作岗位、试用期、社会保险等内容进行了约定，并有申请人签字的回执，为双方真实意思表示，已具备了劳动合同应当具备的必备条款，应认定为双方签订了真实有效的劳动合同。

二、案例评析

仲裁委最终支持了郑某的仲裁请求，理由如下：(一)用人单位向劳动者出具录用通知书，可视为用人单位向劳动者发出要约，劳动者签收回执在法律意义上属于承诺，自此双方在主观上对建立劳动关系达成了合意。但双方主观上达成的合意并不必然在客观上导致劳动关系就一定建立。劳动者收到录用通知书以后，可选择进入用人单位工作，建立劳动关系；也可选择不去入职，对劳动者未作法律上的强制性规定。(二)即使劳动者按照录用通知书上面的要求入职，双方之间仍然缺乏《劳动合同法》规定的"劳动合同"。根据《中华人民共和国劳动合同法》第十条规定，"建立劳动关系，应当订立书面劳动合同"，这里明确规定订立书面劳动合同，并未允许其他可以替代劳动合同的文本。(三)《中华人民共和国劳动合同法》第十七条详细规定了劳动合同应当具备的条款，内容十分详细具体，录用通知书往往是不会涵盖所有内容的，两者在内容上存在着较大差异。综上所述，仲裁委裁决A公司应支付郑某入职一个月后的未签订劳动合同二倍工资差额20000元。

【案例十一】未签订合同的工资赔偿

一、案例介绍

张小姐2009年2月进入A公司，工作1年未签订劳动合同。2010年1月，公司人事部门便口头通知张小姐解除劳动关系。2010年2月，张小姐委托律师要求公司支付未签合同的双倍工资差额及违法解除劳动关系赔偿金。

在法院庭审中，A公司确认双方确实解除了劳动关系，但认为张小姐是自己离职，属于合法解除，因此A公司不愿意赔偿经济补偿金。至于未签合同，公司已经通知过其签订劳动合同，但由于张小姐自身原因，导致未签劳动合同。A公司未提供任何证据证明上述事实。

本案中，A公司是否需要支付未签合同的双倍工资差额及违法解除劳动关系赔偿金呢？并且由此看出，公司在录取员工时要注意哪些？

二、案例评析

根据本案材料，案件已经进入法院阶段，针对张小姐的两项诉讼请求，A公司均未完成自己的举证责任，未提供有力证据证明自己的答辩理由。法院肯定要判决A公司支付张小姐未签合同的双倍工资差额及违法解除劳动关系赔偿金。

本案的核心只有一个，就是举证责任分配的问题。案件中，A公司在举证这一环节上做得非常失败，认为自己做得很有道理，很符合人情世故，以为自己只要完全否认员工的要求和在庭审过程中叙述的事实，法官就会明白事实真相，会支持自己的反驳理由，其实不然。

本案中第一个诉讼请求集中在A公司解除劳动关系是否合法。A公司称张小姐是自己离职的，其认为根据法律上“谁主张，谁举证”的一般规定，张小姐无法拿出其解除劳动关系通知之类的书面证据。在这种情况下，公司认为法院不会支持张小姐的诉讼请求。A公司这样理解法律其实是完全错误的。

因为在解除劳动关系的这个法律事实查明问题上，举证规则有些特别。本案的争议前提是双方劳动关系已经解除，这一事实双方均不否认。那么谁举证解除劳动关系的责任已经不再由张小姐这个原告负责了。

因为根据《最高人民法院关于民事诉讼证据的若干规定》第六条规定，在劳动争议纠纷案件中，因用人单位做出开除、除名、辞退、解除劳动合同、减少劳动报酬、计算劳动者工作年限等决定而发生劳动争议的，由用人单位负举证责任。

因此，张小姐是否是自己主动离职的，她不承担举证责任，反而应该由A公司负责举证。但A公司并没有任何证据证明张小姐是自己离职的，而公司应当承担举证不能的不利后果。因此，法院根据该证据规则认为A公司与张小姐解除劳动关系属于违法解除，判决A公司支付违法解除劳动关系赔偿金。

本案中第二个诉讼请求的核心是查明未签劳动合同的原因。

根据《劳动合同法》第八十二条之规定：用人单位自用工之日起超过一个月不满一年未与劳动者订立书面劳动合同的，应当向劳动者每月支付二倍的工资。

本案的案件事实是，张小姐与A公司长达一年之久未签订书面的劳动合同，对此，双方均无异议。此时，张小姐举证任务已经完成。而根据《劳动合同法实施条例》规定，只有在“劳动者不与用人单位订立书面劳动合同的”的情况下，用人单位可以不需要支付双倍工资差额。但在本案中，A公司并未提供有效证据证明张小姐拒绝签订劳动合同和其已履行了诚实磋商的义务的事实，故法院应判定A公司支付张小姐双倍工资差额。

最后，在未签订劳动合同导致双倍工资赔偿这一法律问题上，我们建议用人单位对入职后迟迟不签订劳动合同的员工，一般应与其部门领导沟通，与其终止劳动关系。如果企业需要该员工，也要保留好与员工磋商签订劳动合同的证据，如谈话记录签字、劳动合同收条之类的书面文件。

【案例十二】“双倍薪酬”是否同样适用于总经理及人事经理?

一、案例介绍

王某于2009年2月入职A公司，担任总经理一职。入职后，王某负责A公司的业务开展及内部管理。

2011年3月，A公司董事会以王某“未完成业务拓展目标”为由，要求与王某解除劳动关系，并按入职时间依法支付经济补偿金。

2011年4月，王某向劳动争议仲裁委员会提出仲裁申请，提出公司未与其签订书面劳动合同，根据《劳动合同法》规定，公司应支付其11个月的双倍薪酬。

那么，王某作为企业管理者同时又是一名受薪的普通员工，这样的双重身份，是否可以获得他所主张的双倍薪酬呢?

二、案例评析

首先，《劳动合同法》第八十二条规定：“用人单位自用工之日起超过一个月不满一年未与劳动者订立书面劳动合同的，应当向劳动者每月支付二倍的工资。”这一规定成为王某向A公司主张双倍薪酬的法律依据。

其次，王某作为公司总经理，是否与企业之间存在劳动关系，应依法订立书面劳动合同呢?《关于贯彻执行〈中华人民共和国劳动法〉若干问题的意见》第11条规定，根据劳动部《实施〈中华人民共和国劳动法〉中有关劳动合同问题的解答》(劳部发〔1995〕202号)的规定，经理由其上级部门聘任(委任)的，应与聘任(委任)部门签订劳动合同。实行公司制的经理和有关经营管理人员，应依据《公司法》的规定与董事会签订劳动合同。由此可见，作为一名聘用制的员工，王某虽具备了管理者身份，但同样应有书面劳动合同来约定与企业之间的权利义务关系。

那么王某是否能因为未与公司签订劳动合同而获得双倍赔偿金呢？在仲裁开庭审理中，A公司能提供王某入职前后其他新入职员工与公司订立的书面劳动合同，以此证明公司已建立了与员工签订劳动合同的制度。公司所有与员工订立的劳动合同均盖有公司公章，根据A公司用章管理制度，公章的使用必须经由王某签字确认后方可使用。王某声称并不知晓公司是否与其他员工签订书面劳动合同显然并不属实。同时，作为A公司总经理，其职务范围包括对公司内部人员的管理，人事行政部门也在其管辖范围之内，督促人事行政部门依法与公司员工建立劳动关系属于王某的应尽职责之一，而王某以其所辖部门未与其订立书面劳动合同为由要求巨额赔偿金有利用职务之便牟取私利的嫌疑。

最终，仲裁委员会做出驳回王某以未签劳动合同为由要求赔偿金的仲裁请求。

作为聘用制员工，总经理及人事经理也同样应该与企业签订劳动合同，以书面形式约定双方的权利义务关系。但同时，在明知企业劳动关系管理制度及未签订劳动合同可能导致的法律后果的情况下，故意不与企业订立劳动合同以期获得双倍赔偿款项的行为也同样无法得到司法机关的支持。

【案例十三】没签劳动合同也无法逃避补偿金

一、案例介绍

某贸易公司位于上海某超甲级写字楼里，专门从事国际品牌化妆品的代理业务。小王去应聘时，觉得能租下那么高档的写字楼，公司实力一定很强。于是他放心地跳槽进入这家公司。和他一起进入的还有10多位员工，都是从其他化妆品巨头跳槽来的中高级管理人员。

7个月后，形势急转直下，公司突然没收了他们这些新员工的公司名片、大楼进出证等物品，并告知其集体解散。让小王他们不能接受的是，公司拒绝承认他们是公司员工，而且给予的解散费与他们所应得的工资差距很大。小王等人这才想起，他们都没有签订过劳动合同。更加令人惊奇的是，小王发现在这家公司工作了一年的员工也没有签订过劳动合同。

那么，员工遇到这种情况，应该怎么来维护自己的权益呢？就上述问题进行探讨，提醒企业的员工注意：平时应该注意保留证件名片、工资单或银行卡发放工资记录、书面录用通知等证据以防万一，从而保证自己的权益。

二、案例评析

劳动关系的建立并非以签订劳动合同为唯一标准。该贸易公司不与员工签订劳动合同，但这并不能改变这些员工已经为其工作的事实。这种状态被称为事实劳动关系。

《劳动合同法》第七条规定："用人单位自用工之日起即与劳动者建立劳动关系。用人单位应当建立职工名册备查。"第十条规定："建立劳动关系，应当订立书面劳动合同。已建立劳动关系，未同时订立书面劳动合同的，应当自用工之日起一个月内订立书面劳动合同。"第十一条规定："用人单位未在用工的同时订立书面劳动合同，与劳动者约定的劳动报酬不明确的，新招用的劳动者的劳动报酬按照集体合同规定的标准执行；没有集体合同或者集体合同未规定的，实行同工同酬。”因此根据《劳动合同法》的规定，订立劳动合同是企业的法定义务，即使没有签订书面劳动合同，也不影响公司与员工劳动关系的建立，公司也应根据《劳动合同法》的规定向员工支付应有的经济补偿金。

除此之外，《劳动合同法》及《劳动合同法实施条例》进一步规定了用人单位不与劳动者签订劳动合同的责任。《劳动合同法》第八十二条规定：“用人单位自用工之日起超过一个月不满一年未与劳动者订立书面劳动合同的，应当向劳动者每月支付二倍的工资。”《劳动合同法实施条例》第七条规定：“用人单位自用工之日起满一年未与劳动者订立书面劳动合同的，自用工之日起满一个月的次日至满一年的前一日应当依照劳动合同法第八十二条的规定向劳动者每月支付两倍的工资，并视为自用工之日起满一年的当日已经与劳动者订立无固定期限劳动合同，应当立即与劳动者补订书面劳动合同。”

本案中，由于公司已经将员工的证件名片收回，小王通过仲裁解决问题得事先证明自己是贸易公司的员工。在此类纠纷中，除了证件名片以外，还有以下一些证据往往是比较常用的：工资单或银行卡发放工资记录，书面录用通知。小王等人可以视自己的实际情况搜集上述资料作为证据。

【案例十四】没有续签合同，单位可以随便“炒鱿鱼”吗？

一、案例介绍

员工肖某于2007年11月入职一家公司，工作期间兢兢业业，单位对他也表示满意。2个月的试用期以后，双方签订了为期1年的劳动合同。2008年11月，单位又提前通知他续签了1年的劳动合同。

转眼间，肖某的合同到期了，但是公司领导却一点动静也没有，看不出丝毫想与他商量续签劳动合同的意思。肖某有心想问，却又碍于情面张不开口。于是，肖某照样按时来上班，公司也没有减少给他的待遇，双方相安无事。合同到期一个月后，肖某突然被经理找去谈话。经理一见面便直奔主题：“你跟公司的合同已经过期了，经公司研究，决定立即终止与你的劳动关系。下周你来财务部结清工资，就不用再来上班了。”肖某认为公司即使要跟他终止合同也得有个过程，从而让他有个准备，这样太突然了。经理则表示：双方的合同早就到期终止了，现在已经不再受劳动合同的约束，你可以随时走人，公司当然也可以随时通知结束劳动关系，不需要什么过程。

那么，合同到期没有续签，单位就可以随便将员工“炒鱿鱼”吗？就上述问题进行探讨，提醒企业的员工注意：没有劳动合同不等于没有劳动关系，同样受法律的保护。建议企业的人力资源部门：应当主动与劳动者签订或者续订书面的劳动合同，明确双方的权利义务，保护双方的合法权益。

二、案例评析

本案中肖某遇到的问题在现实生活中比较普遍。许多劳动者要么是被单位录用后因种种原因没有订立书面的劳动合同，要么是原劳动合同期满后未续订书面劳动合同而继续在原单位工作，都经历过被单位突然辞退的遭遇。针对此类情况，首先应当明确的是在原劳动合同期满后未续订合同又实际履行的情况下，这种事实劳动关系一般以原劳动合同条件确定双方的权利义务，但是原合同期限对双方不再有约束力，不能以原合同期限推定为新的劳动关系的期限。由于履行期限在法律上处于不明确的状态，学理上把这种劳动关系称为不定期劳动合同。肖某在劳动合同期满后与其单位的关系就是一种不定期劳动合同。

需要注意的是，不定期劳动合同和无固定期限劳动合同并不是一回事。后者是国家为照顾本单位工作年限10年以上的老职工而设计的一种法律制度，它产生的必要条件是双方当事人同意续订劳动合同，且符合条件的劳动者提出订立无固定期限的劳动合同。除非合同主体一方或双方消灭，无固定期限劳动合同是没有终止期限的。而不定期劳动合同发生的前提则是用人单位与劳动者双方应当订立而没有订立劳动合同，使劳动关系的期限处于不确定的状态。因此，对于不定期劳动合同，理论上任何一方都可以随时提出终止履行，结束不确定的状态。但是，为了保护作为弱势群体的劳动者，劳动法规对用人单位终止不定期劳动合同规定了合理的通知期。根据《劳动合同法》第四十条的规定用人单位在提前三十日以书面形式通知劳动者本人或者额外支付劳动者一个月工资后，可以解除劳动合同；

（一）劳动者患病或者非因工负伤，在规定的医疗期满后不能从事原工作也不能从事由用人单位另行安排的工作的；

（二）劳动者不能胜任工作，经过培训或者调整工作岗位，仍不能胜任工作的；

（三）劳动合同订立时所依据的客观情况发生重大变化，致使劳动合同无法履行，经用人单位与劳动者协商，未能就变更劳动合同内容达成协议的。

本案中，肖某的单位在终止与其劳动关系时，没有给予他合理的通知期，因而是不合法的。

另外一个相关的问题是，在不定期合同期间，如果劳动者的劳动报酬和劳动条件高于用人单位规章制度、集体合同规定或法定劳动标准的，按实际已履行的内容确认，如果低于这些规定标准的，则按有利于劳动者的原则确认。

可见，即使处于不定期劳动合同内，法律也为劳动者提供了多方面的保护。当然，从充分保护劳动者权益的角度来考虑，不定期合同不值得提倡。用人单位应当主动与劳动者签订或者续订书面的劳动合同，明确双方的权利义务，保护双方的合法权益。

【案例十五】劳动合同期限和服务期

一、案例介绍

上海某涉外旅行社与李小姐建立劳动关系，约定工作岗位为西班牙语导游。之后，旅行社送李小姐出国培训半年，双方为此签订了2年期限的劳动合同和8年期限的服务期协议。由于旅行社业务发生变化，很少用到西班牙语导游。所以，在2年的劳动合同期满以后，李小姐提出终止劳动关系，但旅行社不同意：服务期未满怎能说走就走？公司宁愿把李小姐“雪藏”也不放她走，并且旅行社以此为由，追索李小姐服务期的赔偿责任。

那么，劳动合同到期但服务期未满，职工可否不续签？如果李小姐执意要走，需要承担赔偿责任吗？就上述问题进行探讨，提醒企业的员工注意：如果由于企业的业务发生变化导致员工提出终止劳动关系，可不受服务期约定的限制，也无须承担赔偿责任。

二、案例评析

本案中上海某涉外旅行社与李小姐的劳动合同期为 2 年，服务期为 8 年，根据《劳动合同法实施条例》第十七条“劳动合同期满，但是用人单位与劳动者依照劳动合同法第二十二条的规定约定的服务期尚未到期的，劳动合同应当续延至服务期满”的规定，因旅行社与李小姐的服务期为 8 年，即劳动合同还需履行 6 年。职工是否续签不影响原劳动合同的履行。

如果李小姐在 2 年合同期满执意要走，如果旅行社还提供西班牙语导游业务，因旅行社曾经送李小姐出国培训半年，且双方签订过 8 年期限的服务期协议，根据《劳动合同法》第二十二条：“用人单位为劳动者提供专项培训费用。对其进行专业技术培训的，可以与该劳动者订立协议，约定服务期。劳动者违反服务期约定的，应当按照约定向用人单位支付违约金。违约金的数额不得超过用人单位提供的培训费用。用人单位要求劳动者支付的违约金不得超过服务期尚未履行部分所应分摊的培训费用。”的规定，李小姐需要承担违约责任。具体来说，服务期为 8 年，已履行 2 年，还有 6 年未履行，李小姐须承担 6 年服务期所分摊的培训费用。按照旅行社为李小姐提供的培训费用总额，分成 8 份，李小姐须向旅行社支付培训费用总额的 6/8 作为违约金，方可解除劳动合同，离开公司。

但是本案中，由于旅行社业务发生变化，很少用到西班牙语导游。旅行社无法继续提供李小姐的西班牙语导游工作岗位，也就无法要求李小姐继续履行服务期的约定，即意味着李小姐没有义务承担服务期关于违约金支付的责任。因续订劳动合同的条件不能达成一致，又因双方当事人无法按照原劳动合同确定的条件继续履行，并且无法按照原劳动合同确定的条件继续履行是用人单位单方面不提供工作岗位引起的，视其放弃对剩余服务期的要求，劳动关系终止。因此在 2 年的劳动合同期满以后，李小姐提出终止劳动关系，可不受服务期约定的限制，也无须支付旅行社违约金，旅行社也不得以此为由，追索李小姐服务期的赔偿责任。

【案例十六】医疗期未满不得解除劳动关系

一、案例介绍

季某，2018 年 7 月 8 日进入某酒店有限公司从事服务员岗位工作。2020 年 4 月 9 日晚突然发生昏迷，随即被送往医院进行抢救。经过医院及时救治，季某脱离生命危险，住院七天后出院。出院医嘱及疾病诊断书中均载明，季某需静休一个月。于是，季某向某酒店有限公司书面提交病假二个月（即 2020 年 4 月 9 日至 6 月 8 日）的申请，公司对于季某的病假申请未予同意，认为请假期限较长，于是作出解除与季某劳动关系的决定。季某认为，根据国家相关劳动法规的规定，本人应当享受相应的医疗期，季某与公司应当继续保留劳动关系。

二、案例评析

为保障企业职工在患病或非因工负伤期间的合法权益，原劳动部于1994年12月1日颁发了《企业职工患病非因工负伤医疗期规定》，依据该规定：企业职工因患病或非因工负伤，需要停止工作医疗时，根据本人实际参加工作年限和在本单位工作年限，给予三个月到二十四个月的医疗期：(一)实际工作年限十年以下的，在本单位工作年限五年以下的为三个月；五年以上的为六个月；(二)实际工作年限十年以上的，在本单位工作年限五年以下的为六个月；五年以上十年以下的为九个月；十年以上十五年以下的为十二个月；十五年以上二十年以下的为十八个月；二十年以上的为二十四个月。

另，医疗期三个月的按六个月内累计病休时间计算；六个月的按十二个月内累计病休时间计算；九个月的按十五个月内累计病休时间计算；十二个月的按十八个月内累计病休时间计算；十八个月的按二十四个月内累计病休时间计算；二十四个月的按三十个月内累计病休时间计算。

本案中，季某向某酒店有限公司提交相关个人诊疗记录、疾病诊断书等证明材料，说明季某患病情况属实，公司应同意其休息治疗。季某入职不满二年，依据上述规定，应享受三个月的医疗期待遇，依据《中华人民共和国劳动合同法》第四十二条第三款规定，在医疗期内，某酒店有限公司不得解除与季某的劳动关系。

【案例十七】解除劳动合同，用人单位负举证责任

一、案例介绍

朱某，女，2016年9月入职某金融公司，从事理财经理工作，双方签订的最后一份劳动合同，期限为2019年9月至2022年9月。2020年起，由于国家对金融市场进行整顿，金融公司业务处于停滞状态，朱某仍按照公司要求正常上班，维护处理客户上门业务。2020年6月至2020年11月，朱某临产，在家休了五个月的产假。2021年3月17日，公司人事经理与朱某谈话，称公司经营困难并劝其主动离职，朱某未同意，当天下午，公司向朱某出具了加盖公章的《劳动合同终止(解除)证明书》，解除原因为“公司生产经营困难减员”。

2021年4月，朱某向当地劳动人事争议仲裁委员会提起仲裁，主张违法解除劳动合同赔偿金等请求。庭审过程中，该公司抗辩称，由于经办人员不了解公司情况，故给申请人出具了错误的《劳动合同终止(解除)证明书》，现已在网上社保系统中修改为“双方协商一致，单位提出”解除劳动合同，故公司无须支付朱某违法解除劳动合同赔偿金，仅须支付经济补偿金。

二、案例评析

解除劳动合同是劳动纠纷中最痛心的分手方式，也是企业在员工管理中最有风险的环节之一。依据《最高人民法院关于审理劳动争议案件适用法律问题的解释(一)》第四十四条：

"因用人单位作出的开除、除名、辞退、解除劳动合同、减少劳动报酬、计算劳动者工作年限等决定而发生的劳动争议，用人单位负举证责任。"本案中，金融公司庭审抗辩称由于经办人员不了解公司情况，才为朱某出具因"公司生产经营困难减员"的《劳动合同终止(解除)证明书》，但并未提供相关证据予以佐证，仲裁庭不予采信。因朱某尚处在哺乳期，金融公司违反《中华人民共和国劳动合同法》第四十二条第四项的规定，解除与朱某的劳动合同，系违法解除，应支付赔偿金。金融公司试图以后期修改网上解除劳动合同原因来规避赔偿金的做法，不能改变案件的事实和原始过程，仲裁委员会不予支持。

【案例十八】劳动者以用人单位克扣加班工资为由解除劳动关系，能否获得经济补偿

一、案例介绍

小李于2019年10月入职某信息技术公司，工作岗位为客户服务。双方签订了劳动合同，期限自2019年10月24日至2021年10月23日。考勤记录和OA系统显示，小李2020年10月1日、2日和2021年2月15日存在加班。小李2020年10月份实发工资5747.3元，包含"节假日加班费"579.3元，2021年2月份实发工资5314.45元，包含"加班工资"651.7元。

2021年3月22日，小李向信息技术公司发送"终止劳动关系通知函"：根据劳动合同法第三十八条相关规定，现通知贵司立即解除劳动关系。之后小李离职。2021年4月26日，小李提起劳动争议仲裁，要求信息技术公司支付经济补偿金7050元。庭审时，小李明确表示，其离职并主张经济补偿金的理由是信息技术公司克扣其加班工资。小李认为，加班工资是劳动报酬的一部分，克扣加班工资属于未及时足额支付劳动报酬，根据劳动合同法的规定，劳动者可以此为由提出解除关系并获得经济补偿。

经审理，仲裁委驳回了小李的仲裁请求。

二、案例评析

《最高人民法院关于审理劳动争议案件适用法律问题的解释(一)》(法释〔2020〕26号)第四十五条规定，用人单位有下列情形之一，迫使劳动者提出解除劳动合同的，用人单位应当支付劳动者的劳动报酬和经济补偿，并可支付赔偿金：(一)以暴力、威胁或者非法限制人身自由的手段强迫劳动的；(二)未按照劳动合同约定支付劳动报酬或者提供劳动条件的；(三)克扣或者无故拖欠劳动者工资的；(四)拒不支付劳动者延长工作时间工资报酬的；(五)低于当地最低工资标准支付劳动者工资的。从此条第(四)款可以看出，在用人单位拒不支付劳动者加班工资的情形下，劳动者可以提出解除劳动关系并主张经济补偿。本案中，信息技术公司按时发放小李的工资，小李亦予认可，对于小李2020年10月1日、2日及2021年2月15日的节假日加班，信息技术公司也在相应月份向其发放了加班费，双方只是

在加班时长和加班费金额上有争议，信息技术公司并不存在拒不支付小李加班工资的情形。故对于小李主张经济补偿的请求，仲裁委不予支持。

【案例十九】劳动合同期满终止后，单位需要向劳动者支付经济补偿金吗？

一、案例介绍

2016 年 1 月，李某入职某商贸公司，担任业务主管，月工资为 3000 元，双方签订了为期 3 年的劳动合同。2018 年 12 月，公司通知李某劳动合同将于次月到期，到期后公司不再与其续签。2019 年 1 月，公司再次通知李某，要求其于劳动合同期满后一周内办理离职手续，李某则要求公司支付经济补偿金，公司以劳动合同系自然终止而非协商解除为由，拒绝支付经济补偿金。双方协商无果，李某遂向当地劳动人事争议仲裁委申请劳动仲裁，要求公司支付 9000 元的经济补偿金。经审理，仲裁委支持了李某的诉求，裁决公司支付李某 9000 元经济补偿金。

二、案例评析

本案中，虽然根据《劳动合同法》第四十四条第一款之规定，劳动合同期满李某与公司的劳动关系自然终止，但公司以此为由拒绝支付经济补偿金的做法却与法律规定相违背。《劳动合同法》第四十六条第五项规定："除用人单位维持或者提高劳动合同约定条件续订劳动合同，劳动者不同意续订的情形外，依照本法第四十四条第一项规定终止固定期限劳动合同的，用人单位应当向劳动者支付经济补偿金"。《劳动合同法》第四十七条规定："经济补偿按劳动者在本单位工作的年限，每满一年支付一个月工资的标准向劳动者支付，六个月以上不满一年的，按一年计算，不满六个月的，向劳动者支付半个月工资的经济补偿金"。因此，即便公司与李某因劳动合同期满终止了劳动关系，公司仍然需要向李某支付经济补偿金。

【案例二十】员工不胜任工作被解除劳动关系，单位需提前一个月告知或额外支付一个月工资

一、案例介绍

2018 年 5 月 14 日何某入职某生物制药有限公司，双方签订了为期 3 年的劳动合同，合同期限自 2018 年 5 月 14 日至 2021 年 5 月 13 日，约定工资为 3000 元/月。2018 年 8 月 6 日，公司突然告知何某因其不能胜任本职工作，解除与其之间的劳动关系，并支付了经济补

偿。何某对公司因其不胜任工作作出的解除决定和经济补偿不持异议，但认为公司没有提前一个月书面告知，根据相关法律规定，公司应该支付其一个月工资。因双方协商不成，何某随即申请仲裁，要求公司额外支付一个月工资 3000 元。

二、案例评析

《中华人民共和国劳动合同法》第四十条规定：有下列情形之一的，用人单位提前三十日以书面形式通知劳动者本人或者额外支付劳动者一个月工资后，可以解除劳动合同：(一)劳动者患病或者非因工负伤，在规定的医疗期满后不能从事原工作，也不能从事由用人单位另行安排工作的；(二)劳动者不能胜任工作，经过培训或者调整工作岗位，仍不能胜任工作的；(三)劳动合同订立时所依据的客观情况发生重大变化，致使劳动合同无法履行，经用人单位与劳动者协商，未能就变更劳动合同内容达成协议的。本案中，公司作出解除与何某之间劳动关系的原因是因为何某不胜任工作岗位，公司没有提前一个月书面告知。根据上述法律规定，仲裁委支持了何某主张公司额外支付一个月工资 3000 元的诉请。

延伸说法：本案中，何某虽然对公司因其不胜任工作岗位解除双方劳动关系不持异议，但根据《中华人民共和国劳动合同法》第四十条规定，单位因员工不胜任工作岗位而解除劳动关系前，应该履行对员工进行培训或者调整员工工作岗位的前置程序，在没有经过这个前置程序的情况下，用人单位直接作出解除劳动关系的决定，往往会造成单位违法解除，从而承担违法解除的相关法律责任。

【案例二十一】医疗期满能否解除合同？

一、案例介绍

陆某是一家国有企业的职工，自 1994 年开始就在该公司工作，并且与公司签订了无固定期限劳动合同。2008 年 1 月，陆某不幸患了慢性病，按照大夫的嘱咐，每天只能工作半天，另外半天请病假治疗。在前 6 个月内，公司照常发给陆某工资，但从第 7 个月起，公司改发陆某半天工资，另外半天按基本工资标准的 60% 发放。2009 年 7 月，公司通知陆某，将于 30 天后解除与他的劳动合同，并按照国家规定向其支付经济补偿金和医疗补助费。陆某不同意公司的做法，但是公司领导表示，公司的一切行为都是合法的。第一，根据《劳动保险条例》规定，公司对请病假的职工，在前 6 个月内发放病假工资，从第 7 个月开始改发疾病救济费。在陆某半天工作、半天请病假的前 6 个月，企业不仅支付其半天工资，而且另外半天按照基本工资 100% 的标准向其支付了病假工资；从第 7 个月开始，企业不仅向其支付半天工资，而且另外半天按照基本工资 60% 的标准向其支付了疾病救济费。第二，根据国家有关医疗期的规定，陆某的医疗期为 18 个月，到 2009 年 7 月，陆某的法定医疗期已满，经劳动鉴定委员会鉴定，仍然不能正常从事企业安排的工作，所以企业依法可以解除与陆某的劳动合同。

那么，企业能否在医疗期满后同陆某解除劳动合同，为什么？

二、案例评析

劳动部《企业职工患病或非因工负伤医疗期规定》第三条规定："企业职工因患病或非因工负伤，需要停止工作医疗时，根据本人实际参加工作年限和在本单位工作年限，给予3个月到24个月的医疗期：……15年以上20年以下的为18个月。"本案中陆某1994年开始在该公司工作，到2009年7月时的工作年限根据上述条款规定，医疗期应为18个月，陆某自2008年1月开始请病假，每天工作半天、病假半天，即1个月中有半个月是病假。2008年1月到2009年7月，共计19个月，病假天数为9.5个月，并未超过陆某法定的18个月医疗期。

《劳动合同法》第四十二条规定："劳动者有下列情形之一的，用人单位不得依照本法第四十条、第四十一条的规定解除劳动合同……(三)患病或者非因工负伤，在规定的医疗期内的。"结合本案陆某的医疗期为18个月，而实际病假天数为9.5个月，并未达到用人单位解除陆某劳动合同的法定条件。因此单位解除行为不符合法律规定。

劳动部《企业职工患病或非因工负伤医疗期规定》第六条规定："企业职工非因工致残和经医生或医疗机构认定患有难以治疗的疾病，在医疗期内终结，不能从事原工作，也不能从事用人单位另行安排的工作的，应当由劳动鉴定委员会参照工伤与职业病致残程度鉴定标准进行劳动能力的鉴定。被鉴定为1~4级的，应当退出劳动岗位，终止劳动关系，办理退休、退职手续，享受退休、退职待遇；被鉴定为5~10级的，医疗期内不得解除劳动合同。"本案中，陆某的医疗期未满，经劳动鉴定委员会鉴定，仍然不能正常从事企业安排的工作。本案中，看不出陆某的劳动鉴定结果是几级，但不管结果如何，公司都不得在医疗期内解除其劳动合同。

即使陆某的医疗期满，由于陆某的劳动合同为无固定期限，因此公司首先要恢复陆某的原工作，如陆某不能从事，则公司另行安排工作；如陆某也不能从事，公司方可按照《劳动合同法实施条例》第十九条"有下列情形之一的，依照劳动合同法规定的条件、程序，用人单位可以与劳动者解除固定期限劳动合同、无固定期限劳动合同或者以完成一定工作任务为期限的劳动合同……(八)劳动者患病或者非因工负伤，在规定的医疗期满后不能从事原工作，也不能从事由用人单位另行安排的工作的"的规定予以解除劳动合同。

【案例二十二】劳动合同的终止与解除

一、案例介绍

罗先生入职某公司后，因业务量考核排在倒数被"末位淘汰"。他向深圳市劳动争议仲裁委员会申诉。仲裁委员会裁决该公司应向罗先生支付解除劳动关系的经济补偿金等费用。而公司认为员工被"末位淘汰"，公司不应支付经济补偿金，遂向法院提起诉讼。公司认为，"淘汰"罗先生是根据公司相关的规章制度做出的，因此应当被视为当约定的条件出现，劳动合同即行终止。因此，"淘汰"实质上是劳动合同的"终止"而非"解除"，故公司无须支付解除劳动合同的经济补偿金。

二、案例评析

本案的争点在于对末尾淘汰制度的性质界定：是劳动合同的终止还是劳动合同的解除？显然二者的法律效果是不一样的。在实际操作中，很多用人单位就将绩效考核不合格作为劳动合同约定终止的条件。这样操作是否合法是存在一定争议的。从本案来看，罗先生与用人单位之间的劳动合同不是自行终止的，其实，在罗先生连续几年业绩考核不合格之后，双方之间的劳动合同仍然处于合法的存续状态，而在用人单位行使了单方解除权之后，双方的劳动关系才消失。本案中，虽然公司将业绩考核排在倒数作为劳动合同终止的条件，其实质仍为公司单方解除劳动合同，因此公司应支付解除劳动合同的经济补偿金。

【案例二十三】职业病与劳动合同解除

一、案例介绍

高步祥于1986年3月经滨海县劳动局招工进原滨海县造纸厂上班，担任制浆工。1999年，造纸厂改制，更名为“江苏双灯纸业有限公司”。2004年11月，公司将股权转让给胜达集团，成立“胜达集团江苏双灯纸业有限公司”。滨海县造纸厂改制后，高步祥一直在单位工作，从未间断。2005年4月25日，高步祥感到腹胀不适、四肢无力。因公司不批病假，高只好请事假5天治病。由于病未治好，高又续假，得到公司领导口头同意离岗治疗。经多次治疗，高仍未见好转。2006年5月22日，高步祥经苏州市沧浪区人民医院确诊为“慢性粒细胞白血病”；同年9月12日，经苏州大学附属第一医院病情鉴定诊断仍是“慢性粒细胞白血病”；2007年2月12日，经盐城市疾病预防控制中心诊断结论为：职业性慢性重度苯中毒(白血病)。高步祥在治疗过程中前后用去12240.88元，找公司报销却遭到了拒绝，理由是高步祥自2005年5月以后严重违反公司的劳动纪律，已被解除了劳动关系。

二、案例评析

根据《劳动法》规定，用人单位与劳动者解除劳动合同时应当向劳动者送交书面通知，并及时提供其他相应的证明文件，对未进行离岗前职业健康检查的劳动者不得解除或者终止与其订立的劳动关系。本案中，原告在被告单位从事制浆工多年，在离岗时被告应当对原告进行离岗前的职业健康检查，而被告没有对原告进行职业健康检查。故被告解除劳动合同的做法违反了《劳动法》的相关规定，对原告没有约束力。近些年来，职业病问题不断出现，其中主要是职业病确诊后工伤赔偿的问题。这也反映了社会对于职业健康检查的现实状况的关注还不够充分，对于职业病防治认识上存在一定的误区。我国《职业病防治法》规定，职业病以预防为主，而预防的关键措施之一是进行上岗前、在岗期间和离岗时的职业健康检查，合法合格的职业健康检查对于劳动者权利保护和职业病防治现状具有重大的意义。提高用人单位、劳动者、卫生监管部门对于职业健康检查的重视程度，正是缓解职业病潜伏、恶化、高发恶性循环状况的有效措施。

【案例二十四】劳动者学历造假被辞退，单位是否需要支付经济补偿？

一、案例介绍

一些求职者为了迎合用人单位的需求而在个人简历上乱做文章，殊不知这样将会导致签订的劳动合同无效，进而使自己的权利得不到有效保障。

电视大学专科学历的彭先生在向上海某机械有限公司(以下简称“公司”)提交履历时弄虚作假，使自己摇身成了上海财经大学本科毕业生。2005 年 11 月，彭先生成功应聘入该公司担任营业部部长，月薪 8000 元。2007 年 9 月，公司发现后，以彭先生申报的履历有假、所提供的上海财经大学本科学历是伪造的为由，解除了与彭先生的劳动合同。2007 年 9 月，彭先生向所在区的劳动争议仲裁委员会申请劳动仲裁，要求公司支付 1.2 万余元作为解除劳动合同的经济补偿。

2008 年 1 月，劳动争议仲裁委员会做出裁决，由公司向彭先生支付解除劳动合同经济补偿金 1.2 万余元。公司不服诉至法院，称彭先生 2005 年应聘时向公司提供虚假学历，致使公司与其签订待遇优厚的劳动合同，因此，公司依法解除劳动合同，无须支付经济补偿金。

一审法院经审理，判决对彭先生要求公司支付 1.2 万余元解除劳动合同经济补偿金的请求不予支持。彭先生不服，向二审法院提起上诉。二审法院认为，用人单位与劳动者订立劳动合同，应当遵循合法、公平、平等自愿、协商一致、诚实信用的原则，用人单位有权了解劳动者与劳动合同直接相关的基本情况，劳动者应当如实说明。经查证，彭先生向公司提供的确为假文凭。因此，公司以彭先生隐瞒真实学历，双方签订的劳动合同无效为由解除劳动关系，无须向彭先生支付任何经济补偿。

二、案例评析

在求职过程中，简历作假主要体现在两个方面，一是伪造学历，二是虚构经历。所谓学历作假，一般是指低端劳动者没有学历而伪造学历、低学历而伪造高学历、此学历而伪造彼学历等；所谓虚构经历，一般是指中高端劳动者没有某种经历或经验而进行虚构。本案是一起典型的由于劳动者的简历作假而导致劳动合同无效的案例。

什么是劳动合同无效？劳动合同无效是指用人单位和劳动者所订立的劳动合同不符合法定条件，不能发生当事人预期的法律后果。

哪些情形会导致劳动合同无效？根据《劳动合同法》第二十六条第一款之规定，有下列三种情形之一的，劳动合同无效或者部分无效：(1)以欺诈、胁迫的手段或者乘人之危，使对方在违背真实意思的情况下订立或者变更劳动合同的；(2)用人单位免除自己的法定责任、排除劳动者权利的；(3)违反法律、行政法规强制性规定的。此外，如果是劳动合同部分无效的，不影响其他部分效力，其他部分仍然有效。

用人单位和劳动者在签订劳动合同过程中，均负有缔约告知义务。缔约告知义务，是指在劳动合同订立过程中，用人单位和劳动者依法承担相互如实告知必要信息以满足需求的义务。根据《劳动合同法》第八条之规定，用人单位招用劳动者时，应当如实告知劳动者工作内容、工作条件、工作地点、职业危害、安全生产状况、劳动报酬，以及劳动者要求了解的其他情况；用人单位有权了解劳动者与劳动合同直接相关的基本情况，劳动者应当如实说明。

如果违反了缔约告知义务，则可能构成欺诈。“欺诈”是指一方当事人故意告知对方虚假情况，或故意隐瞒实情，诱使对方当事人做出错误意思表示的行为。

在本案当中，彭先生应聘时向公司提供伪造的上海财经大学的本科学历，致使公司与其签订待遇优厚的劳动合同，可以认定彭先生的行为构成了欺诈。因此，在本案中，彭先生与公司签订的劳动合同无效。

劳动合同的无效由谁来确认？根据《劳动合同法》第二十六条第二款之规定，对劳动合同的无效或者部分无效有争议的，由劳动争议仲裁机构或者人民法院确认。

劳动合同确认无效，劳动报酬如何确定？根据《劳动合同法》第二十八条之规定，劳动合同被确认无效，劳动者已付出劳动的，用人单位应当向劳动者支付劳动报酬。劳动报酬的数额，参照本单位相同或者相近岗位劳动者的劳动报酬确定。

劳动合同被认定无效后，有何法律后果？劳动合同被认定无效的，可能产生两大法律效果，一是劳动合同的解除，二是赔偿责任的承担。

(1) 劳动合同的解除。

根据《劳动合同法》第三十八条第一款第五项、第三十九条第五项以及第四十六条第一项之规定，如果是用人单位的原因导致劳动合同无效的，劳动者可以随时解除劳动合同，而且此时用人单位需要按照法定标准向劳动者支付经济补偿；如果是劳动者的原因导致劳动合同无效的，用人单位也可以随时解除劳动合同而不需支付任何经济补偿。

在本案中，公司可以与彭先生解除劳动合同，而不需支付经济补偿。

(2) 赔偿责任的承担。

根据《劳动合同法》第八十六条之规定，劳动合同依法被确认无效而给对方造成损害的，有过错的一方应当承担赔偿责任。

因此，在本案中，假设公司能够证明彭先生给其造成了损害，还可要求彭先生承担赔偿责任。

【案例二十五】劳动合同法维权：被迫离职也可得到经济补偿金

一、案例介绍

小祁所在公司的效益不错，但其老板犯了“只让马儿跑得快，不让马儿多吃草”的毛病。小祁在职时，公司克扣其工资。当小祁欲离职时，公司先是不理不睬，急得小祁没办法只得提出解除劳动合同。公司这时才立即予以批准，但拒绝支付经济补偿。小祁看清公司的意图就是为了省下一笔经济补偿费后，通过向仲裁委申诉维护了自身权益，使公司的如意打算没能得逞。

小祁是 2013 年 6 月应聘到该公司从事网络开发工作的，双方签订了 3 年期劳动合同。

合同约定小祁入职后前 3 个月为试用期，月薪 9000 元，转正后 13000 元。试用期过后第一个月，小祁发现自己的工资还是 9000 元，他找老板问原因。老板说这是因为他在试用期内表现不好造成的。小祁想知道自己哪些工作做得有缺陷，老板又说不出个所以然来。之后的两个月，小祁发现自己的工资还是试用期的工资。

小祁看出老板不为其加薪的真实意图后，开始寻找机会跳槽。2013 年 12 月初，朋友介绍他到另一家公司工作，他提前 30 天向老板提出辞职。辞职信交到公司 20 多天不见回音。这时，新公司催他去上班，他不得不再次上书公司要求解除双方劳动关系。公司接到这个申请后，立即同意和他解除劳动合同，但拒绝他提出的补足其试用期工资与转正后的工资差额，以及支付其解除劳动合同经济补偿等要求。

小祁向劳动争议仲裁委员会提出申诉。公司辩称没有克扣小祁的工资，因为公司已经批准了小祁的辞职申请，小祁在未收到公司批复的情况下，又提出要与公司解除劳动合同，依据相关法律规定，公司不应当为其支付解除劳动合同经济补偿金。由于小祁的要求没有事实和法律依据，请求仲裁委员会驳回小祁的申请。最终，仲裁裁决支持了小祁的请求。

二、案例评析

针对此案，仲裁之所以支持小祁的请求，首先是公司没有证据证明小祁工作不称职，因而公司克扣小祁工资的做法是错误的、违法的，应当予以纠正。

劳动者在用人单位面前是弱者，小祁遇到新的就业机会自然不愿放弃，可他又担心处理不好与原单位的合同关系而影响正常调离，就中规中矩地一次次向公司提出书面离职申请。然而，该公司误解了《劳动法》等相关法律规定，误以为只要不理睬小祁的离职申请，逼使其首先提出解除劳动合同，公司就可以避免支付其解除劳动合同的经济补偿金。

《最高人民法院关于审理劳动争议案件适用法律若干问题的解释》第十五条第(三)项已经做出规定，克扣或无故拖欠劳动者工资的，迫使劳动者提出解除劳动合同的，用人单位应当支付劳动者的劳动报酬和经济补偿，并可支付补偿金。依据这个条款，由于公司存在拖欠工资行为，小祁提出解除劳动合同的做法并无不当，而且有权要求该公司支付经济补偿金。

本案中，小祁依据《劳动法》第三十一条规定，履行了提前 30 天通知公司的义务，无论公司同意与否，双方的劳动合同都会在 30 日后终结。至于后来小祁直接提出解除劳动合同，是基于公司拖欠工资的前提下，行使的即时解除劳动合同的权利，因此，双方的劳动关系在小祁提出解除时即生效。这一点在《劳动合同法》第三十八条和第四十六条中也有明确规定。

【案例二十六】违法解除劳动合同影响竞业限制协议的效力吗?

一、案例介绍

张女士于 2005 年进入一家高科技公司工作，并任部门主管，双方签订了劳动合同及竞业限制协议。协议约定从张女士离职之日起开始计算竞业限制补偿金。2007 年 6 月，该公司以“张女士没有按时完成工作任务，不积极配合领导工作”为由做出辞退张女士的决定。张女士认为公司的决定违反法律规定，遂向劳动争议仲裁委员会提起仲裁，要求认定公司违法解除劳动合同，并支付违法解除劳动合同的赔偿金。仲裁委员会支持了张女士的申诉请求。公司按照裁决内容向张女士支付了解除劳动合同的赔偿金，并按月向张女士支付竞业限制补偿金。2007 年 8 月，张女士开始就职于另一家高科技公司，从事与原来工作岗位相同的业务。公司知悉后，函告张女士应当按照竞业限制约定履行竞业限制义务，否则追究其法律责任。张女士认为公司违法解除劳动合同在先，自己不需要继续履行竞业限制义务。

二、案例评析

所谓竞业限制，是指公司的职员（尤其是高级职员）在其任职期间不得兼职于竞争公司或兼营竞争性业务，在其离职后的特定时期和地区内也不得从业于竞争公司或进行竞争性营业活动。《劳动合同法》第二十三条第二款规定："对负有保密义务的劳动者，用人单位可以在劳动合同或者保密协议中与劳动者约定竞业限制条款，并约定在解除或者终止劳动合同后，在竞业限制期限内按月给予劳动者经济补偿。劳动者违反竞业限制约定的，应当按照约定向用人单位支付违约金。"

《竞业限制协议》是《劳动合同》的从合同，竞业限制义务的产生以《劳动合同》的解除或终止作为条件。竞业限制合同属于双务有偿合同，离职员工承担保守原企业商业秘密、不与原企业竞争的义务，同时享有获取一定经济报酬的权利。按照《劳动合同法》的规定，用人单位违法解除或者终止劳动合同将会产生两种法律后果：一是劳动者要求继续履行劳动合同的，用人单位应当履行；二是劳动者不要求继续履行劳动合同或劳动合同已不能继续履行的，用人单位应当向劳动者支付赔偿金。用人单位超出法律许可的解除劳动合同的范围，提出解除劳动合同的，应当向劳动者支付两倍于经济补偿金的赔偿金；劳动者对解除劳动合同与用人单位达成一致意见后，产生劳动合同协商解除的法律后果；用人单位违法解除劳动合同，已承担了包括支付赔偿金在内的相应的法律后果。所以，用人单位违法解除劳动合同，并不必然导致《竞业限制协议》无效。况且，用人单位按月向劳动者支付竞业限制补偿金，劳动者有义务履行竞业限制义务；竞业限制的约束力始于劳动合同解除或者终止。因此，张女士应当按照竞业限制约定，继续履行竞业限制义务。

【案例二十七】劳动关系解除后，用人单位可以扣档案吗?

一、案例介绍

张明是济南一所高校的研究生，在 2004 年 6 月份研究生毕业后被上海一家单位聘用，双方订立了劳动合同，约定合同有效期为 3 年，试用期 3 个月。同时约定，若任何一方未按合同期限履行完合同，在合同期内解除劳动合同的，必须向对方支付 20000 元的违约金。两年后，张明决定出国留学并向单位领导说明情况，要求解除劳动合同，并同意按合同约定支付违约金。单位表示可以解除劳动合同，但是毕业回国后张明必须再回单位上班。张明不同意单位的要求，认为只要自己按合同支付了约定的违约金即可解除合同。单位做出决定，如果张明不签协议，单位将把其个人档案暂时扣留。张明认为单位扣留其档案的行为违法，立即向劳动争议仲裁委员会提起申诉。

那么，劳动关系解除用人单位可以扣档案吗？本案中单位的做法是错误的，应给予纠正。此外，由于本案例的发生时间在《劳动合同法》施行之前，用人单位与员工约定违约金，是有效的。但从 2008 年 1 月 1 日之后，用人单位和员工约定违约金是有限制的，不可以随意约定。

二、案例评析

近年来，随着人才流动越来越自由，很多企业面对留人难的情形，想了各种各样的办法，也因此导致很多法律纠纷。其中档案纠纷就是其中较常见的一种，不论是国有企业还是事业单位，与其员工皆可能发生档案纠纷。在正常情形下，人事档案本身内容并不属于劳动合同约定之范畴，但人事档案纠纷的背后，其实往往与用人单位和劳动者的其他权益争执纠缠在一起，例如与服务期约定、特殊待遇、培训费纠纷、竞业禁止问题等联系在一起。可以说近年来档案纠纷的出现和增多，事实上是上述纠纷的折射而已。

可能在改革开放之初，档案问题更多的是政策问题，但如今的法律法规对档案问题进行了诸多规定，基本上可以做到有法可依。

首先，从程序的角度来分析。根据最高人民法院《关于审理劳动争议案件适用法律若干问题的解释(二)》第五条的规定，“劳动者与用人单位解除或者终止劳动关系后，请求用人单位返还其收取的劳动合同定金、保证金、抵押金、抵押物产生的争议，或者办理劳动者的人事档案、社会保险关系等移转手续产生的争议，经劳动争议仲裁委员会仲裁后，当事人依法起诉的，人民法院应予受理。”我们可以看出，法院已经可以单独受理单位拒绝转移员工档案的案件了。

其次，从实体法的角度来分析。《劳动合同法》第五十条对涉及档案问题做了概念性的规定：“用人单位应当在解除或者终止劳动合同时出具解除或者终止劳动合同的证明，并在十五日内为劳动者办理档案和社会保险关系转移手续。”

最后，从部门规章的角度来分析。原劳动部、国家档案局在《企业职工档案管理工作规定》中规定，企业职工调动、辞职、解除劳动合同或被开除、辞退等，应由职工所在单位在一个月内将其档案转交其新的工作单位或其户口所在地的街道劳动(组织人事)部门。从法律冲突的原则来说，该规定的期限长于《劳动合同法》的规定，应遵守《劳动合同法》的规定，即用人单位应该在 15 日内完成转移手续。

因此，本案中单位的行为是违法的，必须纠正。此外，由于本案例的发生时间在《劳动合同法》施行之前，用人单位与员工约定违约金，是有效的。但从 2008 年 1 月 1 日之后，用人单位和员工约定违约金是有限制的，不可以随意约定。

【案例二十八】与高级管理人员解除劳动合同是否有特殊要求?

一、案例介绍

金某通过应聘方式进入某广告公司(某实业公司的子公司)任总经理，任职起始时间为 2009 年 3 月，双方未签订劳动合同。同年 3 月 5 日，金某领到工资 2000 元，4 月、5 月、6

月工资为4500元，7月工资为5000元，加班奖金16000元。7月6日，公司内部发生打架事件，该广告公司董事长宣布免去金某职务。对此，公司以有关董事会会议记录作为证据，但该会议记录上没有董事的签名。7月30日，该广告公司书面通知金某，告知因公司内部整顿，试用期人员暂不留用。金某于同年8月向区劳动争议仲裁委员会申请仲裁。

二、案例评析

本案争议的焦点在于以下三个方面：

（1）此案是否属于劳动争议？劳动仲裁委员会能否受理此案？

本案属于劳动争议。本案因该广告公司解聘金某及工资发放等问题引发争议，根据《劳动争议调解仲裁法》第二条的规定，此案属于劳动争议仲裁委员会的受理范围。

（2）金某与该广告公司未签订书面的劳动合同，其劳动关系是否受法律保护？理由是什么？

虽然我国《劳动法》第十六条、第十九条及《劳动合同法》第十条规定用人单位应当与劳动者订立书面的劳动合同，但是劳动合同并不是认定劳动关系的唯一依据。根据《劳动合同法》第七条的规定："用人单位自用工之日起即与劳动者建立劳动关系。"因此，金某与广告公司构成事实劳动关系。

另外，对于未签订劳动合同，但存在以下情形的，应当认定是劳动关系：①用人单位和劳动者符合法律、法规规定的主体资格；②用人单位依法制定的各项劳动规章制度适用于劳动者，劳动者受用人单位的劳动管理，从事用人单位安排的有报酬的劳动；③劳动者提供的劳动是用人单位业务的组成部分。

本案中，该广告公司具有用人单位的主体资格，金某也具备劳动者的法定资格。金某虽是公司总经理，但也受广告公司管理，需遵守广告公司的规章制度，并且为该广告公司提供劳动，由广告公司支付劳动报酬，因此，金某与该广告公司的劳动关系应当受到法律保护。

（3）金某作为该广告公司的总经理，该广告公司与其解除劳动合同与一般职员是否相同？

《劳动合同法》对于用人单位与劳动者解除劳动关系及经济补偿做了详细的规定，这些规定同样适用于总经理等高级管理人员。但是，由于用人单位的高级管理人员涉及投资者、债权人的利益，此类人员的聘用与解聘除适用《劳动合同法》外，还需适用特殊法律的规定。

根据我国《公司法》的规定，董事会有决定聘任及解聘总经理的职权。因此，本案还适用于《公司法》的规定。该广告公司虽主张解聘金某以董事会会议记录作为证据，但由于该记录没有出席会议的董事的签名，故该项会议所做决定不具备法定的形式要件，应当属于无效。

因此，与劳动者解除劳动合同，应注意流程的完善以及证据的收集，对于高级管理人员，还应注意特殊法律对法定形式的要求。

【案例二十九】员工提前解除劳动合同和违约金

一、案例介绍

2008年5月10日，员工李某与某公司签订了一份为期三年的劳动合同，约定李某在该公司从事会计工作，无论是李某还是公司，如果单方面提前解除合同，均必须支付给对方5万元违约金。此后，因李某找到了更适合自己，并且工资更高、待遇更好的工作，遂于2008年8月9日向公司递交了辞呈，明确提出将在次月12日离开公司，但遭到公司的拒绝。10月15日，李某见公司固执己见，便悄悄离去并供职于另一企业。公司遂以李某违约为由，诉请法院判定李某支付其5万元违约金。

那么，本案中让劳动者支付违约金的约定是否有效？劳动者有权单方面解除劳动合同吗？就上述问题进行探讨，提醒企业的人力资源部门注意：在员工入职以后可以对员工进行专项业务培训，在此基础上与员工订立协议，约定服务期及违约责任，只有这样才能够最大限度地保证企业在用人方面的权益。而劳动者离职时同样负有提前通知企业的义务，如果确因员工未提前通知企业离职而给企业造成了损失，企业有权向员工主张赔偿。

二、案例评析

《劳动合同法》第二十二条、二十三条规定：“用人单位为劳动者提供专项培训费用，对其进行专业技术培训的，可以与该劳动者订立协议，约定服务期。劳动者违反服务期约定的，应当按照约定向用人单位支付违约金。违约金的数额不得超过用人单位提供的培训费用。用人单位要求劳动者支付的违约金不得超过服务期尚未履行部分所应分摊的培训费用。”“用人单位与劳动者可以在劳动合同中约定保守用人单位的商业秘密和与知识产权相关的保密事项。对负有保密义务的劳动者，用人单位可以在劳动合同或者保密协议中与劳动者约定竞业限制条款，并约定在解除或者终止劳动合同后，在竞业限制期限内按月给予劳动者经济补偿。劳动者违反竞业限制约定的，应当按照约定向用人单位支付违约金。”

同时，《劳动合同法》第二十五条做出说明，除第二十二条和第二十三条规定的情形外，用人单位不得与劳动者约定由劳动者承担违约金。

在本案中，公司与李某做出的违约金约定既不是基于服务期而产生，也不是由于竞业限制而产生的，因此约定是无效的，公司不能依据该约定向李某主张违约金。

企业与劳动者之间约定违约金事宜往往是为了能够留住人才，防止人才流失，但是只有有效的约定才能维护企业的合法权益。因此，在员工入职以后可以对员工进行专项业务培训，在此基础上与员工订立协议，约定服务期及违约责任，只有这样才能够最大限度地保证企业在用人方面的权益。这里需要特别指出，违约金的数额不得超过用人单位提供的培训费用。《劳动合同法实施条例》第十六条规定：“培训费用包括用人单位为了对劳动者进行专业技术培训而支付的有凭证的培训费用、培训期间的差旅费用以及因培训产生的用于该劳动者的其他直接费用。”

最后还要注意的是，《劳动合同法》第三十七条规定：“劳动者提前三十日以书面形式通知用人单位，可以解除劳动合同。劳动者在试用期内提前三日通知用人单位，可以解除劳动合同。”由此可见，劳动者离职时同样负有提前通知企业的义务，以此降低企业在人员调整方面的损失，保护企业利益。如果确因员工未提前通知企业离职而给企业造成了损失，企业有权向员工主张赔偿。

【案例三十】隐瞒劣迹求职依法可以解聘

一、案例介绍

2009年元月，吕某因聚众斗殴被公安机关给予拘留15日的治安行政处罚。2009年3月，在吕某前往某公司应聘时，公司提供的《任职申请表》中有“受过何种奖励或处分”一栏，并声明“应聘者提供虚假个人信息和身份证明、履历、学历、职业资格、健康证明、医疗证明等材料的，公司可以解除劳动合同，并不给予任何补偿”。吕某担心影响应聘，便隐瞒了被治安行政处罚的情况，并与公司签订了为期3年的劳动合同。

2009年8月，公司发现了这个事情，遂以吕某隐瞒个人处罚资料为由将其解聘并拒不给予任何经济补偿。吕某不服，向劳动争议仲裁委员会申请仲裁，因仲裁结果支持了公司，吕某遂提起诉讼。

那么，员工隐瞒劣迹求职，公司可以依法解聘吗？这种情况，员工可以要求补偿金吗？就上述问题进行探讨，提醒企业的人力资源部门注意：即使劳动合同被确认无效后，劳动者提供劳动的，用人单位也应向其支付工资，标准是按照相同或相近的工作岗位标准。

二、案例评析

公司的做法并无不当，其有权单方解除与吕某的劳动合同并拒绝给予任何经济补偿。

首先，了解劳动者真实状况是用人单位的基本权利，而如实说明自身状况是劳动者必须履行的义务。从合同法角度而言，两个民事主体在签订合同前有权了解对方是否具有履行合同的能力。对于劳动者，企业需要并有权了解其专业知识及动手能力等技能水平、基本的道德素养和家庭住址等，此外，企业在法律允许的范围内有权采取一些必要的调查措施。很多企业在重要岗位找人时，一般都在准备录用之前按照流程对候选者做背景调查就是这个道理。对于企业，劳动者一般需要并有权了解工作内容、工作条件、工作地点、职业危害、安全生产状况、劳动报酬以及劳动者要求了解的其他情况。

因此诚实信用成为《劳动合同法》所确立和着重强调的签订劳动合同的基本原则之一，也是用人单位、劳动者双方均需要承担的法定义务。公司在《任职申请表》中的声明对应聘者具有法律约束力。有鉴于此，用人单位要求应聘者如实告知相关信息，否则将予解聘、不给予任何经济补偿的做法，可以得到法律的支持，相关的法律依据即为——《劳动合同法》第八条规定：“用人单位有权了解劳动者与劳动合同直接相关的基本情况，劳动者应当如实说明。”

因此，在本案中，公司要求应聘者实事求是地填写《任职申请表》并声明如应聘者提供虚假个人信息将做出处罚的做法并不违反法律、法规的强制性、禁止性规定，因此当属有效。

从另外一个角度来分析，《劳动合同法》第二十六条规定：“下列劳动合同无效或者部分无效：(一)以欺诈、胁迫的手段或者乘人之危，使对方在违背真实意思的情况下订立或者变更劳动合同的……”由于吕某在入职时的欺诈行为，决定了吕某与公司的劳动合同是无效的，公司解除此类合同，无须支付经济补偿。

即使劳动合同被确认无效后，劳动者提供劳动的，用人单位也应向其支付工资，标准是按照相同或相近的工作岗位标准。

【案例三十一】员工辞职，企业能否“拖”着不办？

一、案例介绍

小刘大学毕业后便开始在北京一家刚刚成立的广告公司工作，琐碎的事务让他应接不暇，工作状况与职业规划相去甚远。久而久之，小刘厌倦了这份工作。2009 年春节后，小刘悄悄地应聘了另一家稍有名气的广告公司，很快收到了新公司的录用通知书。2009 年 2 月，小刘向原公司递交了辞职信。时间很快到了 3 月底，公司照常安排小刘工作任务，一点办理离职交接的意思都没有。小刘开始着急了，他找到公司人力资源管理部门，却得到了意想不到的答复：因为没有找到合适的人选接替小刘，公司决定不批准小刘辞职，也不能为小刘出具离职证明。超过了录取通知书的入职时间，新公司取消了小刘的录用资格。小刘找公司讨要说法，要求公司立即为他出具离职证明，并支付一个月的工资作为损失赔偿。

公司能否以尚未批准小刘的辞职申请为由，而拒绝小刘的上述要求呢？小刘要求公司给其支付一个月的工资作为损失赔偿合法吗？

二、案例评析

《劳动合同法》第三十七条规定：“劳动者提前三十日以书面形式通知用人单位，可以解除劳动合同。劳动者在试用期内提前三日通知用人单位，可以解除劳动合同。”该规定既是员工解除劳动合同的程序，也是解除劳动合同的条件。劳动者依法享有单方解除劳动合同的权利，只要辞职申请符合上述法定的程序和条件，就可以解除劳动合同，而无须征得用人单位的同意和批准。本案中，小刘履行了提前 30 日书面通知的义务，公司所主张“未找到合适人选接替工作”不能成为限制小刘解除劳动合同的合法理由。

离职证明是证明劳动者与原用人单位劳动合同解除或终止的凭据。除特殊情况外，为劳动者出具解除或终止劳动合同的证明是劳动合同解除或终止时用人单位应当履行的一项法定义务。《劳动合同法》第五十条规定：“用人单位应当在解除或者终止劳动合同时出具解除或者终止劳动合同的证明，并在十五日内为劳动者办理档案和社会保险关系转移手续。”《劳动合同法》第八十九条规定：“用人单位违反本法规定未向劳动者出具解除或者终止劳动合同的书面证明，由劳动行政部门责令改正；给劳动者造成损害的，应当承担赔偿责任。”

本案中小刘提前 30 天以书面形式通知公司解除劳动合同，符合劳动者提前解除劳动合同的条件。30 日通知期限届满时，双方劳动合同解除，公司应当向小刘出具离职证明。本案中，广告公司不为小刘出具离职证明，导致小刘无法到新公司就职，小刘有权请求相应赔偿。

【案例三十二】协商解除劳动合同，在何种情况下可以要求经济补偿？

一、案例介绍

刘先生是某公司技术部门的一名员工，与公司签订了无固定期限的劳动合同。近年来，刘先生所在的公司因市场竞争激烈逐渐陷入经营困难的状况。为摆脱困境，公司经董事会决议，决定采取减人增效的办法。经与企业工会协商，公司职工代表大会通过了一项协商解除劳动合同的方案，其中规定：公司提出与员工协商解除劳动合同，员工在方案公布后一周内书面同意与公司协商解除劳动合同的，公司在法定经济补偿金之外再给予额外奖励金。

方案公布一周后，刘先生才向公司递交了协商解除劳动合同的意见书，并要求公司按规定支付法定经济补偿金和额外奖励金。公司表示，刘先生提交协商解除劳动合同意见时超过了公司规定的期限，公司可以同意与刘先生协商解除劳动合同，但不同意支付经济补偿金和额外奖励金，双方于是发生争议。

那么，这个案件应当怎样处理呢？协商解除劳动合同在何种情况下可以要求补偿？就上述问题进行探讨，提醒企业的员工注意：解除劳动合同，如果是用人单位提出的，必须要依法支付劳动者经济补偿金，如果是劳动者主动提出的，则用人单位可以不支付经济补偿金，劳动者有自由选择权。

二、案例评析

本案争议的法律焦点是：劳动者与用人单位的劳动合同协商解除后，劳动者在何种情况下有权要求用人单位支付经济补偿金。

劳动合同签订后，经协商可以解除，解除劳动合同一般都会涉及经济补偿金问题，即使是双方协商一致也要支付经济补偿金，这是劳动合同与民事合同的一个很大区别。但注意，这不是绝对的，而要视具体情形而定。

《劳动合同法》第三十六条规定：“用人单位与劳动者协商一致，可以解除劳动合同。”第四十六条规定：“有下列情形之一的，用人单位应当向劳动者支付经济补偿……用人单位依照本法第三十六条规定向劳动者提出解除劳动合同并与劳动者协商一致解除劳动合同的……”

另外，劳动部《违反和解除劳动合同的经济补偿办法》(劳部发〔1994〕481号)第五条规定：“经过劳动合同当事人协商一致，由用人单位解除劳动合同的，用人单位应根据劳动者在本单位工作年限，每满一年发给相当于一个月工资的经济补偿金，最多不超过十二个月。工作不满一年的按一年的标准发给经济补偿金。”

由劳动者解除劳动合同的，依据1996年原劳动部办公厅印发的《对〈关于终止或解除劳动合同计发经济补偿金有关问题的请示〉的复函》的规定：“由劳动者本人提出解除劳动合同的，用人单位可以不支付经济补偿金。”

根据上述规定，可以看出解除劳动合同，如果是用人单位提出的，必须依法支付劳动者经济补偿金，如果是劳动者主动提出的，则用人单位可以不支付经济补偿金，劳动者有自由选择权。

此外，在本案中，还涉及一个合同法的基本原理，即“公司表示刘先生提交协商解除劳动合同意见时超过了公司规定的期限”是否符合法律规定？

根据我国《合同法》的第二十条规定：“有下列情形之一的，要约失效……承诺期限届满，受要约人未作出承诺。”本案中，公司提出与员工协商解除劳动合同时，设定了一周的期限和书面同意的条件。在法律上，这个就是承诺期限的要约，而刘先生未在公司设定的期限内发出承诺，也就失去了承诺的资格。此后，刘先生在公司设定的期限和条件之外提出协商解除劳动合同，则该要求是一个新的要求，也就是说刘先生另行向公司提出了协商解除劳动合同的要求。双方尽管最后还是协商一致依法解除了劳动合同，但由于是刘先生作为劳动者提出协商解除劳动合同的，根据以上规定，公司没有支付额外奖励金和经济补偿金的法定义务，因此刘先生要求公司支付额外奖励金和经济补偿金均无法律依据。

【案例三十三】试用期计算在劳动合同期限内，且约定不能过长

一、案例介绍

2019 年，王某某经过层层选拔进入信息公司，双方签订了合同期限为 5 年的劳动合同，约定试用期为 7 个月，试用期工资为劳动合同约定工资的 80%。2021 年，在王某某入职满 2 年时，双方协商解除劳动合同，并约定由信息公司支付经济补偿。但在计算经济补偿金期限时发生争议，王某某认为应当将试用期计算在内，信息公司则不同意支付试用期的经济补偿金。王某某要求信息公司支付经济补偿(包括试用期计入劳动合同期限)；支付 1 个月的试用期工资差额(即劳动合同约定工资的 20%)。

法院经审理认为，用人单位与劳动者可以在劳动合同中约定试用期，但三年以上固定期限和无固定期限的，试用期不超过六个月，且试用期应当包含在劳动合同期限内。现双方已协商解除劳动合同，信息公司应依法支付王某某经济补偿金，试用期应计算在劳动合同期限内。另外，劳动合同期限为五年，法律规定试用期不得超过六个月，现劳动合同约定的试用期为 7 个月，故信息公司应补足超过六个月试用期部分即 1 个月的差额工资。

二、案例评析

《中华人民共和国劳动合同法》第十九条规定，劳动合同期限三个月以上不满一年的，试用期不超过一个月；一年以上不满三年的，不超过两个月；三年以上固定期限和无固定期限的，不超过六个月；以完成一定工作任务为期限的劳动合同或期限不满三个月的，不得约定试用期。同一用人单位与同一劳动者之间只能约定一次试用期。如果试用期期限超过了法律规定的上限，超过部分应认定为无效，视为正式期限，试用期应当包含在劳动合同期限

内。另应当注意的是，劳动者在试用期的工资不得低于本单位相同岗位最低档工资或者劳动合同约定的百分之八十，并不得低于当地最低工资标准。

【案例三十四】试用期员工可以随意解除吗？

一、案例介绍

2021 年 7 月 1 日，王某通过社会招聘进入某房产公司，入职时签订劳动合同，约定试用期为 3 个月。2021 年 9 月 30 日，房产公司向王某发送《辞退通知书》，内容为："因王某试用期不符合录用条件，予以辞退。"当月，王某向当地劳动人事争议仲裁委提起劳动仲裁，要求房产公司支付违法辞退赔偿金一个月工资 5000 元。

二、案例评析

试用期是用人单位与新招录的劳动者依法协商确定的一个相互考察期限。在试用期内，用人单位可以进一步详细考察被录用的劳动者在道德品质、劳动态度、工作能力等方面是否符合录用条件；劳动者也可以在试用期内了解用人单位的工作岗位、企业文化等是否符合自己的预期。那么，劳动者在试用期内，用人单位可否随意解除劳动关系呢？

《中华人民共和国劳动合同法》第二十一条规定，"在试用期中，除劳动者有本法第三十九条和第四十条第一项、第二项规定的情形外，用人单位不得解除劳动合同。用人单位在试用期解除劳动合同的，应当向劳动者说明理由。"《劳动合同法》第三十九条规定，"劳动者有下列情形之一的，用人单位可以解除劳动合同：(一)在试用期间被证明不符合录用条件的;"、第四十条规定，"有下列情形之一的，用人单位提前三十日以书面形式通知劳动者本人或者额外支付劳动者一个月工资后，可以解除劳动合同：(一)劳动者患病或者非因工负伤，在规定的医疗期满后不能从事原工作，也不能从事由用人单位另行安排的工作的；(二)劳动者不能胜任工作，经过培训或者调整工作岗位，仍不能胜任工作的。"据此，解除试用期员工，需要用人单位证明劳动者存在不符合录用条件、严重违纪、严重失职等法定解除情形。如果不能证明就随意解除员工，属于违法解除，劳动者有权主张赔偿。本案中，房产公司解除王某的理由，是王某试用期不符合录用条件，但房产公司并未提供明确的录用条件，也未提供证据证明王某不符合录用条件，故仲裁委认定房产公司的行为属于违法解除劳动关系，裁决房产公司支付王某违法解除赔偿金 5000 元。

【案例三十五】自愿放弃用人单位缴纳社保的约定无效

一、案例介绍

2017 年 10 月，邓某入职酒店从事职工食堂的帮工工作，并在入职时与酒店签订了一份

"自愿放弃保险协议书"，双方约定邓某自愿放弃酒店为其开立社保账户并缴纳社保，并要求其中应代扣个人缴纳的社保部分直接加入工资中一并发放。2020 年 2 月中旬，酒店装修安排放假，之后邓某未再上班。2020 年 10 月，邓某提起仲裁，以酒店未缴纳社会保险金为由要求支付经济补偿金，仲裁委员会支持了邓某请求。酒店不服，提起诉讼。

法院经审理认为，用人单位为劳动者缴纳社会保险是其法定义务，双方之间订立的"自愿放弃保险协议"因违反法律强制性规定，当属无效。双方劳动关系于 2020 年 2 月终止，邓某于 2020 年 10 月申请仲裁并未超过一年仲裁时效，判决酒店支付邓某经济补偿。

二、案例评析

该案是劳动者与用人单位自愿达成不缴纳社保协议后反悔的典型案例。职工的社会保险费用由两部分组成，一部分是企业缴纳；一部分是职工个人缴纳，企业在给职工发放工资时予以代扣代缴。劳动者与用人单位签订劳动合同时，有时为了眼前利益，会与用人单位形成自愿放弃社保的约定，职工放弃单位为其缴纳社保，本人应缴纳的社保部分发放到自己手里，这样到手的工资会多一些。而用人单位为此省下了应缴纳的社保费部分，还免除了为职工开户的程序，省钱省力。这种做法是不可行的。

为职工缴纳社会保险是用人单位的法定义务。劳动者与用人单位之间订立的"自愿放弃保险协议"因违反法律强制性规定，应属无效。在此情形下，劳动者以用人单位未为其缴纳社会保险为由主张解除劳动合同并据此主张经济补偿，于法有据，法院应予支持。需提醒，劳动争议发生后，劳动者一定要在法律规定的仲裁时效内及时维权。

【案例三十六】员工待岗期间，个人不需缴纳社会保险

一、案例介绍

王某系化工公司的职工。自 2019 年 4 月份起，王某因公司停产整顿而待岗在家。待岗期间，化工公司按照当地最低工资标准的 70% 支付其生活费，同时，从生活费中扣除了职工个人应缴纳的社会保险。王某认为不应扣除，提起仲裁。仲裁委员会裁决化工公司支付王某扣减的生活费，化工公司不服仲裁裁决，诉至法院。

法院经审理认为，《社会保险费征缴暂行条例》《工资支付暂行规定》规定，职工个人应承担的社会保险费由所在单位从本人工资中代扣代缴。本案中，化工公司安排王某在家待岗，化工公司为保障王某基本生活而支付的生活费，并非工资，化工公司自生活费中扣除个人承担的社保费用没有依据。判决化工公司支付王某扣除的该部分费用。

二、案例评析

该案是因社会保险缴纳引起的劳动争议案件。我国建立健全社会保险制度，社会保险中的基本养老保险、基本医疗保险、失业保险由用人单位和职工共同缴纳。关于职工缴纳的社会保险，即应当由职工个人负担的各项社会保险费，由用人单位在劳动者的本人工资中代扣代缴。

而劳动者待岗期间，未能正常提供劳动，用人单位可以按照规定以当地最低工资标准的70%向职工支付生活费。该项是待岗期间为保障劳动者基本生活的支出，并非工资。而个人负担的社会保险费系从工资中扣除，故待岗期间的生活费中不应扣除个人承担的社会保险费。

【案例三十七】社会保险费不得打入工资中

一、案例介绍

曹某2015年2月进入扬州市区某酒店工作。2016年8月双方签订劳动合同，合同约定：酒店支付曹某的报酬中含社会保险费，由曹某自行参加社会保险。2017年3月曹某辞职离开酒店，同年5月以自己在工作期间酒店未给自己缴纳各项社会保险费为由提请劳动仲裁。

扬州市仲裁委员会依据《江苏省社会保险费征收条例》第三条、第四条、第十条规定，裁决该酒店在裁决书生效后15日内为曹某办理社会保险费登记和申报手续，双方均应依照市社会保险基金管理中心核定的缴费标准和期限，补缴社会保险费。

二、案例评析

依据《劳动法》第七十二条规定，用人单位和劳动者必须依法参加社会保险，缴纳社会保险费；《江苏省社会保险费征收条例》第十条也规定，缴费单位应当根据本单位职工工资总额、职工工资收入和费率按每月向社会保险机构申报应当缴纳的社会保险费数额，经社会保险经办机构核定后，在规定的期限内按月缴纳社会保险费，并依法履行代扣代缴社会保险费的义务。

本案中，酒店与曹某都有按规定缴纳社会保险费义务，当事人约定工资报酬中含社会保险费的条款(用人单位变相逃避缴费义务)，与上述法律规定相悖，该条款应为无效。因此，工资报酬中含社会保险费不能免除用人单位的缴费义务。

【案例三十八】企业自身无权决定或变更工时制度

一、案例介绍

某外资企业近年来出口量降低，公司因此不得不压缩生产，时常让员工们放假回家。春节后，公司接到国外的订单，要求尽快供货。公司总经理考虑到要求交货的期限十分紧张，于是向全体员工宣布："由于公司刚刚接到的这批活，时间紧、数量大，为了确保按时交货，公司决定，从今天开始的三个月内，全公司每天加班两小时，周六、周日一律不休息。等到完成这批活后，公司将按照国家综合计算工时制度的标准，给全体人员放假，让大家集中休息一段时间。"

经历了一个多月没有休息日的连续工作后，一些员工申请星期天休息，但遭到了公司拒绝，并被告知：谁不来上班，公司将对其按旷工处理，并扣发当月奖金。有些人对公司的做法十分不满，便来到公司工会反映。工会同意了公司的做法，员工们非常失望。无奈之中，有人提议到劳动仲裁委员会申诉，希望仲裁委员会依法保护他们的休息权。

二、案例评析

本案中公司的做法确有不妥之处。

《劳动法》在第三十九条中规定：企业因生产特点不能实行标准工时制的，经劳动行政部门批准，可以实行其他工作和休息办法。劳动部在《贯彻〈国务院关于职工工作时间的规定〉的实施办法》中具体规定：因工作性质或生产特点的限制，不能实行每日工作 8 小时，每周工作 40 小时标准工时制度的，可以实行不定时工作制或综合计算工时工作制等其他工作和休息办法，并按劳动部《关于企业实行不定时工作制和综合计算工时工作制的审批办法》执行。也就是说，如果企业因工作性质或生产特点，确需实行综合计算工时或其他工时制度的，也必须经劳动行政部门批准后，方可实施。企业自身无权决定将标准工时制度变更为综合计算工时或其他工时制度。

本案中，公司为完成这批急活而暂时采取综合计算工时的办法，让职工连续上班三个月后，再放长假集中休息。此办法从表面上看，似乎合情合理，并征得了工会的同意，但由于未经过劳动行政部门的批准，实际上是违反《劳动法》的，它侵犯了职工的休息权。

三、类似案例

1. 李小姐在一家公司负责打印工作，由于文稿较多，常常一天也不得闲，而且，李小姐常在临下班时，接到一些需要打印的文稿，有时周末，公司主管告知李小姐，这些文稿下周一需要，李小姐不得不加班加点工作，有时休息日也来公司加班，当李小姐向公司提出给加班费时，公司领导却说："公司并未安排你加班，你加班是自愿行为，也就没有加班费。"为此引起争议。

事实上，该公司的答复是完全错误的，是没有法律依据的。根据我国现行的劳动法及相关法规、规章和政策的有关规定，只要下班后仍在工作场地继续从事与其工作有相关联系的事情均可视为加班，而加班是不分自愿不自愿的。该公司应支付给劳动者不低于劳动合同规定的本人小时工资标准的 150%的延时工资，如果在休息日工作，又不能安排补休的，公司应支付不低于劳动合同规定的本人日或小时工资标准的 200%的加班工资。

2. 刘某在 2000 年 6 月被同村村民王某与佘某叫到一肠衣厂工作。同年 11 月某日刘某干完活睡觉休息，次日早上 6 时，王某叫刘某等起床时发现刘已死亡，公安局认定刘某系病死。刘的母亲怀疑刘某是王、佘谋害，向法院起诉，要求王某赔偿死亡抚慰金、差旅费等各项费用 40 余万元。王某辩称其与刘是合伙关系而非雇佣关系，刘是病死不构成工伤且自己无过错，不同意赔偿。法院审理认为，刘某和王某是合伙关系证据不足，应认定是雇佣关系。被告在雇用工人劳动期间，让工人在工作条件差、劳动强度大的环境下劳动且劳动时间太长，致使刘某因劳累过度而患病死亡，被告依法应当承担民事责任，判决被告赔偿原告误工费、死者生前抚养和赡养人的生活费、丧葬费、精神损害抚慰金等共计 4.5 万元。

这是一个典型的"过劳死"案件。"过劳死"是指由于劳动强度极度超过身体承受能力致使过度疲劳而形成的猝死，或者因过劳而导致其他疾病引起的死亡。因侵害休息权造成"过劳死"的侵权责任，应当由造成"过劳死"的单位或者雇主承担。如果是单位或者雇主的责任造成的，应当由法人或者雇主承担责任。如果有直接责任人且该责任人有过错，法人或者雇主承担责任之后，可以向其追偿。如果是个人雇主造成雇工"过劳死"，则雇主个人承担责任。侵害休息权造成"过劳死"的侵权责任内容，应当参照侵害生命权的损害赔偿责任确定，即侵权人应当承担死者医疗费、丧葬费、死亡赔偿金、受害人生前抚养或赡养的人的生活补助费等项目。

【案例三十九】用人单位与劳动者自行约定实行不定时工作制是否有效?

一、案例介绍

2017 年 11 月 1 日，张某与某物业公司签订 3 年期劳动合同，约定张某担任安全员，月工资 3500 元，所在岗位实行不定时工作制。物业公司于 2018 年 4 月向当地人力资源社会保障部门就安全员岗位申请不定时工作制，获批期间为 2018 年 5 月 1 日至 2019 年 4 月 30 日。2018 年 9 月 30 日，张某与物业公司经协商解除了劳动合同。双方认可 2017 年 11 月至 2018 年 4 月、2018 年 5 月至 2018 年 9 月期间，张某分别在休息日工作 15 天、10 天，物业公司既未安排调休也未支付休息日加班工资。张某要求物业公司支付上述期间休息日加班工资，物业公司以张某实行不定时工作制为由未予支付。2018 年 10 月，张某申请仲裁。请求裁决物业公司支付 2017 年 11 月至 2018 年 9 月的休息日加班工资共计 8046 元(3500 元÷21. 75 天×25 天×200%)。

仲裁委员会裁决物业公司支付张某 2017 年 11 月至 2018 年 4 月的休息日加班工资 4828 元(3500 元÷21. 75 天×15 天×200%)。张某不服仲裁裁决提起诉讼，一审法院判决与仲裁裁决一致。后张某不服一审判决提起上诉，二审法院判决维持原判。

二、案例评析

本案的争议焦点是未经审批，物业公司能否仅凭与张某的约定实行不定时工作制。

《中华人民共和国劳动法》(以下简称《劳动法》)第三十九条规定："企业因生产特点不能实行本法第三十六条、第三十八条规定的，经劳动行政部门批准，可以实行其他工作和休息办法。"《关于企业实行不定时工作制和综合计算工时工作制的审批办法》(劳部发〔1994〕503 号)第四条规定："企业对符合下列条件之一的职工，可以实行不定时工作制。(一)企业中的高级管理人员、外勤人员、推销人员、部分值班人员和其他因工作无法按标准工作时间衡量的职工……"从上述条款可知，用人单位对劳动者实行不定时工作制，有严格的适用主体和适用程序要求。只有符合国家规定的特殊岗位劳动者，并经过人力资源社会保障部门审批，用人单位才能实行不定时工作制，否则不能实行。

本案中，张某所在的安全员岗位经审批实行不定时工作制的期间为2018年5月1日至2019年4月30日，此期间内根据《工资支付暂行规定》(劳部发〔1994〕489号)第十三条规定，物业公司依法可以不支付张某休息日加班工资。2017年11月至2018年4月期间，物业公司未经人力资源社会保障部门审批，对张某所在岗位实行不定时工作制，违反相关法律规定，应当认定此期间张某实行标准工时制，物业公司应当按照《劳动法》第四十四条规定“休息日安排劳动者工作又不能安排补休的，支付不低于工资的百分之二百的工资报酬”支付张某休息日加班工资。

【案例四十】上班睡觉被罚1000元，合理吗?

一、案例介绍

31岁的李裕在成都打工已经10年了，原在成都某纺织厂力织车间任保检工，月工资近2000元。9月13日晚，李值夜班，至下半夜到隔壁成品车间布堆里睡觉。约凌晨1点钟时，车间主任陈某突然来到车间查岗，正在串岗睡觉的李裕被逮个正着。

事后李裕为此事写了检讨，但等月底拿到8、9两月的工资条后他发现，自己两个月的13个夜班工资竟全部被扣除，还外加300元罚款。“我在厂里干了4年多，值夜班时睡觉确实是错了，也愿意接受处罚，但一次扣掉1000多元，快赶上我1个月的工资了，我不服。”次日，不服这一处罚的李裕离开该厂，并于11月11日走进了当地劳动社保局投诉。

接到李裕的投诉，成都市劳动社保局非常重视，立即派人前往该企业调查，向企业宣传有关工资支付的法律法规，并查看了李裕与企业所签的劳动合同。此外，鉴于处罚较重，成都市劳动社保局建议纺织厂能否重新考虑对李裕的处罚。但企业负责人认为，这一处罚是车间主任所做，他不能更改，不然会给车间主任今后开展工作带来不利。虽然当天企业答应考虑劳动社保局的建议，但第二天企业电话告知，对李的处罚不变。

二、案例评析

根据四川省劳动部门有关工资支付规定的解释，企业对职工罚款总额不能超过当月工资总额的20%，扣完后的工资不能低于最低工资标准，并须经职工代表大会讨论通过，并向职工公示。该企业对职工违纪给予重罚的做法显然是不合理的。

【案例四十一】自愿加班可得加班工资吗?

一、案例介绍

公司安排职工加班，就必须支付加班费，这是众所周知的。但职工加了班，公司却未必一定要支付加班费。按规定，只有由用人单位安排加班的，用人单位才应支付加班工资。如果不是用人单位安排加班，而由劳动者自愿加班的，用人单位依据规定可以不支付加班工资。

周某是某外资公司的职员，工作期间，周某每日努力工作。当日工作任务在 8 小时内未完成的，为了不把工作任务留到下一个工作日，周某就在下班后自动加班完成当日工作任务。一年合同期满，周某决定不再续签劳动合同，但要求公司支付其一年内延长工作时间的加班工资，并出示了一年内延长工作时间的考勤记录。公司认为周某延长工作时间是个人自愿的行为，不能另行支付加班工资。而公司的这一说法也得到了劳动部门的认可。

二、案例评析

本案中，周某工作的这个公司实行计时工资制度，并配套实行加班制度，规定只有经公司同意并办理必要手续的加班才能支付加班工资；周某虽然有延时加班的考勤记录，但这不是公司的安排，是周某自愿延长工作时间，并且没有办理过相关审批手续，因此周某要求支付加班工资不符合公司的规定。《劳动法》规定，企业可以制定与国家法律不相抵触的加班制度，可以规定适当的加班审批程序，对符合加班制度的加班情况支付法定的加班工资。

另外，根据《劳动法》及《国务院关于职工工作时间的规定》等相关规定，实行计时工资制度的用人单位，其加班工资的支付有着明确的规定。但其前提是“用人单位根据实际需要安排劳动者在法定标准工作时间以外工作”，即由用人单位安排加班的，用人单位才应支付加班工资。如果不是用人单位安排加班，而由劳动者自愿加班的，用人单位依据规定可以不支付加班工资。

本案中，公司虽然对周某实行了计时工资制度，但周某平时的延时加班不是由公司安排的，而是周某自愿进行的；公司对企业内加班有规定的加班制度，周某在延时加班时并未履行公司规定的加班审批手续。因此，周某要求公司支付其自愿且未履行手续的延时加班工资缺乏依据。

【案例四十二】违约与违约金

一、案例介绍

高某曾是空军的一名战斗机飞行员，退伍后于 1993 年 6 月到南方航空公司河南分公司中原航空公司从事飞行工作，并与中原航空公司签订了无固定期限的劳动合同。合同约定，如果高某未满服务年限离开公司，必须支付公司相关培训费用、违约金及其他损失。2006 年 3 月 31 日，高某突然向中原航空公司提交辞职申请，该公司于 2006 年 4 月 4 日复函，不同意其辞职的申请。然而，高某在提出辞职申请 30 天后的 2006 年 5 月 1 日，不再为中原航空公司提供正常的劳动。该公司将高某告到法院，要求被告高某赔偿人民币 813.4 万元。一审法院审理后认为，高某要求解除合同，在没有与单位中原航空公司协商一致的情况下离职已构成违约。据此，一审法院判令高某赔偿中原航空公司违约金、培训费共计2035997.87元。航空公司当即表示不服，遂上诉到郑州市中级人民法院。2007年5月18日，郑州市中级人民法院开庭审理了此案。二审法院审理后认为，一审判决事实清楚，证据确凿，适用法律正确，维持原审判决。航空公司不服，向郑州市中级人民法院提出再审，2007年6月25日上午，郑州市中级人民法院对此案做出再审判决，认为二审法院做出的判决证据确凿、认定事实清楚，对被上诉人提出的其他赔偿要求不予支持，维持二审判决。

二、案例评析

因航空公司飞行员跳槽引发的索要巨额赔偿案，在《劳动合同法》实施之前，各地时有发生。劳动自由原则是《劳动法》的一项基本原则，劳动者有权依法定程序提出辞职而不受限制。当然，如果劳动者在与用人单位的劳动合同中有特殊约定，劳动者提前辞职则虽属合法却是违约，因此就要依据劳动合同的约定承担违约责任。就本案来讲，法院的判决是合理的。根据权利义务对等的原则，飞行员有权辞职，但同时也要承担违约责任，需要赔偿中原航空公司相应的违约金。作为用人单位，中原航空公司既有要求辞职员工支付赔偿金的权利，也有为其办理离职手续的义务。航空业和飞行员的岗位自有其特殊性，但航空公司与飞行员之间仍是一种劳动关系，需要遵守《劳动法》。已于2008年1月1日实施的《劳动合同法》已对违约金问题进行了统一规范调整。根据该法的规定，只有两种情况才可以约定违约金：用人单位利用专项培训费用、提供专业技术培训并约定服务期的，以及用人单位约定竞业限制的。同时，《劳动合同法》对于违约金的数额也规定了上限，即不能超过用人单位为员工的培训所支付的实际培训费用。因此，此类天价违约金的索赔案也越来越少。由于劳动的给付和劳动者的人身不可分离，因此劳动合同的约束力和劳动者的人身自由是劳动合同法必须权衡的问题。显然《劳动合同法》选择了优先保护劳动者的人身自由、择业自由，同时兼顾用人单位的经济利益。

【案例四十三】张某的年终奖可以得到支持吗?

一、案例介绍

2010年8月1日，张某入职合肥某服装公司，岗位为制单员。张某的工资由所在部门负责人按月转账发放，每年春节后，张某还会收到部门负责人转发的2万元左右的年终奖。2021年1月10日，张某所在的部门对其进行了年底考核，并制作了《员工2020年度工作业绩考核一览表》，张某的总考核成绩为49分，其中部门负责人对其打分20分(总分60分)，其他技能、培训等得分29分(总分40分)。春节后张某接到所在部门负责人通知，根据公司《员工手册》规定，因考核成绩不及格，其2020年度年终奖不予发放。张某与部门负责人及公司人事部沟通，未能达成一致意见，2021年3月，向当地劳动人事争议仲裁委员会提起仲裁，主张按照2019年度年终奖2万元的标准发放2020年度年终奖。庭审中，服装公司抗辩称，公司已经将部门年终奖转账给张某所在的部门负责人，由部门负责人按照每个人在2020年度的表现进行自主分配，由于张某业绩不佳，故依据《员工手册》，张某不应享有2020年度年终奖。

二、案例评析

《中华人民共和国劳动争议调解仲裁法》第六条："发生劳动争议，当事人对自己提出的主张，有责任提供证据。与争议事项有关的证据属于用人单位掌握管理的，用人单位应当提供；用人单位不提供的，应当承担不利后果。"

本案中，张某2020年度年终奖是否享有？首先，根据张某庭审陈述和服装公司的抗辩，服装公司确实发放了2020年度的年终奖。其次，张某是否享有2020年度年终奖。庭审过程中，仲裁庭要求服装公司庭后提交张某历年的年底考核表，及《员工手册》中关于年终奖需要进行考核的相关规定，但是服装公司未能在指定期限内提供相关证据，应当承担不利后果。结合《员工2020年度工作业绩考核一览表》，服装公司年终奖考核主观考核分数过高，且无事实证据证明张某表现不佳，因张某的岗位、工作内容未发生变化，仲裁委认定服装公司不予发放张某2020年度年终奖证据不足。根据张某的历年表现情况，仲裁委根据其2019年度的年终奖标准，支持了其2020年度年终奖2万元的主张。

【案例四十四】是补休还是支付加班费？

一、案例介绍

小林是一家公司的财务人员。因年终结算，工作任务紧，经理要求部门所有员工公休日加班。小林本计划公休日出去玩一天，但考虑到单位统一要求，并且以前单位每次加班都按工资的200%发加班费。于是，小林还是表示同意加班。加班过后，经理通知他下周一休息，作为对公休日加班的补休。小林感到非常不满，认为自己牺牲了公休日来加班就是能挣点加班费，并且《劳动法》也规定这种情况下公司应当按工资的200%发给加班费。因此，她提出不同意安排补休，而是要求发给其200%的加班费。

那么，公司是否一定要向小林支付加班费呢？

二、案例评析

在企业中，由于生产经营的需要，依法安排职工在休息日加班是常有的事情，但在加班过后，是应安排补休，还是支付加班费呢？《劳动法》第四十四条规定，休息日安排劳动者工作又不能安排补休的，支付不低于工资的200%的工资报酬。由此可见，休息日安排劳动者工作，企业可以首先安排补休，在无法安排补休时，才支付不低于工资200%的加班费。也就是说，是安排补休还是支付加班费，由企业来决定，当企业能够安排职工补休时，职工应当服从。这既保护了劳动者的休息权，有利于职工的身体健康，也能使职工及时恢复体力投入新的工作，有利于安全生产。

因此，单位的做法是符合法律规定的，小林应当服从。

【案例四十五】用人单位能否以新冠肺炎疫情属不可抗力为由中止劳动合同？

一、案例介绍

张某为某物流公司员工，双方签订的劳动合同约定其从事跨省货品运送工作，月工资为5000元；物流公司于每月月底发放张某当月工资。受疫情影响，物流公司按照所在地区人民政府施行的防疫措施，自2020年2月3日起停工。2月底，张某发现公司未发工资，便询问公司人力资源部门，人力资源部门答复："因疫情属不可抗力，公司与你的劳动合同中止，2月停工你无需上班，公司也没有支付工资的义务。"张某对此不理解，于3月初，通过互联网申请劳动仲裁。请求裁决物流公司支付2020年2月工资5000元。

二、案例评析

本案的争议焦点是物流公司能否以不可抗力为由拒绝支付张某工资。

本次新冠肺炎疫情是突发公共卫生事件，属于不能预见、不能避免且不能克服的不可抗力。不可抗力是民法的一个法定免责条款。《中华人民共和国合同法》第一百一十七条规定："因不可抗力不能履行合同的，根据不可抗力的影响，部分或者全部免除责任，但法律另有规定的除外。"第九十四条规定："有下列情形之一的，当事人可以解除合同：(一)因不可抗力致使不能实现合同目的……"最高人民法院《关于依法妥善审理涉新冠肺炎疫情民事案件若干问题的指导意见(一)》第二条规定："人民法院审理涉疫情民事案件，要准确适用不可抗力的具体规定，严格把握适用条件。"人力资源社会保障部、最高人民法院等七部门《关于妥善处置涉疫情劳动关系有关问题的意见》(人社部发〔2020〕17号)第(一)条规定："受疫情影响导致原劳动合同确实无法履行的，不得采取暂时停止履行劳动合同的做法，企业和劳动者协商一致，可依法变更劳动合同。"因此，受疫情影响的民事合同主体可依法适用不可抗力条款，但劳动合同主体则不适用并不得因此中止履行劳动合同。

本案中，物流公司主张疫情属不可抗力，双方劳动合同因此中止缺乏法律依据，仲裁委员会不予采信。物流公司自2020年2月3日停工，张某2月未提供劳动。根据人力资源社会保障部办公厅《关于妥善处理新型冠状病毒感染的肺炎疫情防控期间劳动关系问题的通知》(人社厅明电〔2020〕5号)第二条规定："企业停工停产在一个工资支付周期内的，企业应按劳动合同规定的标准支付职工工资。超过一个工资支付周期的，若职工提供了正常劳动，企业支付给职工的工资不得低于当地最低工资标准。"

本案仲裁委员会裁决物流公司按照劳动合同约定，支付张某2020年2月工资5000元。物流公司不服仲裁裁决起诉，一审法院判决与仲裁裁决一致，物流公司未上诉。

【案例四十六】劳动者拒绝违法超时加班安排，用人单位能否解除劳动合同？

一、案例介绍

2020 年 6 月，张某入职某快递公司，双方订立劳动合同约定试用期为 3 个月，试用期月工资为 8000 元，工作时间执行某快递公司规章制度相关规定。某快递公司规章制度规定，工作时间为早 9 时至晚 9 时，每周工作 6 天。2 个月后，张某以工作时间严重超过法律规定上限为由拒绝超时加班安排，某快递公司即以张某在试用期间被证明不符合录用条件为由与其解除劳动合同。张某向劳动人事争议仲裁委员会申请仲裁。请求裁决某快递公司支付违法解除劳动合同赔偿金 8000 元。

仲裁委员会裁决某快递公司支付张某违法解除劳动合同赔偿金 8000 元。仲裁委员会将案件情况通报劳动保障监察机构，劳动保障监察机构对某快递公司规章制度违反法律、法规规定的情形责令其改正，给予警告。

二、案例评析

《中华人民共和国劳动法》第四十一条规定："用人单位由于生产经营需要，经与工会和劳动者协商后可以延长工作时间，一般每日不得超过一小时；因特殊原因需要延长工作时间的，在保障劳动者身体健康的条件下延长工作时间每日不得超过三小时，但是每月不得超过三十六小时。"第四十三条规定："用人单位不得违反本法规定延长劳动者的工作时间。"《中华人民共和国劳动合同法》第二十六条规定："下列劳动合同无效或者部分无效：……（三）违反法律、行政法规强制性规定的。"为确保劳动者休息权的实现，我国法律对延长工作时间的上限予以明确规定。用人单位制定违反法律规定的加班制度，在劳动合同中与劳动者约定违反法律规定的加班条款，均应认定为无效。

本案中，某快递公司规章制度中"工作时间为早 9 时至晚 9 时，每周工作 6 天"的内容，违反法律关于延长工作时间上限的规定，应认定为无效。张某拒绝违法超时加班安排，系维护自己合法权益，不能据此认定其在试用期间被证明不符合录用条件。故仲裁委员会依法裁决某快递公司支付张某违法解除劳动合同赔偿金。

《中华人民共和国劳动法》第四条规定："用人单位应当依法建立和完善规章制度，保障劳动者享有劳动权利和履行劳动义务。"法律在支持用人单位依法行使管理职权的同时，也明确其必须履行保障劳动者权利的义务。用人单位的规章制度以及相应工作安排必须符合法律、行政法规的规定，否则既要承担违法后果，也不利于构建和谐稳定的劳动关系、促进自身健康发展。

【案例四十七】劳动者与用人单位订立放弃加班费协议，能否主张加班费？

一、案例介绍

张某于2020年6月入职某科技公司，月工资20000元。某科技公司在与张某订立劳动合同时，要求其订立一份协议作为合同附件，协议内容包括“我自愿申请加入公司奋斗者计划，放弃加班费。”半年后，张某因个人原因提出解除劳动合同，并要求支付加班费。某科技公司认可张某加班事实，但以其自愿订立放弃加班费协议为由拒绝支付。张某向劳动人事争议仲裁委员会申请仲裁。请求裁决某科技公司支付2020年6月至12月加班费24000元。

仲裁委员会裁决某科技公司支付张某2020年6月至12月加班费24000元。

二、案例评析

《中华人民共和国劳动合同法》第二十六条规定：“下列劳动合同无效或者部分无效：……(二)用人单位免除自己的法定责任、排除劳动者权利的”。《最高人民法院关于审理劳动争议案件适用法律问题的解释(一)》(法释〔2020〕26号)第三十五条规定：“劳动者与用人单位就解除或者终止劳动合同办理相关手续、支付工资报酬、加班费、经济补偿或者赔偿金等达成的协议，不违反法律、行政法规的强制性规定，且不存在欺诈、胁迫或者乘人之危情形的，应当认定有效。前款协议存在重大误解或者显失公平情形，当事人请求撤销的，人民法院应予支持。”加班费是劳动者延长工作时间的工资报酬，《中华人民共和国劳动法》第四十四条、《中华人民共和国劳动合同法》第三十一条明确规定了用人单位支付劳动者加班费的责任。约定放弃加班费的协议免除了用人单位的法定责任、排除了劳动者权利，显失公平，应认定无效。

本案中，某科技公司利用在订立劳动合同时的主导地位，要求张某在其单方制定的格式条款上签字放弃加班费，既违反法律规定，也违背公平原则，侵害了张某工资报酬权益。故仲裁委员会依法裁决某科技公司支付张某加班费。

【案例四十八】用人单位未按规章制度履行加班审批手续，能否认定劳动者加班事实？

一、案例介绍

2019年12月，吴某入职某医药公司，月工资为18000元。医药公司加班管理制度规定：“加班需提交加班申请单，按程序审批。未经审批的，不认定为加班，不支付加班费。”吴某入职后，按照公司安排实际执行每天早9时至晚9时，每周工作6天的工作制度。其按照公司加班管理制度提交了加班申请单，但公司未实际履行审批手续。2020 年 11 月，吴某与某医药公司协商解除劳动合同，要求公司支付加班费，并出具了考勤记录、与部门领导及同事的微信聊天记录、工作会议纪要等。某医药公司虽认可上述证据的真实性，但以无公司审批手续为由拒绝支付。吴某向劳动人事争议仲裁委员会申请仲裁。请求裁决某医药公司支付 2019 年 12 月至 2020 年 11 月加班费 50000 元。

仲裁委员会裁决某医药公司支付吴某 2019 年 12 月至 2020 年 11 月加班费 50000 元。某医药公司不服仲裁裁决起诉，一审法院判决与仲裁裁决一致，公司未上诉。

二、案例评析

《中华人民共和国劳动法》第四十四条规定："有下列情形之一的，用人单位应当按照下列标准支付高于劳动者正常工作时间工资的工资报酬：(一)安排劳动者延长工作时间的，支付不低于工资的百分之一百五十的工资报酬；(二)休息日安排劳动者工作又不能安排补休的，支付不低于工资的百分之二百的工资报酬。"《工资支付暂行规定》(劳部发〔1994〕489 号)第十三条规定："用人单位在劳动者完成劳动定额或规定的工作任务后，根据实际需要安排劳动者在法定标准工作时间以外工作的，应按以下标准支付工资：……"。从上述条款可知，符合"用人单位安排""法定标准工作时间以外工作"情形，用人单位应当依法支付劳动者加班费。

本案中，吴某提交的考勤记录、与部门领导及同事的微信聊天记录、工作会议纪要等证据形成了相对完整的证据链，某医药公司亦认可上述证据的真实性。公司未实际履行加班审批手续，并不影响对"用人单位安排"加班这一事实的认定。故仲裁委员会依法裁决某医药公司支付吴某加班费。

【案例四十九】用人单位以规章制度形式否认劳动者加班事实是否有效？

一、案例介绍

常某于 2016 年 4 月入职某网络公司。入职之初，某网络公司通过电子邮件告知常某，公司采取指纹打卡考勤。员工手册规定："21：00 之后起算加班时间；加班需由员工提出申请，部门负责人审批。"常某于 2016 年 5 月至 2017 年 1 月期间，通过工作系统累计申请加班 126 小时。某网络公司以公司规章制度中明确 21：00 之后起方算加班时间，21：00 之前的不应计入加班时间为由，拒绝支付常某加班费差额。常某向劳动人事争议仲裁委员会申请仲裁，请求裁决某网络公司支付其加班费差额。某网络公司不服仲裁裁决，诉至人民法院。

一审法院判决：某网络公司支付常某加班费差额 32000 元。双方不服，均提起上诉。二审法院判决：驳回上诉，维持原判。

二、案例评析

本案的争议焦点是某网络公司以规章制度形式否认常某加班事实是否有效。

《中华人民共和国劳动合同法》第四条规定："用人单位应当依法建立和完善劳动规章制度，保障劳动者享有劳动权利、履行劳动义务。用人单位在制定、修改或者决定有关劳动报酬、工作时间、休息休假、劳动安全卫生、保险福利、职工培训、劳动纪律以及劳动定额管理等直接涉及劳动者切身利益的规章制度或者重大事项时，应当经职工代表大会或者全体职工讨论，提出方案和意见，与工会或者职工代表平等协商确定。……用人单位应当将直接涉及劳动者切身利益的规章制度和重大事项决定公示，或者告知劳动者。"通过民主程序制定的规章制度，不违反国家法律、行政法规及政策规定，并已向劳动者公示的，可以作为确定双方权利义务的依据。

本案中，一方面，某网络公司的员工手册规定有加班申请审批制度，该规定并不违反法律规定，且具有合理性，在劳动者明知此规定的情况下，可以作为确定双方权利义务的依据。另一方面，某网络公司的员工手册规定 21：00 之后起算加班时间，并主张 18：00 至 21：00 是员工晚餐和休息时间，故自 21：00 起算加班。鉴于 18：00 至 21：00 时间长达 3 个小时，远超过合理用餐时间，且在下班 3 个小时后再加班，不具有合理性。在某网络公司不能举证证实该段时间为员工晚餐和休息时间的情况下，其规章制度中的该项规定不具有合理性，人民法院依法否定了其效力。人民法院结合考勤记录、工作系统记录等证据，确定了常某的加班事实，判决某网络公司支付常某加班费差额。

劳动争议案件的处理，既要保护劳动者的合法权益，亦应促进企业有序发展。合法的规章制度既能规范用人单位用工自主权的行使，又能保障劳动者参与用人单位民主管理，实现构建和谐劳动关系的目的。不合理的规章制度则会导致用人单位的社会声誉差、认同感低，最终引发人才流失，不利于用人单位的长远发展。

【案例五十】用人单位与劳动者约定实行包薪制，是否需要依法支付加班费？

一、案例介绍

周某于 2020 年 7 月入职某汽车服务公司，双方订立的劳动合同约定月工资为 4000 元（含加班费）。2021 年 2 月，周某因个人原因提出解除劳动合同，并认为即使按照当地最低工资标准认定其法定标准工作时间工资，汽车服务公司亦未足额支付加班费，要求支付差额。汽车服务公司认可周某加班事实，但以劳动合同中约定的月工资中已含加班费为由拒绝支付。周某向劳动人事争议仲裁委员会申请仲裁。请求裁决某汽车服务公司支付加班费差额 17000 元。

仲裁委员会裁决某汽车服务公司支付周某加班费差额 17000 元，并就有关问题向某汽车服务公司发出仲裁建议书。

二、案例评析

《中华人民共和国劳动法》第四十七条规定："用人单位根据本单位的生产经营特点和经

济效益，依法自主确定本单位的工资分配方式和工资水平。"第四十八条规定："国家实行最低工资保障制度。"《最低工资规定》(劳动和社会保障部令第 21 号) 第三条规定："本规定所称最低工资标准，是指劳动者在法定工作时间或依法签订的劳动合同约定的工作时间内提供了正常劳动的前提下，用人单位依法应支付的最低劳动报酬。"从上述条款可知，用人单位可以依法自主确定本单位的工资分配方式和工资水平，并与劳动者进行相应约定，但不得违反法律关于最低工资保障、加班费支付标准的规定。

本案中，根据周某实际工作时间折算，即使按照当地最低工资标准认定周某法定标准工作时间工资，并以此为基数核算加班费，也超出了 4000 元的约定工资，表明某汽车服务公司未依法足额支付周某加班费。故仲裁委员会依法裁决某汽车服务公司支付周某加班费差额。

包薪制是指在劳动合同中打包约定法定标准工作时间工资和加班费的一种工资分配方式，在部分加班安排较多且时间相对固定的行业中比较普遍。虽然用人单位有依法制定内部薪酬分配制度的自主权，但内部薪酬分配制度的制定和执行须符合相关法律的规定。

【案例五十一】用人单位未与劳动者协商一致增加工作任务，劳动者是否有权拒绝？

一、案例介绍

张某于 2018 年 9 月入职某报刊公司，从事投递员工作，每天工作 6 小时，每周工作 6 天，月工资 3500 元。2020 年 6 月，因同区域另外一名投递员离职，公司在未与张某协商的情况下，安排其在第三季度承担该投递员的工作任务。张某认为，要完成加倍的工作量，其每天工作时间至少需延长 4 小时以上，故拒绝上述安排。公司依据员工奖惩制度，以张某不服从工作安排为由与其解除劳动合同。张某向劳动人事争议仲裁委员会申请仲裁。请求裁决某报刊公司支付违法解除劳动合同赔偿金 14000 元。

仲裁委员会裁决某报刊公司支付张某违法解除劳动合同赔偿金 14000 元。

二、案例评析

《中华人民共和国劳动合同法》第三十一条规定："用人单位应当严格执行劳动定额标准，不得强迫或者变相强迫劳动者加班。"第三十五条规定："用人单位与劳动者协商一致，可以变更劳动合同约定的内容。"劳动合同是明确用人单位和劳动者权利义务的书面协议，未经变更，双方均应严格按照约定履行，特别是涉及工作时间等劳动定额标准的内容。

本案中，某报刊公司超出合理限度大幅增加张某的工作任务，应视为变更劳动合同约定的内容，违反了关于"协商一致"变更劳动合同的法律规定，已构成变相强迫劳动者加班。因此，张某有权依法拒绝上述安排。公司以张某不服从工作安排为由与其解除劳动合同不符合法律规定。故仲裁委员会依法裁决某报刊公司支付张某违法解除劳动合同赔偿金。

允许用人单位与劳动者协商一致变更劳动合同，有利于保障用人单位根据生产经营需要合理调整用工安排的权利。但要注意的是，变更劳动合同要遵循合法、公平、平等自愿、协商一致、诚实信用的原则。

【案例五十二】处理加班费争议，如何分配举证责任？

一、案例介绍

林某于2020年1月入职某教育咨询公司，月工资为6000元。2020年7月，林某因个人原因提出解除劳动合同，并向劳动人事争议仲裁委员会申请仲裁。林某主张其工作期间每周工作6天，并提交了某打卡软件打卡记录(显示林某及某教育咨询公司均实名认证，林某每周一至周六打卡；每天打卡两次，时间分别为早9时左右，下午6时左右；打卡地点均为某教育咨询公司所在位置，存在个别日期未打卡情形)、工资支付记录打印件(显示曾因事假扣发工资，扣发日期及天数与打卡记录一致，未显示加班费支付情况)。某教育咨询公司不认可上述证据的真实性，主张林某每周工作5天，但未提交考勤记录、工资支付记录。请求裁决某教育咨询公司支付加班费10000元。

仲裁委员会裁决某教育咨询公司支付林某加班费10000元。

二、案例评析

《中华人民共和国劳动争议调解仲裁法》第六条规定："发生劳动争议，当事人对自己提出的主张，有责任提供证据。与争议事项有关的证据属于用人单位掌握管理的，用人单位应当提供；用人单位不提供的，应当承担不利后果。"《最高人民法院关于审理劳动争议案件适用法律问题的解释(一)》(法释〔2020〕26号)第四十二条规定："劳动者主张加班费的，应当就加班事实的存在承担举证责任。但劳动者有证据证明用人单位掌握加班事实存在的证据，用人单位不提供的，由用人单位承担不利后果。"从上述条款可知，主张加班费的劳动者有责任按照"谁主张谁举证"的原则，就加班事实的存在提供证据，或者就相关证据属于用人单位掌握管理提供证据。用人单位应当提供而不提供有关证据的，可以推定劳动者加班事实存在。

本案中，虽然林某提交的工资支付记录为打印件，但与实名认证的软件打卡记录互相印证，能够证明某教育咨询公司掌握加班事实存在的证据。某教育咨询公司虽然不认可上述证据的真实性，但未提交反证或者作出合理解释，应承担不利后果。故仲裁委员会依法裁决某教育咨询公司支付林某加班费。

我国劳动法律将保护劳动者的合法权益作为立法宗旨之一，在实体和程序方面都作出了相应规定。在加班费争议处理中，要充分考虑劳动者举证能力不足的实际情况，根据"谁主张谁举证"原则、证明妨碍规则，结合具体案情合理分配用人单位与劳动者的举证责任。

【案例五十三】劳动者超时加班发生工伤，用工单位、劳务派遣单位是否承担连带赔偿责任?

一、案例介绍

2017 年 8 月，某服务公司与某传媒公司签订劳务派遣协议，约定某服务公司为某传媒公司提供派遣人员，每天工作 11 小时，每人每月最低保底工时 286 小时。2017 年 9 月，某服务公司招用李某并派遣至某传媒公司工作，未为李某缴纳工伤保险。2018 年 8 月、9 月、11 月，李某月工时分别为 319 小时、293 小时、322. 5 小时，每月休息日不超过 3 日。2018 年 11 月 30 日，李某工作时间为当日晚 8 时 30 分至 12 月 1 日上午 8 时 30 分。李某于 12 月 1 日凌晨 5 时 30 分晕倒在单位卫生间，经抢救无效于当日死亡，死亡原因为心肌梗死等。2018 年 12 月，某传媒公司与李某近亲属惠某等签订赔偿协议，约定某传媒公司支付惠某等工亡待遇 42 万元，惠某等不得再就李某工亡赔偿事宜或在派遣工作期间享有的权利，向某传媒公司提出任何形式的赔偿要求。上述协议签订后，某传媒公司实际支付惠某等各项费用计 423497. 80 元。此后，李某所受伤害被社会保险行政部门认定为工伤。某服务公司、惠某等不服仲裁裁决，诉至人民法院。

惠某等请求判决某服务公司与某传媒公司连带支付医疗费、一次性工亡补助金、丧葬补助金、供养亲属抚恤金，共计 1193821 元。

某服务公司请求判决不应支付供养亲属抚恤金；应支付的各项赔偿中应扣除某传媒公司已支付款项；某传媒公司承担连带责任。

一审法院判决：按照《工伤保险条例》，因用人单位未为李某参加工伤保险，其工亡待遇由用人单位全部赔偿。某服务公司和某传媒公司连带赔偿惠某等医疗费、一次性工亡补助金、丧葬补助金、供养亲属抚恤金合计 766911. 55 元。某传媒公司不服，提起上诉。二审法院判决：驳回上诉，维持原判。

二、案例评析

《中华人民共和国劳动法》第三十八条规定：“用人单位应当保证劳动者每周至少休息一日。”第四十一条规定：“用人单位由于生产经营需要，经与工会和劳动者协商后可以延长工作时间，一般每日不得超过一小时；因特殊原因需要延长工作时间的，在保障劳动者身体健康的条件下延长工作时间每日不得超过三小时，但是每月不得超过三十六小时。”《中华人民共和国劳动合同法》第九十二条规定：“用工单位给被派遣劳动者造成损害的，劳务派遣单位与用工单位承担连带赔偿责任。”《国务院关于职工工作时间的规定》(国务院令第 174 号)第三条规定：“职工每日工作 8 小时、每周工作 40 小时。”休息权是劳动者的基本劳动权利，即使在支付劳动者加班费的情况下，劳动者的工作时间仍然受到法定延长工作时间上限的制约。劳务派遣用工中，劳动者超时加班发生工伤，用工单位和劳务派遣单位对劳动者的损失均负有责任，应承担连带赔偿责任。劳动者与用工单位、劳务派遣单位达成赔偿协议的，当赔偿协议存在违反法律、行政法规的强制性规定，欺诈、胁迫或者乘人之危情形时，不应认定赔偿协议有效；当赔偿协议存在重大误解或者显失公平情形时，应当支持劳动者依法行使撤销权。

本案中，某服务公司和某传媒公司协议约定的被派遣劳动者每天工作时间及每月工作保底工时，均严重超过法定标准。李某工亡前每月休息时间不超过3日，每日工作时间基本超过11小时，每月延长工作时间超过36小时数倍，其依法享有的休息权受到严重侵害。某传媒公司作为用工单位长期安排李某超时加班，存在过错，对李某在工作期间突发疾病死亡负有不可推卸的责任。惠某等主张某传媒公司与某服务公司就李某工伤的相关待遇承担连带赔偿责任，应予支持。惠某等虽与某传媒公司达成了赔偿协议，但赔偿协议是在劳动者未经社会保险行政部门认定工伤的情形下签订的，且赔偿协议约定的补偿数额明显低于法定工伤保险待遇标准，某服务公司和某传媒公司应对差额部分予以补足。

本案系劳动者超时加班发生工伤而引发的工伤保险待遇纠纷。本案裁判明确了此种情况下用工单位、劳务派遣单位承担连带赔偿责任，可以有效避免劳务派遣用工中出现责任真空的现象，实现对劳动者合法权益的充分保障。同时，用人单位应依法为职工参加工伤保险，保障职工的工伤权益，也能分散自身风险。

【案例五十四】劳动者在离职文件上签字确认加班费已结清，是否有权请求支付欠付的加班费？

一、案例介绍

2017年7月，肖某与某科技公司订立劳动合同，被派遣至某快递公司担任配送员，月工资为基本工资加提成。2019年11月离职，肖某主张某快递公司在用工期间安排其双休日及法定节假日加班，并提交了工资表。工资表加盖有某科技公司公章，某科技公司和某快递公司均认可其真实性。该工资表显示，2017年7月至2019年10月期间肖某存在不同程度的双休日加班及法定节假日加班，但仅获得少则46.15元、多则115.40元的出勤补款或节假日补助。2019年11月，肖某向某科技公司提出离职，当日双方签署离职申请交接表。该表“员工离职原因”一栏显示：“公司未上社会保险，工作压力大、没给加班费。”“员工确认”一栏显示：“经说明，我已知悉《劳动合同法》上的权利和义务，现单位已经将我的工资、加班费、经济补偿结清，我与单位无其他任何争议。本人承诺不再以任何理由向某科技公司及用工单位主张权利。”员工签名处有肖某本人签名。肖某对离职申请交接表的真实性认可，但认为表中“员工确认”一栏虽系其本人签字，但并非其真实意思，若不签字，某科技公司就不让其办理工作交接，该栏内容系某科技公司逃避法律责任的一种方法。肖某不服仲裁裁决，诉至人民法院，请求判决某科技公司与某快递公司支付加班费82261元。

一审法院判决：驳回肖某加班费的诉讼请求。肖某不服，提起上诉。二审法院改判：某科技公司与某快递公司连带支付肖某加班费24404.89元。

二、案例评析

本案的争议焦点是肖某是否与用人单位就支付加班费达成合法有效的协议。

《最高人民法院关于审理劳动争议案件适用法律问题的解释(一)》(法释〔2020〕26

号)第三十五条规定:“劳动者与用人单位就解除或者终止劳动合同办理相关手续、支付工资报酬、加班费、经济补偿或者赔偿金等达成的协议,不违反法律、行政法规的强制性规定,且不存在欺诈、胁迫或者乘人之危情形的,应当认定有效。”司法实践中,既应尊重和保障双方基于真实自愿合法原则签订的终止或解除劳动合同的协议,也应对劳动者明确持有异议的、涉及劳动者基本权益保护的协议真实性予以审查,依法保护劳动者的合法权益。

本案中,肖某认为离职申请交接表“员工确认”一栏不是其真实意思表示,上面记载的内容也与事实不符。该表中“员工离职原因”与“员工确认”两处表述确实存在矛盾。两家公司均未提供与肖某就加班费等款项达成的协议及已向肖某支付上述款项的证据,且肖某否认双方就上述款项已达成一致并已给付。因此,离职申请交接表中员工确认的“现单位已将我的工资、加班费、经济补偿结清,我与单位无其他任何争议”与事实不符,不能认定为肖某的真实意思表示。本案情形并不符合《最高人民法院关于审理劳动争议案件适用法律问题的解释(一)》第三十五条之规定,故二审法院依法支持肖某关于加班费的诉讼请求。

实践中,有的用人单位在终止或解除劳动合同时,会与劳动者就加班费、经济补偿或赔偿金等达成协议。部分用人单位利用其在后续工资发放、离职证明开具、档案和社会保险关系转移等方面的优势地位,借机变相迫使劳动者在用人单位提供的格式文本上签字,放弃包括加班费在内的权利,或者在未足额支付加班费的情况下让劳动者签字确认加班费已经付清的事实。

【案例五十五】加班费的仲裁时效应当如何认定?

一、案例介绍

张某于2016年7月入职某建筑公司从事施工管理工作,2019年2月离职。工作期间,张某存在加班情形,但某建筑公司未支付其加班费。2019年12月,张某向劳动人事争议仲裁委员会申请仲裁,请求裁决某建筑公司依法支付其加班费,某建筑公司以张某的请求超过仲裁时效为由抗辩。张某不服仲裁裁决,诉至人民法院。请求判决某建筑公司支付加班费46293元。

一审法院判决:某建筑公司支付张某加班费18120元。张某与某建筑公司均未提起上诉。

二、案例评析

《中华人民共和国劳动争议调解仲裁法》第二十七条规定:“劳动争议申请仲裁的时效期间为一年。仲裁时效期间从当事人知道或者应当知道其权利被侵害之日起计算。……劳动关系存续期间因拖欠劳动报酬发生争议的,劳动者申请仲裁不受本条第一款规定的仲裁时效期间的限制;但是,劳动关系终止的,应当自劳动关系终止之日起一年内提出。”《中华人民共和国劳动法》第四十四条规定:“有下列情形之一的,用人单位应当按照下列标准支付高于劳动者正常工作时间工资的工资报酬……”。《关于工资总额组成的规定》(国家统计局令第

1号)第四条规定："工资总额由下列六个部分组成：……(五)加班加点工资"。仲裁时效分为普通仲裁时效和特别仲裁时效，在劳动关系存续期间因拖欠劳动报酬发生劳动争议的，应当适用特别仲裁时效，即劳动关系存续期间的拖欠劳动报酬仲裁时效不受"知道或者应当知道权利被侵害之日起一年"的限制，但是劳动关系终止的，应当自劳动关系终止之日起一年内提出。加班费属于劳动报酬，相关争议处理中应当适用特别仲裁时效。

本案中，某建筑公司主张张某加班费的请求已经超过了一年的仲裁时效，不应予以支持。人民法院认为，张某与某建筑公司的劳动合同于2019年2月解除，其支付加班费的请求应自劳动合同解除之日起一年内提出，张某于2019年12月提出仲裁申请，其请求并未超过仲裁时效。根据劳动保障监察机构在执法中调取的工资表上的考勤记录，人民法院认定张某存在加班的事实，判决某建筑公司支付张某加班费。

时效是指权利人不行使权利的事实状态持续经过法定期间，其权利即发生效力减损的制度。作为权利行使尤其是救济权行使期间的一种，时效既与当事人的实体权利密切相关，又与当事人通过相应的程序救济其权益密不可分。获取劳动报酬权是劳动权益中最基本、最重要的权益，考虑劳动者在劳动关系存续期间的弱势地位，法律对于拖欠劳动报酬争议设置了特别仲裁时效，对于有效保护劳动者权益具有重要意义。

【案例五十六】新冠肺炎疫情期间，如何支付因工滞留湖北劳动者在企业停工停产期间的工资待遇?

一、案例介绍

李某系某直辖市某软件公司工程师，2020年1月20日因客户需求，软件公司派李某赴湖北进行系统维护，后因疫情原因致其无法返回。2020年春节后，软件公司因原料供应中断等原因停工停产。该公司认为李某2020年3月14日至4月13日期间并未提供劳动，故根据停工停产有关规定向其支付了生活费。李某认为其是因公司安排出差滞留湖北，应按正常劳动支付工资，遂申请仲裁。请求裁决软件公司按正常劳动支付2020年3月14日至4月13日期间工资差额。

经仲裁委员会调解，软件公司向李某支付了2020年3月14日至4月13日期间的工资待遇差额。

二、案例评析

人力资源社会保障部、最高人民法院等七部门《关于妥善处置涉疫情劳动关系有关问题的意见》(人社部发〔2020〕17号)规定："对不属于被依法隔离情形但属于因政府依法采取停工停业、封锁疫区等紧急措施情形，导致企业延迟复工或劳动者不能返岗的，区分不同情况处理。……三是对企业未复工或者企业复工但劳动者未返岗且不能通过其他方式提供正常劳动的，企业参照国家关于停工停产期间工资支付相关规定与劳动者协商……"本案中，李某虽未返岗且不能通过其他方式提供正常劳动，但其系因用人单位安排出差而滞留湖北，其滞留行为是为完成用人单位所安排的工作内容导致，应视为提供了正常劳动，故李某在超过一个工资支付周期期间应按正常劳动领取工资。

【案例五十七】如何理解“一个工资支付周期”，正确发放未及时返岗劳动者工资待遇？

一、案例介绍

丁某就职于某机械公司，劳动合同约定其月工资为6000元；机械公司于每月15日发放上月10日至本月9日的工资。2020年春节前，丁某返回外省家乡过节。春节延长假期间，机械公司所属地区人民政府发布通知，延迟复工时间至2月9日。2月底，机械公司复工复产，而丁某未能返岗或远程办公。机械公司线上发布通知，告知未返岗职工保留职位，将参照国家有关停工停产规定发放工资。丁某回复：“收到，谢谢公司理解。”机械公司正常发放了丁某1月1日至2月9日工资。但3月15日，丁某仅收到2月工资1540元。人事经理解释，因公司停工，2月9日停工后的第一个工资支付周期已经结束，根据国家及所属省有关规定，自2月10日起对未返岗职工发放生活费。丁某以公司未及时足额支付工资为由提出了解除劳动关系，并申请仲裁。请求裁决机械公司支付2月10日至3月9日的工资差额4460元和解除劳动合同的经济补偿6000元。

经调解，机械公司当庭支付丁某2020年2月10日至3月9日的工资差额3227.8元。丁某撤回仲裁申请。

二、案例评析

本案的争议焦点是如何理解“一个工资支付周期”。

《工资支付暂行规定》(劳部发〔1994〕489号)第十二条及人力资源社会保障部《关于妥善处理新型冠状病毒感染的肺炎疫情防控期间劳动关系问题的通知》(人社厅明电〔2020〕5号)均涉及“一个工资支付周期”，该周期的性质应属缓冲期，主要目的是体现风险共担和疫情期间对劳动者基本权益的保护，只有理解为一个时间长度，才符合相关规定的内涵。如果将“超过一个工资支付周期”理解为“跨越当前支付周期截止时间点”，则易引发用人单位停工时间相同，却仅因工资支付周期起算时间不同，而承担不同工资支付责任的问题。

本案中，机械公司实行按月支付工资的制度，工资支付周期为一个月。机械公司因疫情原因未复工，停工停产期间从2020年春节延长假期结束的次日(2月3日)起计算，2月底机械公司复工后丁某未返岗，经双方协商，丁某未返岗期间工资待遇参照停工停产标准支付，未返岗期间与机械公司停工期间应连续计算。因此，2020年2月3日至3月2日为丁某未返岗的第一个工资支付周期，2020年3月3日至3月9日则超过一个工资支付周期。故对于丁某2月10日至3月9日期间的工资待遇，应采取分段核算的方法，扣减机械公司已支付金额后，机械公司应支付工资待遇差额3227.8元(6000元÷21.75天×16天+1540元÷21.75天×5天-1540元)。经向双方释明“一个工资支付周期”的内涵，机械公司当庭支付丁某 3227.8 元工资待遇差额，双方协商同意丁某回公司继续工作，丁某也撤回了仲裁申请。

【案例五十八】受疫情影响，用人单位部分停工停产的，能否按照停工停产规定支付工资待遇？

一、案例介绍

张某为某汽车公司客户俱乐部员工，该公司业务涉及汽车零部件生产、汽车组装和车辆销售等工作。双方签订的劳动合同约定张某月工资为 8000 元，汽车公司每月 10 日发放上月 4 日至本月 3 日工资。2020 年 2 月 3 日以后，汽车公司零部件生产、汽车组装、车辆销售部门陆续复工，但因新冠肺炎疫情防控要求客户俱乐部暂时无法对外开放，导致客户俱乐部未能同步复工复产，张某所在客户俱乐部中的 10 余名劳动者均处于停工状态。3 月 10 日汽车公司按照劳动合同约定支付了张某 2 月工资，4 月 10 日按照生活费标准支付了张某 3 月工资待遇。张某认为汽车公司恶意以停工为由降低其工资待遇，遂申请仲裁。请求裁决汽车公司支付 3 月 4 日至 4 月 3 日工资差额 6460 元。

仲裁委员会裁决驳回张某的仲裁请求。

二、案例评析

本案的争议焦点是受疫情影响，汽车公司部分停工停产，能否按照停工停产规定支付张某工资待遇。

人力资源社会保障部《关于妥善处理新型冠状病毒感染的肺炎疫情防控期间劳动关系问题的通知》(人社厅明电〔2020〕5 号，以下简称 5 号文件) 规定：“企业停工停产在一个工资支付周期内的，企业应按劳动合同规定的标准支付职工工资。超过一个工资支付周期的，若职工提供了正常劳动，企业支付给职工的工资不得低于当地最低工资标准。职工没有提供正常劳动的，企业应当发放生活费，生活费标准按各省、自治区、直辖市规定的办法执行。”上述政策的制定参照了《工资支付暂行规定》(劳部发〔1994〕489 号) 第十二条，即“非因劳动者原因造成单位停工、停产在一个工资支付周期内的，用人单位应按劳动合同规定的标准支付劳动者工资。超过一个工资支付周期的，若劳动者提供了正常劳动，则支付给劳动者的劳动报酬不得低于当地的最低工资标准；若劳动者没有提供正常劳动，应按国家有关规定办理。”可见，上述规定只对用人单位停工停产期间劳动者能够提供正常劳动和无法提供正常劳动分别予以明确，但并未将适用条件限于用人单位的全部停工停产。本案中，尽管汽车公司的零部件制造等部门均已复工，但因各部门工作具有相对独立性，其所依赖的复工条件并不相同，张某认为汽车公司恶意以客户俱乐部停工为由降低其工资待遇，事实依据不足。

经查，汽车公司部分停工的安排并非针对张某一人，而是无差别地适用于客户俱乐部的 10 余名劳动者。因此，仲裁委员会对张某关于汽车公司安排部分停工存在主观恶意的主张不予采信，该公司安排张某所在部门停工，并适用 5 号文件规定支付张某工资待遇，并无不当，故依法驳回张某的仲裁请求。

【案例五十九】受疫情影响延迟复工复产期间，用人单位是否有权单方面安排劳动者休带薪年休假？

一、案例介绍

李某在某餐饮公司担任厨师，月工资为8000元，2019年开始李某可以享受每年5天带薪年休假，其书面提出要求跨年休假并征得餐饮公司同意。2020年2月3日，当地市政府要求全市所有非涉及疫情防控企业延迟复工复产至2月17日。餐饮公司即通知李某延迟复工，并要求李某2月3日至14日期间休完2019、2020年度的带薪年休假。李某表示不同意，餐饮公司要求李某服从安排并支付了李某2月3日至14日期间工资。3月9日，餐饮公司复工复产后，因李某多次旷工，餐饮公司与其解除劳动合同。李某提出餐饮公司未征得本人同意就安排休假不合法，该期间工资应当视为停工停产期间工资，并要求支付2019、2020年度未休年休假工资报酬，餐饮公司拒绝。李某遂申请仲裁。请求裁决餐饮公司支付2019、2020年度未休带薪年休假工资6620.69元(8000元/21.75天×6天×300%)。

仲裁委员会裁决驳回李某的仲裁请求。

二、案例评析

《职工带薪年休假条例》第五条第一款规定："单位根据生产、工作的具体情况，并考虑职工本人意愿，统筹安排职工年休假。"《企业职工带薪年休假实施办法》第九条规定："用人单位根据生产、工作的具体情况，并考虑职工本人意愿，统筹安排年休假。"人力资源社会保障部等四部门《关于做好新型冠状病毒感染肺炎疫情防控期间稳定劳动关系支持企业复工复产的意见》(人社部发〔2020〕8号，以下简称8号文件)规定："对不具备远程办公条件的企业，与职工协商优先使用带薪年休假、企业自设福利假等各类假"。从上述条款可知，用人单位有权统筹安排劳动者带薪年休假，与劳动者协商是用人单位需履行的程序，但并未要求"必须协商一致"。无论劳动者是否同意，企业都可以在履行协商程序后统筹安排带薪年休假。

本案中，餐饮公司在市政府要求延迟复工复产期间，主动与李某沟通后安排李某休带薪年休假符合法律和政策规定，而且李某2月3日至14日期间已依法享受2019、2020年度带薪年休假并获得相应的工资。李某要求餐饮公司支付2019、2020年度未休带薪年休假工资无事实依据，故依法驳回李某的仲裁请求。

【案例六十】员工借出企业无法继续履行协议，"共享用工"如何处理？

一、案例介绍

张某为某餐饮公司服务员，双方签订有劳动合同。2020年春节期间，因新冠肺炎疫情影响，餐饮公司停止营业，多名员工滞留当地。而某电商公司则业务量持续暴发增长，送货、拣货等岗位人员紧缺。电商公司遂与餐饮公司签订了“共享用工协议”，约定张某自2020年2月3日至5月4日借用到电商公司从事拣货员岗位工作，每月电商公司将工资交由餐饮公司后，由餐饮公司支付张某。张某同意临时到电商公司工作，并经该公司培训后上岗。然而，餐饮公司于3月20日依法宣告破产，并通知张某双方劳动合同终止，同时告知电商公司将无法履行共享用工协议。电商公司仍安排张某工作并支付工资。4月16日，张某申请仲裁。请求裁决确认与电商公司自2020年2月3日至4月16日存在劳动关系。

经仲裁委员会庭前调解，电商公司认可与张某自2020年3月20日起存在劳动关系，双方签订了2020年3月20日至2021年3月19日的劳动合同，张某撤回了仲裁申请。

二、案例评析

本案的争议焦点是员工借出企业无法继续履行共享用工协议，借入企业继续用工的，双方是否建立劳动关系。

“共享用工”是指员工富余企业将与之建立劳动关系的员工借调至缺工企业工作，员工与借出企业的劳动关系不发生改变，借入企业与借出企业签订协议明确双方权利义务关系。《关于贯彻执行〈中华人民共和国劳动法〉若干问题的意见》(劳部发〔1995〕309号)第1条规定：“用人单位应与其长期被外单位借用的人员、带薪上学人员以及其他非在岗但仍保持劳动关系的人员签订劳动合同，但在外借和上学期间，劳动合同中的某些相关条款经双方协商可以变更。”因此，我国劳动法并不禁止用人单位之间对劳动者的借用。

《中华人民共和国劳动合同法》第四十四条规定：“有下列情形之一的，劳动合同终止：……(四)用人单位依法宣告破产的”。因“共享用工协议”的履行以劳动者与借出企业劳动关系的存在为前提，“共享用工”的用工模式自借出企业宣告破产时被打破。借入企业明知劳动者与借出企业劳动关系终止的情况下继续用工，应根据有关法律和政策规定建立劳动关系。

本案中，餐饮公司与电商公司签订并履行了“共享用工协议”，张某同意被借用到电商公司工作，应认定餐饮公司与张某口头变更了劳动合同中工作地点、工作内容等事项。因餐饮公司于2020年3月20日宣告破产，张某与餐饮公司劳动合同终止，电商公司与餐饮公司原有的权利义务不再存在。而电商公司明知餐饮公司宣告破产，双方共享协议无法履行，仍然安排张某从事业务工作，对其进行劳动管理并发放劳动报酬，符合原劳动和社会保障部《关于确立劳动关系有关事项的通知》(劳社部发〔2005〕12号)规定，张某与电商公司自2020年3月20日确立劳动关系。

庭前调解阶段，电商公司表示因张某工作表现良好，正在研究是否正式聘用，希望暂缓开庭。仲裁委员会告知张某后，张某考虑工作机会难得，且工作地点等条件十分便利，同意暂不开庭。最终，双方庭前和解，并签订了自2020年3月20日至2021年3月19日的劳动合同，张某撤回了仲裁申请。

【案例六十一】培训期间工资是否属于专项培训费用?

一、案例介绍

2013年6月1日，张某与某体检公司签订无固定期限劳动合同，到体检公司工作。2014年7月3日，张某与体检公司签订培训协议，该公司安排张某到外地参加一年专业技术培训。培训协议约定：由体检公司支付培训费、差旅费，并按照劳动合同约定正常支付张某培训期间工资；张某培训完成后在体检公司至少服务5年；若张某未满服务期解除劳动合同，应当按照体检公司在培训期间所支出的所有费用支付违约金。培训期间，体检公司实际支付培训费47000元、差旅费5600元，同时支付张某工资33000元。培训结束后，张某于2015年7月3日回公司上班。2018年3月1日，张某向体检公司递交书面通知，提出于2018年4月2日解除劳动合同。体检公司要求张某支付违约金85600元(47000元+5600元+33000元)，否则拒绝出具解除劳动合同的证明。为顺利入职新用人单位，张某支付了违约金，但认为违约金数额违法，遂申请仲裁。请求裁决体检公司返还违法收取的违约金85600元。

仲裁委员会裁决体检公司返还张某61930元(85600元-23670元)。

二、案例评析

《中华人民共和国劳动合同法》第二十二条规定："用人单位为劳动者提供专项培训费用，对其进行专业技术培训的，可以与该劳动者订立协议，约定服务期"劳动者违反服务期约定的，应当按照约定向用人单位支付违约金。违约金的数额不得超过用人单位提供的培训费用。用人单位要求劳动者支付的违约金不得超过服务期尚未履行部分所应分摊的培训费用。"《中华人民共和国劳动合同法实施条例》第十六条规定："劳动合同法第二十二条第二款规定的培训费用，包括用人单位为了对劳动者进行专业技术培训而支付的有凭证的培训费用、培训期间的差旅费用以及因培训产生的用于该劳动者的其他直接费用。"《中华人民共和国劳动法》第五十条规定："工资应当以货币形式按月支付给劳动者本人。不得克扣或者无故拖欠劳动者的工资。"《关于贯彻执行〈中华人民共和国劳动法〉若干问题的意见》(劳部发〔1995〕309号)第53条规定："劳动法中的'工资'是指用人单位依据国家有关规定或劳动合同的约定，以货币形式直接支付给本单位劳动者的劳动报酬……"从上述条款可知，专项培训费用与工资存在明显区别：(1)从性质看，专项培训费用是用于培训的直接费用，工资是劳动合同履行期间用人单位支付给劳动者的劳动报酬；(2)从产生依据看，专项培训费用是因用人单位安排劳动者参加培训产生，工资是依据国家有关规定或劳动合同约定产生；(3)从给付对象看，专项培训费用由用人单位支付给培训服务单位等，工资由用人单位支付给劳动者本人。

本案中，张某脱产参加培训是在劳动合同履行期间，由体检公司安排，目的是提升其个人技能，使其能够创造更大的经营效益，张某参加培训的行为，应当视为履行对体检公司的劳动义务。综合前述法律规定，体检公司支付给张某培训期间的33000元工资不属于专项培训费用。仲裁委员会结合案情依法计算得出：培训期间体检公司支付的专项培训费用为52600元(47000元+5600元)；培训协议约定张某培训结束后的服务期为5年(即60个月)，张某已实际服务33个月，服务期未履行部分为27个月。因此，张某依法应当支付的违约金为23670元(52600元÷60个月×27个月)，体检公司应当返还张某61930元(85600元-23670元)。

【案例六十二】职工拒加班不能作为辞退理由

一、案例介绍

某生产厂家取得一批订货合同，为了尽快完成任务，厂领导擅自决定，全体职工平时每天加班3小时，周六全天加班。

职工王某等人十分不满，坚持了半个多月，多次向厂领导提出意见，均被驳回。王某等人一气之下，自行决定按照厂内规章制度规定的工作时间，达到下班时间后，自行离厂。

在厂领导几次严厉批评王某等人无效后，以违反厂规厂纪为由，厂方做出了对王某等人予以辞退的决定。王某不服，诉至市劳动争议仲裁委员会。市劳动争议仲裁委员会经过审理，裁决厂方对王某等人做出的辞退决定无效。

二、案例评析

关于职工的工作时间，《劳动法》第三十六条规定："国家实行劳动者每日工作时间不超过八小时，平均每周工作时间不超过四十四小时的工时制度。"《劳动法》第四十一条规定："用人单位由于生产经营需要，经与工会和劳动者协商一致后可延长工作时间，一般每日不得超过1小时，因特殊原因需要延长工作时间的，在保障劳动者身体健康的条件下延长工作时间每日不得超过3小时，但是每月不得超过36小时。"

本案中，厂领导的决定存在三处错误。一是延长工作时间程序违法。厂领导既没有同工会协商，也没有与劳动者协商，单方面做出决定，缺乏法定程序。

二是延长工作时间超出了法律规定的限度。根据厂领导的要求，每日加班3小时，周六也要加班。仅以王某等人坚持了半个多月来看，延长工作时间已经超过了每月最高不得超过36的规定。

三是错误地理解"厂规厂纪"。"厂规厂纪"是根据一定民主程序产生的具有一定稳定性的企业内部规章制度。该厂领导将自己的临时决定作为"厂规厂纪"，是不符合法律规定的。

王某等人拒不执行厂领导延长工作时间的决定，没有违反厂规厂纪，厂方不能因此认为王某等人违反劳动合同约定，不能因此辞退王某等人。

在市场经济条件下，企业经常会遇到生产任务紧急确实需要加班的情况，但一定不能忘记要按照法定的程序，在法定限度内适当安排。

【案例六十三】公司是否可以任意调整员工的工资？

一、案例介绍

小刘是某公司销售员。小刘与公司签订的劳动合同中约定：劳动报酬为固定工资加提成，每月固定工资为1000元，提成按照销售额的2%计算。小刘工作的前两个月是销售旺季，月固定工资加提成达到了1800元。到了第3个月，小刘销售业绩明显下降。公司以单位经济效益不好为由口头决定将小刘的固定工资降到800元，提成由按照销售额的2%计算降到按照销售额的1%计算。

半年后，公司再次以单位经济效益不好为由口头决定，将小刘的固定工资降到700元。小刘认为，双方在劳动合同中约定了每月固定工资为1000元，提成按照销售额的2%计算，但公司所发的工资一降再降，公司的行为侵犯了他的权益。小刘多次找公司交涉未果，遂向当地劳动争议仲裁委员会提出仲裁申请，要求该公司按照劳动合同的约定，补发对其所欠的工资。

二、案例评析

事实上，本案争议的焦点是：在履行劳动合同过程中，单方能否任意变更劳动合同的内容。

依据《劳动合同法》第二十九条明确规定：用人单位与劳动者应当按照劳动合同的约定，全面履行各自的义务。所谓全面履行，是指劳动合同当事人双方按照劳动合同约定的劳动时间、劳动报酬、劳动条件等各项条款全面完成各自承担的合同义务。根据《劳动法》第十七条第二款规定，劳动合同依法订立即具有法律约束力，当事人必须履行劳动合同规定的义务。因此，在没有法定的变更情形出现，也没有在双方当事人协商的情况下，任何一方都不得任意变更合同的内容。本案中，小刘与该公司签订的劳动合同是合法、有效的，该公司就应该认真、完整地履行合同的内容，否则就构成了违反劳动合同的行为。

所以，劳动争议仲裁委员会根据《劳动合同法》以及《劳动法》的相关规定，支持了小刘的申诉请求。

【案例六十四】企业有加班加点决定权吗？

一、案例介绍

赵某系某化工厂催化车间技术工人。2001年4月6日，催化车间2号催化炉发生故障，影响生产，急需抢修。车间主任要求职工加班抢修，大家蜂拥而上，但赵某则以家远、需要照顾小孩为由而不参加抢修。因赵某系技术骨干而未参加抢修，致使抢修工作受到影响。后来，经车间主任了解，赵某家距工厂仅有20分钟的骑车路程；赵的小孩虽然只有8岁，但由赵某岳母照顾小孩上学。厂方据此召开厂务会议，决定给予赵某警告处分，并扣除其当月奖金，厂工会主席签署意见表示同意。赵某接到该处分决定后表示不服，认为企业组织职工加班加点进行抢修未与工会和劳动者协商，属于企业擅自决定加班加点，因而厂方对其做出警告处分和扣除当月奖金的决定是错误的。赵某请求劳动争议仲裁委员会裁决撤销工厂对其做出的给予警告处分、扣除当月奖金的决定。

赵某认为：他不参加抢修的是有合理原因的，而且抢修属于延长工作时间，应该征得工会和其本人的同意。

化工厂认为：抢修不受延长工作时间的有关规定的限制，并且赵某提出的理由并不合理。

焦点问题：

(1) 企业有加班加点决定权吗？

(2) 在特殊情况下，加班加点都给付劳动报酬吗？

(3) 对无正当理由不参加特殊情况下加班加点的劳动者能否给予行政处分或者经济处罚？

二、案例评析

(1) 本案是一起因用人单位延长劳动者的工作时间而引起的劳动争议。

我国《劳动法》第四十一条规定："用人单位由于生产经营需要，经与工会和劳动者协商后可以延长工作时间，一般每日不得超过1小时；因特殊原因需要延长工作时间的，在保障劳动者身体健康的条件下延长工作时间每日不超过3小时，但是每月不超过36小时。"同时，第四十二条规定："有下列情形之一的，延长工作时间不受本法第四十一条的限制：(1)发生自然灾害、事故或者其他原因，威胁劳动者生命健康和财产安全，需要紧急处理的；(2)生产设备、交通运输线路、公共设施发生故障，影响生产和公共利益，必须及时抢修的；(3)法律、行政法规规定的其他情形。"可见，在一般情况下，用人单位经与工会和劳动者协商后，可以加班加点；在特殊情况下，例如《劳动法》第四十二条规定的情形，用人单位可不与工会和劳动者协商，有权决定延长工作时间。本案催化车间2号催化炉发生故障，车间主任有权决定加班加点进行抢修，不与工会和劳动者协商并不违法。

(2) 在特殊情况下加班加点是否都给付劳动报酬，这应从两个方面分析：一是由于不可抗拒的原因发生了地震、火灾、水灾等自然灾害和发生了战争及重大、特大事故等，威胁自己及人民群众的生命健康和财产安全，包括劳动者在内的每个公民都有义务参加抢险救灾，不论是劳动者个人自愿参加，还是用人单位安排参加的，都不应给付加班加点的劳动报酬；二是因生产设备、交通运输线路、公共设施发生了故障，影响生产和公众利益，必须及时抢修的，属用人单位的生产性劳动，则应当按劳动法的规定支付劳动者实际加班加点的劳动报酬。本案因抢修催化炉延长工作时间，应给付劳动者加班加点的劳动报酬。今后如再发生《劳动法》第四十二条规定的情形之一，仍可按照不同情况决定是否应当给付劳动者劳动报酬。

(3) 对无正当理由不参加特殊情况下加班加点的劳动者，通常会受到道义谴责，但由于劳动者的不作为而影响生产、工作或致使人民生命、财产遭受损失的，单位可给予行政处分或者经济处罚。本案赵某系催化车间技术骨干，由于他借故不服从车间主任加班加点进行催化炉抢修的工作安排，该化工厂可依据《企业职工奖惩条例》的规定，给予赵某行政处分或经济处罚。

【案例六十五】就业歧视

一、案例介绍

2019 年 7 月，浙江喜来登度假村有限公司通过智联招聘平台向社会发布了一批公司人员招聘信息，其中包含有“法务专员”“董事长助理”两个岗位。2019 年 7 月 3 日，闫佳琳通过智联招聘手机软件针对喜来登公司发布的前述两个岗位分别投递了求职简历。闫佳琳投递的求职简历中，包含有姓名、性别、出生年月、户口所在地、现居住城市等个人基本信息，其中户口所在地填写为“河南南阳”，现居住城市填写为“浙江杭州西湖区”。据杭州市杭州互联网公证处出具的公证书记载，公证人员使用闫佳琳的账户、密码登陆智联招聘软件客户端，显示闫佳琳投递的“董事长助理”岗位在 2019 年 7 月 4 日 14 点 28 分被查看，28 分给出岗位不合适的结论，“不合适原因：河南人”；“法务专员”岗位在同日 14 点 28 分被查看，29 分给出岗位不合适的结论，“不合适原因：河南人”。闫佳琳因案涉公证事宜，支出公证费用 1000 元。闫佳琳向杭州互联网法院提起诉讼，请求判令喜来登公司赔礼道歉、支付精神抚慰金以及承担诉讼相关费用。

杭州互联网法院于 2019 年 11 月 26 日作出(2019)浙 0192 民初 6405 号民事判决：一、被告喜来登公司于本判决生效之日起十日内赔偿原告闫佳琳精神抚慰金及合理维权费用损失共计 10000 元。二、被告喜来登公司于本判决生效之日起十日内，向原告闫佳琳进行口头道歉并在《法制日报》公开登报赔礼道歉(道歉声明的内容须经本院审核)；逾期不履行，本院将在国家级媒体刊登判决书主要内容，所需费用由被告喜来登公司承担。三、驳回原告闫佳琳其他诉讼请求。宣判后，闫佳琳、喜来登公司均提起上诉。杭州市中级人民法院于 2020 年 5 月 15 日作出(2020)浙 01 民终 736 号民事判决：驳回上诉，维持原判。

二、案例评析

法院生效裁判认为：平等就业权是劳动者依法享有的一项基本权利，既具有社会权利的属性，亦具有民法上的私权属性，劳动者享有平等就业权是其人格独立和意志自由的表现，侵害平等就业权在民法领域侵害的是一般人格权的核心内容——人格尊严，人格尊严重要的方面就是要求平等对待，就业歧视往往会使人产生一种严重的受侮辱感，对人的精神健康甚至身体健康造成损害。据此，劳动者可以在其平等就业权受到侵害时向人民法院提起民事诉讼，寻求民事侵权救济。

闫佳琳向喜来登公司两次投递求职简历，均被喜来登公司以“河南人”不合适为由予以拒绝，显然在针对闫佳琳的案涉招聘过程中，喜来登公司使用了主体来源的地域空间这一标准对人群进行归类，并根据这一归类标准而给予闫佳琳低于正常情况下应当给予其他人的待遇，即拒绝录用，可以认定喜来登公司因“河南人”这一地域事由要素对闫佳琳进行了差别对待。

《中华人民共和国就业促进法》第三条在明确规定民族、种族、性别、宗教信仰四种法定禁止区分事由时使用“等”字结尾，表明该条款是一个不完全列举的开放性条款，即法律除认为前述四种事由构成不合理差别对待的禁止性事由外，还存在与前述事由性质一致的其他不合理事由，亦为法律所禁止。何种事由属于前述条款中“等”的范畴，一个重要的判断标准是，用人单位是根据劳动者的专业、学历、工作经验、工作技能以及职业资格等与“工作内在要求”密切相关的“自获因素”进行选择，还是基于劳动者的性别、户籍、身份、地域、年龄、外貌、民族、种族、宗教等与“工作内在要求”没有必然联系的“先赋因素”进行选择，后者构成为法律禁止的不合理就业歧视。劳动者的“先赋因素”，是指人们出生伊始所具有的人力难以选择和控制的因素，法律作为一种社会评价和调节机制，不应该基于人力难以选择和控制的因素给劳动者设置不平等条件；反之，应消除这些因素给劳动者带来的现实上的不平等，将与“工作内在要求”没有任何关联性的“先赋因素”作为就业区别对待的标准，根本违背了公平正义的一般原则，不具有正当性。

本案中，喜来登公司以地域事由要素对闫佳琳的求职申请进行区别对待，而地域事由属于闫佳琳乃至任何人都无法自主选择、控制的与生俱来的“先赋因素”，在喜来登公司无法提供客观有效的证据证明，地域要素与闫佳琳申请的工作岗位之间存在必然的内在关联或存在其他的合法目的的情况下，喜来登公司的区分标准不具有合理性，构成法定禁止事由。故喜来登公司在案涉招聘活动中提出与职业没有必然联系的地域事由对闫佳琳进行区别对待，构成对闫佳琳的就业歧视，损害了闫佳琳平等地获得就业机会和就业待遇的权益，主观上具有过错，构成对闫佳琳平等就业权的侵害，依法应承担公开赔礼道歉并赔偿精神抚慰金及合理维权费用的民事责任。

【案例六十六】用人单位未支付竞业限制经济补偿，劳动者是否需承担竞业限制违约责任？

一、案例介绍

2013 年 7 月，乐某入职某银行，在贸易金融事业部担任客户经理。该银行与乐某签订了为期 8 年的劳动合同，明确其年薪为 100 万元。该劳动合同约定了保密与竞业限制条款，约定乐某须遵守竞业限制协议约定，即离职后不能在诸如银行、保险、证券等金融行业从事相关工作，竞业限制期限为两年。同时，双方还约定了乐某如违反竞业限制义务应赔偿银行违约金 200 万元。2018 年 3 月 1 日，银行因乐某严重违反规章制度而与乐某解除了劳动合同，但一直未支付乐某竞业限制经济补偿。2019 年 2 月，乐某入职当地另一家银行依旧从事客户经理工作。2019 年 9 月，银行申请仲裁。请求裁决乐某支付违反竞业限制义务违约金 200 万元并继续履行竞业限制协议。

仲裁委员会裁决驳回银行的仲裁请求。

二、案例评析

依据《中华人民共和国劳动合同法》第二十三条第二款规定：“对负有保密义务的劳动者，用人单位可以在劳动合同或者保密协议中与劳动者约定竞业限制条款，并约定在解除或者终止劳动合同后，在竞业限制期限内按月给予劳动者经济补偿。劳动者违反竞业限制约定的，应当按照约定向用人单位支付违约金。”由此，竞业限制义务，是关于劳动者在劳动合同解除或终止后应履行的义务。本案中，双方当事人在劳动合同中约定了竞业限制条款，劳动合同解除后，竞业限制约定对于双方当事人发挥约束力。《劳动合同法》第二十九条规定：“用人单位与劳动者应当按照劳动合同的约定，全面履行各自的义务。”《最高人民法院关于审理劳动争议案件适用法律若干问题的解释(四)》(法释〔2013〕4号)第八条规定：“当事人在劳动合同或者保密协议中约定了竞业限制和经济补偿，劳动合同解除或者终止后，因用人单位的原因导致三个月未支付经济补偿，劳动者请求解除竞业限制约定的，人民法院应予支持。”(已废止，现为《最高人民法院关于审理劳动争议案件适用法律若干问题的解释(一)》第三十八条)用人单位未履行竞业限制期间经济补偿支付义务并不意味着劳动者可以“有约不守”，但劳动者的竞业限制义务与用人单位的经济补偿义务是对等给付关系，用人单位未按约定支付经济补偿已构成违反其在竞业限制约定中承诺的主要义务。具体到本案中，银行在竞业限制协议履行期间长达11个月未向乐某支付经济补偿，造成乐某遵守竞业限制约定却得不到相应补偿的后果。根据公平原则，劳动合同解除或终止后，因用人单位原因未支付经济补偿达三个月，劳动者此后实施了竞业限制行为，应视为劳动者以其行为提出解除竞业限制约定，用人单位要求劳动者承担违反竞业限制违约责任的不予支持，故依法驳回银行的仲裁请求。

【案例六十七】绩效工资年底发放合法吗？

一、案例介绍

2008年11月小刘到某公司工作，双方未签订劳动合同，但双方约定小刘每月工资为6000元。之后，公司于第二年4月份做出一项决定，从全体职工的工资中拿出20%作为绩效工资，如果年底公司完成各项指标，绩效工资将一次性发放给职工本人；如果公司完不成指标，绩效工资将不予发放。从2009年4月起，小刘每月领到4800元的工资。为此，小刘于2009年8月向当地的劳动争议仲裁委员会申请仲裁，要求公司按月发放绩效工资。

那么，绩效工资在年底发放是否合法呢？企业人力资源部门应注意：公司单方面做出调整劳动者工资的决定是不符合法律规定的，员工有权通过法律手段维护自身的利益。小刘所在公司的做法是不符合法律规定的，小刘有理由要求公司按照双方约定支付工资。

二、案例评析

本案中，虽然双方没有签署劳动合同，但根据《劳动合同法》第七条规定“用人单位自用工之日起即与劳动者建立劳动关系。用人单位应当建立职工名册备查”。小刘与公司已建立劳动关系。劳动关系存续期间，公司可以提出对劳动者工资进行调整变更，但必须得到劳动者的同意，与劳动者协商确定。《劳动合同法》第四条规定：“用人单位在制定、修改或者决定有关劳动报酬、工作时间、休息休假、劳动安全卫生、保险福利、职工培训、劳动纪律以及劳动定额管理等直接涉及劳动者切身利益的规章制度或者重大事项时，应当经职工代表大会或者全体职工讨论，提出方案和意见，与工会或者职工代表平等协商确定。”本案中，公司于2009年4月份做出一项决定，从全体职工的工资中拿出20%作为绩效工资，如果年底公司完成各项指标，绩效工资将一次性发放给职工本人；如果公司完不成指标，绩效工资将不予发放。公司做出调整劳动者工资的决定，但并没有征得劳动者的同意并与劳动者协商确定，所以这种做法是违反法律规定的。另外，本案中的公司未与劳动者签署劳动合同也是违法的。

综上所述，公司单方面做出调整劳动者工资的决定是不符合法律规定的，员工有权通过法律手段维护自身的利益。

【案例六十八】合同未办终止手续，劳动关系是否终止？

一、案例介绍

老张是智力四级残疾人，2000年8月开始在A公司(国有企业)做计划外临时工。2004年10月，老张与A公司签订了为期一年的劳动合同，期满后又续订了为期三年的劳动合同。在合同履行期间老张多次因病住院，有证据的住院天数就达220天，加上老张是智力残疾人，不能胜任岗位工作。合同期满后，A公司未与老张再续订劳动合同，但也未及时办理合同终止手续，而是安排老张做临时工工作，改发临时工工资。2009年7月，A公司终止了与老张的临时工关系。老张不服，向C市劳动仲裁委员会申请仲裁，要求与A公司续订劳动合同。该仲裁委员会认为，A公司于合同期满后依法终止合同并无不当，同时裁决由A公司妥善解决终止劳动合同后原告的有关待遇。老张不服仲裁裁决，向C市某区人民法院提起诉讼，要求与A公司续订劳动合同，并要求从2008年10月起至补签劳动合同生效时止，由A公司赔偿由于其单方解除一切劳动关系而造成的经济损失。A公司答辩称：劳动合同期满而解除合同是合法的；因原告是智力残疾人，不能胜任岗位工作，因此不同意与原告续订劳动合同；终止合同后原告的有关待遇可依法予以完善。老张能否同A公司续订劳动合同？A公司是否需要从2008年10月起至补签劳动合同生效时止，赔偿由于其单方解除一切劳动关系而造成的经济损失？

在合同未办理终止手续的情况下，劳动关系是否终止？在本案中，老张可以提出续签劳动合同的要求，但也要通过与A公司协商并达成一致。而劳动合同是否需要补签以及相应的赔偿问题均取决于对事实劳动关系性质的判定。

二、案例评析

本案是一起关于员工劳动合同期满后，就原、被告之间是否应该续订劳动合同而引起的劳动争议。依据《劳动合同法》第四十四条第一款规定，劳动合同期满终止的，属劳动合同的正常终止，其法律效力随着劳动合同的终止而终止，劳动关系双方的责任、权利和义务也相应随之消灭。至于续订劳动合同，应通过员工与公司双方协商，在协商一致的基础上才能有效进行。

本案中，老张与A公司在2004年10月签订了劳动合同，合同期满后又续订了三年，因此劳动合同按正常情况应该在2008年10月份终止。劳动合同终止后，A公司并没有提出跟老张续签，而是安排老张做临时工。对于这种情况，我们可以理解为老张与A公司的劳动关系已经于2008年10月终止，但随后又与A公司建立了一种新的劳动关系。这种员工事实上为用人单位提供劳动，但双方未签订劳动合同的情况通常被称为“事实劳动关系”。那么，在此种情况下，单位是否有权终止事实劳动关系呢？对此，2001年，最高人民法院在《关于审理劳动争议案件适用法律若干问题的解释》中做出具体规定：“劳动合同期满后，劳动者仍在原用人单位工作，原用人单位未表示异议的，视为双方同意以原条件继续履行劳动合同。一方提出终止劳动关系的，人民法院应当支持。”

对于是否需补签劳动合同的问题，我们结合本案可以做如下分析。首先判断A公司安排老张做的这份临时工工作是否属于“非全日制用工”。《劳动合同法》第六十八条规定：“非全日制用工，是指以小时计酬为主，劳动者在同一用人单位一般平均每日工作时间不超过四小时，每周工作时间累计不超过二十四小时的用工形式。”如果老张的临时工工作属于非全日制用工的话，那么依据《劳动合同法》第六十九条第一款的规定“非全日制用工双方当事人可以订立口头协议”，公司就没有必要再跟老张补签2008年10月之后事实劳动关系存续期间的劳动合同。否则，老张可以向公司提出补签劳动合同的要求，当然，对于补签的劳动合同的期限，也应经过老张与公司协商最终达成一致。

关于老张提出的让A公司赔偿因单方解除劳动关系而导致的经济损失能否被支持，首先要看老张的临时工工作是否属于非全日制用工，如果属于，依照《劳动合同法》第七十一条“非全日制用工双方当事人任何一方都可以随时通知对方终止用工。终止用工，用人单位不向劳动者支付经济赔偿”，公司即不需要向老张支付相应经济赔偿。如果属于全日制用工，那么就要看A公司是否是以合理的理由与老张解除劳动关系，同时取决于A公司能否提供充分的证据。若A公司无合法理由，应当按照《劳动合同法》第四十七规定向老张支付经济补偿。

老张可以提出续签劳动合同的要求，但也要通过与A公司协商并达成一致。而劳动合同是否需要补签以及相应的赔偿问题均取决于对事实劳动关系性质的判定。

本案值得公司注意的是，员工劳动合同终止操作以及用人方面的规范性，有必要完善相关的流程，严格按照法律法规的规定去操作，从而避免此类争议的发生。

【案例六十九】计件工作如何计算加班工资？

一、案例介绍

牛某在一家私营服装企业从事缝纫工作，公司对缝纫岗位实行的是计件工资制度，规定职工轮班作业，每做好一件服装发给工资20元。牛某一般每月工资为1500元左右，效率高时可以得到1800元左右。2009年3月，公司由于需要赶制一批时装，在牛某已经达到规定的工作时间的情况下，经与工会和职工本人协商，安排牛某等人在休息日加班。过后，公司以牛某每月工资1500元为基数，折算出其平均小时工资标准，并据此向其发放加班工资。牛某觉得公司的做法不合理，因为在加班期间，他急公司之所急，工作十分努力，工作效率与平时的最高效率相仿，因此他认为公司应该以每月1800元为基数计算加班工资。为此，牛某向有关机构咨询，希望了解公司的做法是否合理，应该如何确定他的加班工资计算基数。公司的做法是否合理，应该如何确定牛某的加班工资计算基数？

二、案例评析

本案件的法律焦点可以分为两处：(1)计件工作制是否有加班工资？(2)如果存在加班工资的话，又应该按照什么样的计算方法？计件工作制，是以工人完成一定数量的合格产品或一定的作业量来确定劳动报酬的一种劳动形式。我国《劳动法》第三十七条规定："对实行计件工作的劳动者，用人单位应当根据本法第三十六条规定的工时制度合理确定劳动定额和计件报酬标准。"从《劳动法》这条规定来看，计件工作制是需要遵守标准工时制的，因此计件工作制的员工加班也是需要支付加班工资的。

标准工时制中的标准并不是一成不变的。根据《国务院关于职工工作时间的规定》，我国目前实行的是每日工作8小时、每周工作40小时的标准工时制。

那么计件工作制计算加班工资的基数问题是如何规定的呢？其实，原劳动部颁布的《工资支付暂行规定》第十三条做了明确规定："实行计时工资制度的岗位，计算和支付加班工资的基数为劳动合同约定的劳动者本人小时工资标准；计算和支付加班工资的基数为劳动合同约定的劳动者本人日或小时工资标准。实行计件工资的劳动者，在完成计件定额任务后，由用人单位安排延长工作时间的，应分别按照不低于其本人法定工作时间计件单价的150%、200%、300%支付其工资。"

因此在本案例中，牛某和其公司双方对计件工作制的认识存在一定的误区。

因为公司对牛某实行的是计件工作制度，但是公司在发放加班工资时，却套用计时工资制度的办法，属于适用法律错误；由于适用法律错误，接下来必然导致在确定计算加班工资的基数出错。公司不应该按照每月1500元为基数计算加班工资，也不应该按照每月1800元为基数计算加班工资。正确的做法是，根据牛某在加班期间的实际产量，按照计件单价40元/件的标准，向其支付加班工资。

【案例七十】培训协议中的保证金是否有效？

一、案例介绍

王某在2003年来到A公司工作，并于当年5月31日与A公司签订了一份名为《在日本研修、实习条件》的合同，约定由A公司派王某赴日本研修实习，其中研修1年、实习2年；王某先预付人民币3万元给A公司作为保证金，公司王某结束研修实习后，在A公司工作满1年后将保证金全数返还；如果王某因个人问题失去在日本的居留资格而中止研修实习，回国费用由王某自行承担，同时A公司有权没收王某预付的保证金。

2003年9月14日，王某被A公司派往日本研修实习。2004年4月27日，王某因在日本的一家超市盗窃，被当地警方拘留，后由日本总部担保释放。同年5月11日，日本总部因此拒绝王某继续在该公司研修，并将此事通知A公司。之后，王某返回中国，但一直未回A公司上班。同年5月30日，王某申请劳动仲裁，仲裁委员会裁决A公司应退回被告保证金3万元。A公司不服该裁决，请求法院判令其无须退回被告保证金3万元。被告王某辩称，原告A公司派遣其去日本研修实习，实质上是A公司以劳务输出为名以获取高额利润，严重损害了中国劳工合法权益；且A公司收取王某的是保证金，并非违约金，收取保证金的行为违反《劳动法》及相关规定；《在日本研修、实习条件》虽有王某的签字，但非其真实意思表示，而且违反《劳动法》基本原则，是无效的；此外，王某辩称自己没有在日本盗窃，也无任何证据证实。综上所述，王某要求公司退还收取的3万元保证金，并承担本案的仲裁费和诉讼费。

那么，王某培训协议中的3万元保证金是否有效？理由是什么？作为人力资源经理，面对培训后即将离去的员工，你该如何维护公司的利益？

本案的控辩双方争议的焦点有：一是用人单位派劳动者出国培训，双方自愿签订的培训协议的法律性质是什么？约定由用人单位收取"保证金"的条款是否具有法律效力？

二、案例评析

劳动合同是劳动者与用人单位确立劳动关系、明确双方权利和义务的协议。劳动合同应当以书面的形式订立，并具备合同期限、工作内容、劳动报酬和劳动纪律等必备条款，但当事人可以协商约定其他内容。订立劳动合同，应当遵循平等自愿、协商一致的原则，不得违反法律、行政法规的规定。

《在日本研修、实习条件》实质上是原、被告双方签订的劳动合同的一部分。该协议的内容是约定出国培训双方的权利和义务。依照《劳动法》第三条的规定，劳动者有接受职业技能培训的权利；第六十八条规定，用人单位应当建立职业培训制度。可见，职业培训应当属于劳动者与用人单位之间的一种劳动关系，属于劳动合同的一部分，应当受劳动法律法规的调整。

《劳动法》第十八条规定："下列劳动合同无效：(一)违反法律、行政法规的劳动合同；(二)采取欺诈、威胁等手段订立的劳动合同。"

本案原、被告双方签订的《在日本研修、实习条件》，被告认为不是其真实意思表示。作为一个有完全民事行为能力的成年人，在没有任何胁迫、欺诈、乘人之危的情况下与用人单位签订协议，协议不存在显失公平情况，并且协议已经履行了八个多月，在庭审时被告却辩解协议非其真实意思表示，该辩解不能成立。

劳动部于1995年8月11日发布了《关于贯彻执行〈中华人民共和国劳动法〉若干问题的意见》第二十四条规定："用人单位在与劳动者订立劳动合同时，不得以任何形式向劳动者收取定金、保证金(物)或抵押金(物)。对违反以上规定的，应按照劳动部、公安部、全国总工会《关于加强外商投资企业和私营企业劳动管理切实保障职工合法权益的通知》(劳部发〔1994〕118号)和劳动部办公厅《对“关于国有企业和修订本所有制企业能否参照执行劳部发〔1994〕118号文件中的有关规定的请示”的复函》(劳办发〔1994〕256号)的规定，由公安部门和劳动行政部门责令用人单位立即退还给劳动者本人。”劳动部的该《意见》在立法体系中，属于部门规章。

本案中，原、被告双方签订的《在日本研修、实习条件》是劳动合同的一部分，现行法律、行政法规对当事人自愿签订的保证金条款的效力没有明确的规定。那么，《在日本研修、实习条件》是否具有法律效力？认定劳动合同效力是否只能依据《劳动法》第十八条的规定？能否以部门规章作为审查劳动合同效力的依据？也就是说，《在日本研修、实习条件》中约定的保证金条款能否依该《意见》第二十四条认定为无效条款？笔者的意见是可以的。

根据立法法的有关规定，国务院各部、委员会、中国人民银行、审计署和具有行政管理职能的直属机构，可以根据法律和国务院的行政法规、决定、命令，在本部门的权限范围内，制定规章。部门规章规定的事项应当属于执行法律或者国务院的行政法规、决定、命令的事项。劳动部的该《意见》是对《劳动法》的适用做出的具体规定，作为部门规章对《劳动法》规定的认定合同无效的情形做出补充性规定(《意见》第二十四条)与其上位法(《劳动法》)并不抵触，也没有违反上位法的规定(《劳动法》没有规定认定劳动合同无效的依据不包括规章)。根据最高人民法院《关于适用〈中华人民共和国合同法〉若干问题的解释》(1999年12月29日起施行)第四条的规定，合同法实施以后，人民法院确认合同无效，应当以全国人大及其常委会制定的法律和国务院制定的行政法规为依据，不得以地方性法规、行政规章为依据。但这是对合同法的规定，并非对劳动法的规定，合同法与劳动法的调整范围是不同的。

【案例七十一】未经单位批准的加班是否支付加班工资？

一、案例介绍

张某所在的某外资公司对于加班的流程有着明确规定“公司的标准工作时间为每日8小时，每周40小时。公司提倡在标准工作时间内完成工作，不提倡加班。若因工作需要，确实需要加班的，劳动者须向其主管书面提交加班申请，由主管签字同意后，方可加班。”张某因所在岗位为财务工作，每月提交财务报表之前的几天，工作繁多且任务紧迫。为了及时完成报表工作，张某就在下班后加班以按时按质完成工作。张某觉得每次加班都书面申报批准的程序太过烦琐，就没有履行书面申请的程序而自行加班。

一年后，张某劳动合同期满，公司未与其续签劳动合同。张某对此非常不满，即向劳动仲裁委员会提请仲裁，要求公司支付其之前一年在公司延长工作时间的所有加班工资，并出示其电子考勤记录以证明确实有延长工作时间工作的事实。公司认为其对加班程序有明确的规章制度，所有加班都需书面申请并获得主管签字同意后才能进行，而公司并未安排张某延时工作，张某的加班行为纯属个人自愿加班行为，与公司无关，因此拒绝支付张某任何加班工资。那么，未经用人单位批准的加班，劳动者是否有权要求单位支付加班工资？

本案的争议焦点是：张某为完成工作任务而自愿加班，未履行规定程序，是否可以要求企业支付加班工资？本案中，张某要求公司支付加班费缺乏法律依据，其请求事项不应得到支持。

二、案例评析

《劳动法》第四十四条规定，用人单位安排劳动者延长工作时间的，支付不低于工资150%的工资报酬；休息日安排劳动者工作又不能安排补休的，支付不低于工资的200%的工资报酬；法定休假日安排劳动者工作的，支付不低于工资的300%的工资报酬。《劳动合同法》第三十一条规定："……用人单位安排加班的，应当按照国家有关规定向劳动者支付加班费。"

可见，加班工资支付的前提是用人单位根据实际需要安排劳动者在法定标准工作时间以外工作的，即用人单位主动安排的，用人单位才应按照该标准支付加班工资。如果是劳动者自愿加班，则单位不必支付任何加班费用。从法律规定加班费支付标准之高，我们可以看出立法者对劳动者加班是持一种否定性的态度，主要原因在于防止用人单位随意延长工作时间或变相强迫劳动者工作，保护劳动者的休息权和劳动自由权利等基本宪法人权。所以，目前劳动法等相关法律均加以限制并要求用人单位向劳动者支付加班工资的延长工作时间的行为，是指用人单位安排劳动者加班的行为，而不是劳动者自愿加班的行为。

此外，从证据的角度来看，劳动者自愿在法定工作时间之外，到底是否真正在工作还是只是在用人单位的办公场所内从事其他非工作范畴的其他事务，其他人很难确定，因此完全将加班工资的举证责任由企业承担，是不公平的。出于公平起见，用人单位有权需要劳动者在加班之前履行一定法定程序(该法定是指用人单位和与劳动者的规章制度之规定)来证明其是在加班。在目前劳动争议案件中，仲裁庭和法院一般都要求用人单位提供考勤记录，该举证责任只能由用人单位承担。

而在本案中，虽然张某有自己在履行劳动合同期间延长工作时间的记录，但不属单位安排的，同时该公司依法制定的规章制度也已明确规定企业劳动者确需加班的申请程序，张某自己加班的主张并未按企业的规章制度履行必备手续，因此得不到法律法规的保护。

最后，用人单位为避免因劳动者对用人单位提供的考勤记录拒不认可，应尽快建立劳动者定期对考勤表的确认签字制度，特别是在以电子打卡形式记录考勤的情况下，应定期由劳动者对电子打卡记录进行签字确认，以避免发生劳动争议。劳动者对考勤表不予认可时，由用人单位承担不利后果。

【案例七十二】如何处理怀孕期员工？

一、案例介绍

小刘与山东省某公司于2009年3月签订劳动合同。公司在小刘入职后对其进行了公司的规章制度、岗位培训，并让小刘在员工手册上签字确认。2009 年 11 月，小刘发现自己已怀孕三个月，由于身体问题，小刘时常感觉不适，在一个月内连续请病假超过 10 日（该病假得到部门领导同意）。由于请假天数过多，公司人力资源部根据员工手册第八章第三条"病假超过 10 日的，公司有权根据情况调整其工作岗位"之规定，对小刘做出了调整工作岗位的决定。小刘收到调岗通知书后，不接受调岗通知，并与领导沟通。在沟通未果的情况下，小刘一气之下连续请假 10 天（口头请假无任何书面手续）。2010 年 2 月，公司人力资源部根据员工手册第十二章第九条"员工无故旷工 3 天，公司可以解除劳动合同，且不给经济补偿"之规定，对小刘做出解除劳动合同，并不给予经济补偿的决定。小刘申请劳动仲裁，要求单位解除决定书，恢复劳动合同关系，并按正常工作时的工资计发其休假工资。

本案中，公司是否可以对小刘进行岗位调整？对于小刘不接受调岗通知，以请假为由连续 10 天不上班，公司是否可以解除与其劳动合同关系？小刘在仲裁申请中提及的"按正常工作时的工资计发其休假工资"要求是否可以成立？

二、案例评析

本案，反映了很多用人单位和怀孕女职工之间的一些普遍矛盾，如调整工作内容、女职工"三期"内病假问题、女职工不服从公司管理等问题。

结合本案的三个问题，我们进行分析：

本案第一个涉及的问题，是到对"三期"女职工的调岗问题，即合同变更问题。从法律的角度来分析，企业在劳动者不能胜任工作时，可以对劳动者的岗位进行变更，这样的规定也同样适用于处于"三期"的女员工。就本案例来说，如果该企业的规章制度对调岗有明确和合法的规定，企业的做法还是可以得到法律支持的。

本案第二个涉及的问题是，女职工在严重违纪的情况下，企业是否有权解除劳动关系？本案中，小刘在无任何书面请假手续的情况下离开岗位 10 天，是否"严重违反劳动纪律"是本案的核心审批内容。关于公司中员工行为是否属于"严重违反劳动纪律"完全是用人单位的自主用工权决定的，只要该用人单位员工手册等规章制度制定的内容合法和程序违法即可。因此，本案中的员工手册如果是合法有效的，那么用人单位对小刘做出的解除劳动合同的决定是正确的。

本案第三个涉及的问题是，"三期"女职工病假工资的发放问题。《女职工劳动保护规定》规定：职工患病或非因工负伤治疗期间，在规定的医疗期内由企业按有关规定支付其病假工资或疾病救济费，病假工资或疾病救济费可以低于当地最低工资标准支付，但不能低于最低工资标准的 80%。小刘无理由要求公司按正常工作时的工资计发其休假工资。针对女职工的病假有项特别规定：不是怀孕女职工去医院都是按照病假规定，而女职工产前检查应按出勤对待，不能按病假、事假、旷工处理。

【案例七十三】离职员工归来，是否可以约定试用期？

一、案例介绍

陈某是 A 公司的一名前员工，两年前辞职离开 A 公司，并办理了完备的离职手续。

2010年初，A公司招聘同样的岗位，陈某经过内部员工推荐进入招聘环节。由于陈某之前在A公司工作比较优秀，公司领导同意再次录用，并办理了入职手续(陈某与上一家单位已办理正常离职手续)，试用期压缩到1个月(正常试用期为3个月)。公司内审人员称，根据《劳动合同法》对于试用期的规定，对于同一家单位和同一个劳动者只能签订一次试用期，也就是先前那一次试用期，本次不应该签订试用期。

离职员工重新录用后，用人单位是否可以约定试用期？A公司的操作是否符合《劳动合同法》，或者实际应该如何操作？

二、案例评析

在本案例中，用人单位不能再次约定试用期。因为根据《劳动合同法》规定，同一个用人单位与同一个劳动者只能约定一次试用期。

劳动试用期是用人单位与员工相处的第一阶段，但在实践中，这个阶段的用人单位特别容易违反法律法规有关劳动合同试用期的规定。这其中就包括同一个用人单位与同一个劳动者可以约定几次试用期的典型问题。

劳动部(现在为人力资源和社会保障部)1996年颁布的《关于实行劳动合同制度若干问题的通知》中第四条规定："用人单位对工作岗位没有发生变化的同一劳动者只能试用一次。"出于工作中的方便，很多单位的人事部门就直接理解成：劳动者改变工种的，可以重新约定试用期，不改变工种的，不再约定试用期。但2008年施行的《劳动合同法》第十九条明确规定："同一用人单位与同一劳动者只能约定一次试用期。"这个规定其实很明确，并没有规定存在任何例外情况。但很多人把劳动部1996年的这个规定理解为劳动合同法的补充规定，这是个非常错误的法律认识。产生这个错误认识的重要原因是，很多人在法律文件相互冲突或者存在矛盾时，不知道如何取舍和适用。

在现在的人力资源工作中，涉及劳动关系方面的工作内容实质上就是将法律规范适用于具体工作的过程。在此过程中，往往出现一件事情或者一个行为涉及多个不同的法律、法规、规章，而这些法律、法规、规章对该项事由的规定又不尽相同的情况。因此，企业的人力资源部门需要学会理解和把握法律冲突的适用原则。

结合本案例而言，提醒企业的人力资源部门特别注意最重要的"上位法优于下位法"的原则。上位法是指制定级别较高的法律规范，相对的下位法即是制定级别较低的法律规范。处于法律体系顶端的是国家根本大法宪法，从上往下的排序依次是宪法、法律、行政法规、地方性法规或部门规章、地方政府规章。本案中，《劳动合同法》是法律，而《关于实行劳动合同制度若干问题的通知》是部门规章性文件。因此《劳动合同法》的效力高于《关于实行劳动合同制度若干问题的通知》。因此既然这两个文件对试用期的说法有冲突，应以《劳动合同法》为准，而不是将两者往一起合并着理解。

对于《劳动合同法》的规定"同一用人单位与同一劳动者只能约定一次试用期"，大家应该注意其中包含三层递进的含义：

(1) 在试用期内解除劳动合同的，不管是用人单位解除还是劳动者解除，该用人单位再次招用该劳动者时，不得再约定试用期；

(2) 试用期结束后，劳动者无论是在劳动合同存续期限内变换工作岗位的，还是合同期满后续订合同时变换工作岗位的，用人单位均不得再约定试用期；

（3）劳动合同解除后，劳动者离开用人单位一段时间后，用人单位再次招用该劳动者的，也不得再约定试用期。

【案例七十四】外派员工，经济补偿金如何计算？

一、案例介绍

王某是某外事服务公司员工，约定每月工资2000元。2008年5月，王某被派往A外企广州办事处从事翻译工作，双方未签订劳动合同，但约定聘用期间每月薪水4000元。2008年1月，该外事服务公司与A外企广州办事处签订了自2008年生效的聘用中国员工合同，该合同中约定：A外企广州办事处解聘中国员工，应当提前30天以书面形式通知对方或者直接向对方支付一个月聘用费作为代替通知金，同时向对方支付补偿费。2009年1月，A外企广州办事处通知王某终止与其聘用关系。同年3月，该外事服务公司与王某解除了劳动合同关系，同时支付其解除劳动合同的经济补偿金7000余元。王某认为，自己与外事服务公司形成劳动关系，而实际聘用其的是A外企，故外事服务公司及A外企广州办事处应分别按照《劳动法》的规定支付其经济补偿金及额外经济补偿金。本案中，王某最终应该按照外事公司的薪资标准还是以A外企薪资标准获得经济补偿金？

对于外派员工常见的实际收入与名义工资不符的问题，经济补偿金中的工资标准如何认定？

二、案例评析

首先，认清王某与哪一方存在劳动关系。虽然该外事服务公司与A外企广州办事处签订的聘用中国员工合同中约定“A外企广州办事处解聘中国员工，应当提前30天以书面形式通知对方或者直接向对方支付一个月聘用费作为代替通知金，同时向对方支付补偿费”，但是王某与A外企广州办事处并未签订劳动合同。因此，王某与A外企广州办事处不存在劳动关系，而是与该外事服务公司存在劳动关系。

既然A外企广州办事处与王某之间不存在劳动关系，所以办事处在解除这种关系时，无须任何补偿，即A外企广州办事处无须给予王某任何补偿。

另外，在本案中，外事服务公司与王某解除了劳动合同关系，如果没有合法根据并履行相应法律程序，那么就构成了违法解除劳动合同。王某可以要求外事服务公司支付经济补偿二倍标准的赔偿金，但是如果支付了赔偿金的，外事服务公司就无须再支付经济补偿金或额外经济补偿金了。因此王某可要求支付赔偿金与外事服务公司已支付的经济补偿金7000余元之间的差额。

对于经济补偿金中的工资标准如何认定的问题，《中华人民共和国劳动合同法实施条例》第二十七条规定：“劳动合同法第四十七条规定的经济补偿的月工资按照劳动者应得工资计算，包括计时工资或者计件工资以及奖金、津贴和补贴等货币性收入。劳动者在劳动合同解除或者终止前12个月的平均工资低于当地最低工资标准的，按照当地最低工资标准计算。劳动者工作不满12个月的，按照实际工作的月数计算平均工资。”因此，经济补偿金中的工资标准，应当按照实际发放工资的应发工资数，即按A外企广州办事处的薪资的平均工资来计算。

解除劳动合同需有法定的理由并履行法定的程序，否则用人单位有支付二倍经济补偿标准的赔偿金的风险，且该赔偿金中的工资标准是以劳动者的应得工资为计算基数的。

【案例七十五】用人单位如何有效处理员工违纪？

一、案例介绍

马某于2008年3月入职某建筑公司工作，任工程部副经理，并与建筑公司签订了一份从2008年3月31日至2011年3月31日的劳动合同。2009年9月，马某晋升为该部门经理。期间，马某有严重失职及多种违纪行为，该公司于2010年2月4日对马某发出“离职书”，对马某做出辞退处理。马某以公司违法辞退为由，遂向劳动争议仲裁院某劳动争议仲裁庭提起劳动仲裁，要求公司支付违法解除劳动合同的双倍赔偿金。该公司辩称，公司基于马某严重违反公司规章制度而合法解雇申诉人，无须承担任何经济补偿金及赔偿金：(1)马某任职期间因工作疏忽，曾向客户报错公司项目价格，造成公司巨大经济损失；(2)马某在职期间，多次利用职务便利将公司的原材料成本和项目报价透露给公司的竞争对手，其行为直接泄露公司的商业秘密，严重损害公司的利益。

本案中，劳动仲裁庭会支持哪一方的主张？当员工出现违纪行为时，用人单位在处理过程中应注意哪些问题？

二、案例评析

首先，看看本案劳动仲裁的判决结果：仲裁庭于2010年5月2日做出裁决，认为本案中，虽然申诉人在2009年11月18日因工作失职对被诉人造成了2000元人民币的经济损失，但被诉人对申诉人该行为已做书面警告处理，并扣除绩效分5分。但此后被诉人未有证据证明在申诉人再次违纪或对其企业造成损害时有给予相应处罚的事实。而单凭一次书面警告处罚不足以认定申诉人严重违纪。因此，被诉人对申诉人做违纪辞退的处理欠缺依据。因此，申、被诉双方当事人劳动合同的解除，应视为是被诉人单方的违法解除。

本案中，用人单位的主张未能获得支持，主要原因在于当员工连续出现各种不同的违纪行为时，用人单位未及时依据公司规章制度做出相应处理，及对各次处理未留下证据。对于某些员工经常有“大错不犯、小错不断”的违纪行为，用人单位应当及时做出处理，而不是将这些错误累积起来“算总账”。裁判机关对“算总账”的做法一般是不支持的。对于员工大大小小的违纪行为，用人单位应该注意平时记录在案，例如对于违纪员工的批评教育谈话都要有文字记录，做到有记录可查；又如企业给违纪员工的警告、记过等处分决定都要有文件记载，明确充分、记录在案的材料是最有说服力的。每次违纪时，用人单位都应做出相应的书面处理材料，最好要求员工签字。

对于员工严重违纪、公司单方解除劳动合同的案件，法院在审理时主要审查三个方面。

第一，用人单位是否有合法的规章制度。当然，该规章制度要根据法律规定的程序制定，规章制度的内容要合法并且规章制度要向劳动者公示告知，只有符合这几方面要求的规章制度才能作为用人单位解除劳动合同的依据，发生争议时法院才会作为证据予以采纳。第二，对于劳动者是否存在严重违纪的事实行为，该方面的举证责任主要在用人单位，所以用人单位在日常管理过程中要注意书面文件的制定和收集，最好有违纪员工本人的书面确认。第三，要看用人单位解除劳动合同的程序是否合法。用人单位解除劳动合同的，应当事先书面通知员工本人。

只有符合上述三个条件做出的解除劳动合同的行为才是合法的。如果不具备上述三个条件就做出单方解除劳动合同的决定，就会因为缺乏法律事实，往往存在要和劳动者恢复劳动关系或者向劳动者支付因违法解除劳动合同产生的双倍经济补偿标准的赔偿金的风险。

为了更好地收集员工严重违纪的证据：首先，规章制度中对严重违纪的情况最好采用合理量化的方式，如连续旷工三日以上或造成单位直接经济损失5000元等属严重违纪。其次，要注重每个环节的程序，注意让员工签收，包括规章制度要经员工签收、员工严重违纪的事实最好有员工签收等。最后，就是本案涉及的，对于多次违纪的员工，用人单位应当及时处理。

【案例七十六】不按时缴费，将被征收滞纳金

一、案例介绍

某公司自2002年成立以来，登记参保后，一直欠缴基本养老保险费。税务机关为此责令其30日内缴清所欠基本养老保险费，该公司逾期并未缴纳。税务机关申请法院执行，并要求按规定缴纳滞纳金。该公司不得已开始缴费，但对处罚的滞纳金提出质疑。之后，该单位对处罚的滞纳金按规定程序提出申请要求减免。税务机关收到单位的申请后，按规定减少了滞纳金的处罚。最后，公司还清了所欠基本养老保险费和滞纳金。

二、案例评析

按照《社会保险费征缴暂行条例》第十三条规定：“缴费单位未按规定缴纳和代扣代缴社会保险费的，由劳动保险行政部门或税务机关责令限期缴纳；逾期仍不缴纳的，除补缴欠缴数额外，从欠缴之日起，按日加收千分之二的滞纳金。”参保缴费单位应当自申报缴费之月起按时足额缴纳包括基本养老保险费在内的社会保险费。如果不按时足额缴费，征缴机关应当责令限期缴纳；逾期仍不缴纳的，应当从欠费之日起，按日加收滞纳金。

基本养老保险费制度赖以健康发展的基础是基本养老保险基金。基本养老保险基金由国家、企业和个人三方负担，因此缴费单位应当按时足额缴纳基本养老保险费。征收滞纳金不是目的，而是敦促缴费单位按时足额缴费的手段。

【案例七十七】员工不满降薪拒绝到岗，被辞退获赔

一、案例介绍

孙某于2015年9月到××公司工程部工作，担任市政工程师一职。双方没有签订劳动合同，口头约定孙某每月工资为6500元，期限至2016年12月1日。此后，孙某因生活费支付问题与单位产生争议，他拒绝上班，并向劳动争议仲裁委员会提起申诉。经仲裁委员会调解，单位支付孙某4200元生活费，孙某自2016年4月12日起，重新回公司上班。

上班后，孙某发现自己的岗位被公司单方进行了调整，由原来的市政工程师变成了保安主管，月工资也被降为每月2800元。孙某很不满意，从此未上班。2016年6月5日，公司以赵先生旷工为由对其做出辞退处理。孙某于2017年4月，再次申请仲裁。

2017年7月，仲裁委员会裁决公司给付孙某8500元工资，公司不服，起诉至法院。

法院判决单位的做法不妥，应支付孙某从被辞退到申请仲裁期间的生活费共计13212元。

二、案例评析

公司在未与孙某协商达成一致的情况下，变更他的工作岗位，大幅降低其工作报酬，此行为存在不妥，应视为没有为孙某合理安排工作。公司应当按照不低于本市最低工资标准的70%，向孙某支付2016年4月至2017年3月的基本生活费。

【案例七十八】员工一年后发现单位未缴纳试用期内的社保，可否解除劳动合同并获得经济补偿金？

一、案例介绍

杭州的A小姐2003年8月与单位签订了5年的劳动合同，试用期为3个月。2004年8月2日，A小姐在社保站查寻缴纳记录时，发现单位未缴纳她试用期(2003年8~11月)的社保。根据合同的有关约定，2004年8月28日A小姐向单位提出补交的要求，遭到拒绝。于是当天A小姐向单位寄出“解除劳动合同通知书”。同时，A小姐准备申请仲裁，要求单位支付经济补偿以及补交社保。

A小姐一年后发现单位未缴纳试用期内的社保，可否解除劳动合同并获得经济补偿金？

二、案例评析

(1) 试用期内单位是否需要给员工缴纳社保？

用人单位和劳动者参加社会保险是法定的义务。《劳动法》第七十二条规定：“社会保险基金按照保险类型确定资金来源，逐步实行社会统筹。用人单位和劳动者必须依法参加社会保险，缴纳社会保险费。”从《劳动法》该条的规定，我们可以确定，只要建立了劳动关系就

应当依法参加社会保险，缴纳社会保险费。《劳部发〔1996〕354号劳动部关于实行劳动合同制度若干问题的通知》第三条规定，试用期包括在劳动合同期限中，也就是说，试用期同样属于劳动关系的存续期间。因此，试用期内用人单位也应当为员工缴纳社会保险费。

（2）A小姐要求单位补交社保费是否超过时效？

《劳动法》规定，当事人应当自劳动争议发生之日起六十日内向劳动争议仲裁委员会提出书面申请，这就是劳动争议的时效规定。《劳动部关于〈中华人民共和国劳动法〉若干条文的说明》第八十二条规定：本条中的“劳动争议发生之日”指当事人知道或者应当知道其权利被侵害之日。A小姐于2004年8月28日要求单位缴纳2003年8~11月的社保，是否超过时效？

在这里，需注意当事人的实体权利和程序权利是有区别的。所谓的实体权利，是法律赋予当事人的人身权、财产权等权利。程序权利是法律赋予当事人通过相应程序（如仲裁、诉讼）而取得属于自己的实体权利的救济程序。程序权利的丧失，并不当然地导致实体权利的灭失。具体到本案，就是即使超过60日的仲裁时效，并不代表当事人就丧失了要求单位补交社保的权利。因为超过时效，仅仅是丧失法律上的胜诉权，也就是说，丧失的是通过仲裁或诉讼保护自己实体权利的胜诉权，当事人仍可通过其他方式主张自己的实体权利，如自己向单位主张，或通过行政救济方式主张。

A小姐于2004年8月28日要求单位缴纳2003年8~11月的社保。虽然A小姐是2004年8月27日才发现单位未缴纳试用期的社保，但是在司法实践中，这种情况仍更大的可能会被认为超过仲裁时效，理由就是虽然A小姐于2004年8月27日才发现单位未缴纳试用期的社保，但应当早就发现这个违法行为，这就是所谓的“应当知道”。

但是，即使A小姐因为超过60日而丧失仲裁或诉讼意义上的胜诉权，A小姐仍享有向单位主张补交社保的实体权利。A小姐于2004年8月28日向单位提出补交的要求不存在时效问题。

（3）A小姐可否以单位未依法缴纳社保为由解除劳动合同并请求支付经济补偿金？

以浙江为例，《浙江省劳动合同办法》第二十七条规定：有下列情形之一的，劳动者有权随时通知用人单位解除劳动合同，用人单位应当向劳动者支付其应得的劳动报酬，并缴纳相应的社会保险费……（八）未依法为劳动者缴纳社会保险费的。第三十六条第二款规定：劳动者根据本办法第二十七条第（二）（三）（四）（五）（六）（七）（八）项规定解除劳动合同的，用人单位应当按照国家和省有关规定向劳动者支付经济补偿金；给劳动者造成损失的，用人单位应当赔偿。由此可知，用人单位未依法为劳动者缴纳社会保险费的，劳动者有权随时通知用人单位解除劳动合同，用人单位并且需向劳动者支付经济补偿金。这里需要探讨的一个问题就是，员工可以随时解除劳动合同的条件是针对“正在发生的违法（或侵权）行为”还是可以针对以往发生的违法（或侵权）行为？

只要用人单位未依法为劳动者缴纳社会保险费的，劳动者均可依法解除合同而不受正在发生或已经发生的限制。理由如下：

（1）《浙江省劳动合同办法》并未对该种情况下劳动者随时解除合同做出特别规定或限制规定，且法律、法规以及部委规章均没有对此问题有限制性规定。因此，将“未依法为劳动者缴纳社会保险费的”限定为“正在发生的侵权行为”没有法律依据。

（2）根据劳动法保护劳动者的立法精神，即使出现法律（法规）条文在有多种理解的情况下，也应当采纳更有利于劳动者利益的理解，这是一个大的方向，何况《浙江省劳动合同办法》上述条款不存在多种理解。

(3) 根据上面所述的实体权利和程序权利的关系，劳动者即使在丧失仲裁时效的情况下，其仍享有实体权利，仍可通过仲裁或诉讼以外的方式向用人单位主张补交社保的权利。用人单位在劳动者主张权利时予以拒绝，在明示拒绝时实际上该“休眠”一年的违法行为又转化为“正在发生的违法行为”了。劳动者依据“未依法为劳动者缴纳社会保险费的”的规定解除劳动合同，符合法规规定。

因此，A 小姐可随时通知用人单位解除劳动合同并可要求其支付经济补偿金。

【案例七十九】不能以补休代替法定休假日加班工资

一、案例介绍

某服装公司因为赶订单安排职工在“十一”节日期间加班。张某等加班职工提出应当支付 300%的加班工资。该公司劳资部经理只同意给加班职工安排补休，不同意支付加班工资。张某为此向当地劳动保障局劳动保障监察大队举报，请求纠正该公司的错误行为，维护自己的权益。

劳动保障监察大队接到张某的举报后，经调查取证，查明该公司安排职工法定休假日加班后以已安排补休为由未支付加班工资，违反了《劳动法》，责令该公司限期改正。该公司在劳动保障监察大队规定的期限内补发了张某等职工的加班工资。

二、案例评析

在这个案例中，某服装公司以在事后安排了补休为借口拒绝支付法定休假日加班工资的做法是不正确的。《劳动法》对安排劳动者加班后的工资报酬问题规定了三种情形：(1)安排劳动者延长工作时间的，支付不低于工资 150%的工资报酬(平日)；(2)休息日安排劳动者工作又不能安排补休的，支付不低于工资 200%的工资报酬；(3)法定休假日安排劳动者工作的，支付不低于工资 300%的工资报酬。在上述三种情形中，法律规定第二种情形(在休息日安排劳动者工作的)有两种选择：一是安排补休，二是支付不低于工资 200%的加班工资。而在第一种和第三种情形下，只能支付法律规定的加班工资报酬，不能以安排补休而不支付高于正常工作时间的加班工资。

用人单位在标准工作时间以外让劳动者平日、休息日、法定休假日进行加班，虽然都是占用了劳动者的休息时间，但三种情形下组织劳动者劳动是不完全一样的，特别是法定休假日对劳动者来说，其休息有着比往常和休息日更为重要的意义，也影响劳动者的精神文化生活和其他社会活动，这是用补休的办法无法弥补的。因此，用人单位应当给予在法定休假日加班的员工更高的工资报酬。可见，用人单位在遇到上述情况，安排劳动者工作时，应当严格按照《劳动法》的规定办事。属于哪一种情况，就应执行法律对这种情况所做出的规定，相互不能混淆，不能代替。凡不允许代替而代替的，不管什么原因、什么理由都是违法的，都是对劳动者权益的侵犯，都应当依法予以纠正。

【案例八十】辞职了，调休单不能过期作废

一、案例介绍

春节后，琴琴与某公司签订了劳动合同，并在合同中约定了三个月的试用期。两个月以后，琴琴觉得公司的工作环境不适合自己，随即提出辞职，并表示自己还有三天的调休单没有使用，要求企业给予一定的经济补偿。

公司答复说："你要辞职我们批准，但你提出辞职太突然，我们来不及安排你调休。所以，要么你把调休单用完再走，否则来不及用的调休单就自动作废。我们没听说调休单还有经济补偿这回事。"琴琴对这一答复也不满："调休单是我工作两个月来三次放弃双休日，在单位加班'积攒'下来的，能自动作废吗?"在与公司协商无果的情况下，琴琴向劳动争议仲裁委员会申请劳动争议仲裁，并最终获胜。

二、案例评析

从以上案情来看，调休单是不能"过期作废"的。

首先，《劳动法》第三十二条规定，劳动者在试用期内可以随时解除劳动关系。琴琴在试用期提出辞职，公司应当批准。

其次，琴琴在公司工作期间，公司曾在休息日安排琴琴工作，理应安排琴琴进行补休，或者支付加班工资。《劳动法》第四十四条规定："安排劳动者在休息日工作，而又不能安排补休的，按照不低于劳动者本人日或小时工资标准的200%支付工资。"所谓调休单，就是尚未安排补休的证明。在公司尚未安排补休的情况下，琴琴依据劳动法的规定提出解除劳动关系，公司就必须按规定支付加班工资。

当然，公司也可就此事与琴琴进行协商。如果琴琴愿意先使用调休单，后解除劳动关系，公司也可以不支付加班费，但是应多支付给琴琴三天的工资。另外，其他劳动关系存续期间的义务，都不能在这三天内中断。

在现实生活中，除了琴琴这样的情况以外，还有许多员工或者由于合同期满，或者由于用人单位单方面解除劳动合同等原因导致劳动关系的中断，造成员工手上的调休单"来不及用"的现象时有发生。其实，无论何种原因导致劳动关系的终止或解除，只要用人单位安排劳动者在休息日工作，而又不能安排补休的，就应按照不低于劳动者本人200%的工资标准支付工资。也就是说，员工手上的调休单是不会"过期作废"的，不能因为解除或终止劳动关系而一笔勾销。

必须指出的是，如果过了试用期，在合同期内，员工提出辞职，一般应当提前30日书面通知用人单位。在此期间内，用人单位可以安排在双休日加班的员工进行补休，而不必支付加班费。如果员工坚持要用人单位支付加班费，一般是不会得到支持的。至于在法定节假日加班的员工，应当按照规定支付300%的加班费，而不能安排补休。

此外，年休假未享受完就离职了，用人单位是否也应当给予经济补偿呢？这应按照用人单位的规章制度执行。但是，即使用人单位因此给予员工一定的经济补偿，也不应套用加班费的支付方法。

【案例八十一】不应用无偿加班违规的方式惩罚员工

一、案例介绍

某服装有限公司，因其所加工的一批出口服装出现了1700多件不合格产品而影响了生产。为了赶时间完成订单，公司经理要求所有员工连日加班，每天加班3小时以上，并拒绝支付加班费。劳动保障监察机构接到员工的举报后，对公司做出了有关停止加班、支付职工加班工资和经济补偿金，并处以罚款的决定。

二、案例评析

国务院《关于修改〈国务院关于职工工作时间的规定〉的决定》规定："职工每日工作8小时，每周工作40小时。"《劳动法》第四十一条规定："用人单位由于生产经营需要，经与工会和劳动者协商后可以延长工作时间，一般每日不得超过1小时，因特殊情况需要延长工作时间的，在保障劳动者健康的条件下延长工作时间每日不得超过3小时，但是每月不得超过36小时。"本案中公司的加班行为未经与劳动者协商，员工加班的行为是被迫的，且每日加班3小时以上，违反了劳动法律法规关于加班程序和加班时间标准的规定。

公司的错误在于：一是不应用加班和不付加班工资的方式来惩罚员工、弥补公司的经济损失；二是不应把造成经济损失的主要责任归咎于所有的员工。《违反〈中华人民共和国劳动法〉行政处罚办法》第四条、第五条规定："用人单位未与工会和劳动者协商，强迫劳动者延长工作时间，应给予警告，责令改正，并可按每名劳动者每延长工作时间一小时罚款一百元以下的标准处罚"；"用人单位拒不支付劳动者延长工作时间工资报酬的，应责令支付劳动者工资报酬、经济补偿，并可责令按相当于工资报酬、经济补偿总和的一至五倍支付劳动者赔偿金"。

【案例八十二】辞职提前通知可用年休假冲抵吗？

一、案例介绍

两周前，刘某向所在公司提出了辞职申请，适逢刘某还有两周的年休假没有休完，因此刘某向公司提出后面两周休假，同时承诺会在此之前为公司办理完一切交接手续。然而，刘某的要求却被公司无端地拒绝了。根据《劳动法》规定，作为劳动者，刘某辞职只需提前30天通知公司即可，刘某的此项义务已经履行；然而，身为劳动者，刘某还有休假的权利，公司无权予以剥夺。

二、案例评析

这个问题很具有普遍性，即将结束聘用关系的用人单位和劳动者经常会在很多问题上发生摩擦、引发争议。然而，即便是特殊的雇佣期间，它依然受到法律的调整，双方曾经达成的约定和协议也仍然有约束力。因此，在这个所谓的特殊阶段，解决争议的依据和化解矛盾的方法并没有什么特殊性。

作为劳动者，刘某既有解除合同前的通知义务，同时也有享受年休假的权利，但问题是两者之间并不存在直接的联系。员工在履行了提前通知的义务后，并不表示其在最后的30天内能够随意安排自身的工作计划。作为一名员工，他依然受到用人单位的行政管理和工作调度。如果说在一般的聘用期间，用人单位可以依据具体的工作情况核准员工的休假申请，那么在最后的30天聘用期内，用人单位的这一权利也依然存在并没有被剥夺。对于由于特殊的工作需求而未享受休假的员工，双方可以约定采取其他方式予以补偿。

然而，如果做进一步分析，本案的焦点其实并非公司有无权力核准休假而是其是否滥用了这项权力。根据刘某的陈述，公司对员工的休假申请采取了无端拒绝的方式，那么这就是滥用权力的表现。权力的滥用必然会导致更大的代价，其实是损人不利己的。因此，建议刘某继续与公司协商一次，要求其明确告知不批准休假的理由。如果公司确因员工的工作交接等原因无法安排休假，那么希望员工能给予配合；如果公司仍然一意孤行侵害员工的休假权利，那么员工可以通过各种申诉和投诉机制保护自己的权益。

【案例八十三】放弃授乳时间要补发加班工资吗?

一、案例介绍

W女士原系某工贸公司员工，双方签有期限自年2013年1月15日起为期三年的劳动合同，约定W女士从事售后服务工作，但未明确约定W的月工资标准，仅约定根据企业制定的岗位计点工资制和日工资制或其他工资制度，按月考核发放工资。劳动合同履行期间，W的实际收入为2250元，其中2000元基本工资、150元饭贴和100元手机费补贴。

2005年5月，W女士因临近分娩经批准同意提前30天回家待产休息，并于同年6月11日生育一女，后进入产假期间在家休息。2015年6月，该工贸公司经向劳动保障行政部门申请后分别被批准在其销售、售后、营销和管理岗位实行为期1年的不定时工时制。同年10月下旬，W向单位要求回岗工作，得到同意。工作了一个星期后，W向单位提出要求给予哺乳期的每工作日一小时授乳时间，被单位拒绝。被拒绝后，W女士按原工作时间继续在该工贸公司工作，每天工作8小时，工贸公司仍按2250元的标准发放工资性收入。

2016年6月29日，W女士通知工贸公司，如对其授乳时间不补发加班工资的话，则解除劳动合同，被工贸公司拒绝。被拒绝后，W女士未到单位上班。同年7月21日，该工贸公司向W发出解聘通知书，以W女士自同年6月30日起连续旷工已经超过10日为由，决定于同年7月21日起予以解聘。后又将“上海市职工退工通知单”和劳动手册交还W。

W收到解聘书即向劳动争议仲裁委员会申诉，要求工贸公司以每月2250元的工资标准支付其哺乳期内计200个工作日，每个工作日无法授乳的3小时，其中每天一小时是国家规定的授乳时间，两小时为住地与单位之间的往返在途时间授乳时间工资补偿8066元，并加付25%赔偿金2017元，且向仲裁委提交了某妇幼保健院出具的出生证明，证明其于2005年6月11日生育。

仲裁裁决对W的申诉请求不予支持。

二、案例评析

虽然《女职工劳动保护规定》明确规定了女职工在生育后婴儿一周岁以内，单位应照顾其在每班劳动时间内授乳两次，每次单胎授乳时间为三十分钟，亦可将两次授乳时间合并使用，并且授乳时间及在本单位内授乳往返时间都应算作劳动时间。W 自产假结束后回岗工作依法享有该权利，但法律并未规定在用人单位拒绝的情况下就要承担支付加班工资的义务，因为它并不属于加班。在既无劳动法律法规明文规定，又无双方事先约定的情形下，工贸公司并没有支付该项加班工资的义务。而且本案中，W 也不能证明因公司不给予授乳时间而造成的损失或损害，因此 W 要求公司支付其无法授乳时间的工资补偿，并加付 25%赔偿金的诉请均缺乏依据。

W 提出要求给予授乳时间请求而遭工贸公司拒绝，也反映了工贸公司确实存在违反女职工劳动保护相关规定的行为，这种违法用工的行为应当得到纠正。其职工或知情人也有权向劳动保障行政部门举报，由劳动保障行政机关予以查处。

【案例八十四】辞职也能获得经济补偿金

一、案例介绍

王某与世纪公司于 2015 年建立劳动关系，世纪公司聘用王某为该公司人力资源部主管，月工资 8000 元。2017 年 1 月起，公司因经营不善，每月仅发放王某工资 1500 元。2017 年 4 月初，王某以世纪公司长期拖欠工资为由提出辞职，并要求世纪公司在为其办理离职手续时全额补发工资、支付经济补偿金。双方为此产生争议，世纪公司在法院当庭辩称因王某属于自行辞职，故其无权向公司追索经济补偿金。

二、案例评析

依据《最高人民法院关于审理劳动争议案件适用法律若干问题的解释》第十五条之规定：用人单位未按劳动合同约定支付劳动报酬或者提供劳动条件的、克扣或者无故拖欠劳动者工资的，迫使劳动者提出解除劳动合同，用人单位应支付劳动者的劳动报酬和经济补偿金，并可支付赔偿金。法院据此判决世纪公司按原工资标准向王某补付工资，同时按王某的工作年限向其支付解除劳动合同的经济补偿金。

如果用人单位适用《劳动法》第二十四条、第二十六条、第二十七条之规定与劳动者解除劳动合同，用人单位负有向劳动者支付经济补偿金的法定义务。那么劳动者提出与用人单位解除劳动合同，用人单位是否还负有上述给付义务呢？劳动部《关于实行劳动合同制度若干问题的通知》规定：劳动者主动提出解除劳动合同的，用人单位可以不支付经济补偿金。但此规定不能一概适用，因为如果系用人单位违约在先而导致劳动者被迫辞职的，用人单位不仅不可免除给付经济补偿金的义务，同时还负有相应的赔偿义务。

【案例八十五】附加条件的工资欠条是否有效?

一、案例介绍

2016 年 2~10 月，小吴跟随私营雇主白某从事石板加工工作。2016 年 10 月末因事要回老家，有部分工资款尚未结清。白某给小吴出具工资欠条一张，内容为白某欠吴某工资款 3000 元。欠条还约定，如果小吴能在 2017 年 3 月 1 日前回来继续干活，则立即结清所欠工资；如果不能在约定前回来继续干活，则该 3000 元工资不再支付。2017 年 4 月小吴回到北京，白某以小吴违反约定为由拒绝支付剩余的工资。白某的这种做法违反《劳动法》的有关规定吗？小吴还能要回他的工资吗？

二、案例评析

以附加条件的工资欠条来借故拒付工资的行为系无效行为。如果不存在法定的可以迟延支付工资的事由，则必须将工资按时、足额地发放到劳动者手中。迟延支付工资在特定情况下是法律所允许的，但是拒付工资则是法律所禁止的了。

按照法律规定，雇主应在雇员走之前就结清工资，但双方签订了附加条件的工资支付合同。首先，此合同是合同双方真实的意思表示，是有效的，但是所附加的免除支付工资款的条件，排除了劳动者的主要权利，剥夺了劳动者应得的合法利益；其次，在小吴付出约定劳动的情况下，白某获得了利益，应按时足额支付小吴相应的工资；最后，小吴虽然未能按时返回白某处继续工作，但对白某并未造成任何损失。可见，对工资欠条附加免除支付条件的行为，明显违反公平、等价有偿原则，显失公平。

所以，该工资欠条所附免除支付条件是用人单位的一方当事人利用了优势，致使双方的权利与义务明显违反公平、等价有偿原则，显失公平。根据《中华人民共和国合同法》第五十四条的规定，在订立时显失公平的合同，当事人一方有权请求人民法院或者仲裁机构变更或者撤销。《最高人民法院关于贯彻执行〈中华人民共和国民法通则〉若干问题的意见(试行)》第七十三条规定：“对于重大误解或者显失公平的民事行为，当事人请求变更的，人民法院应当予以变更；当事人请求撤销的，人民法院可以酌情予以变更或者撤销。可变更或者可撤销的民事行为，自行为成立时起超过一年当事人才请求变更的，人民法院不予保护。”

据此，小吴可以请示法院撤销此附加条件的合同，要回工资款。但是撤销权的行使期限为一年，如果在一年之内不向法院提起撤销之诉的话，小吴的权利将不会得到保护。

【案例八十六】服务期未满跳槽回家，违反协议支付违约金

一、案例介绍

某纺织公司将刘某送到学校培训，本希望他学成之后能为公司服务几年。谁知，刘某毕

业后才工作了10个月便远走高飞了。纺织公司一怒之下将刘某告上法庭。9月17日，随着上诉期的过去，江苏省海安法院审理的这起教育培训合同纠纷案以法院判决刘某向纺织公司支付6491.67元违约金而告终。

原告是海安当地一家知名的纺织公司，刘某系重庆丰县人。原告纺织公司向法院起诉称，2015年6月13日，原告的母公司与被告刘某及某职业技术学院签订了一份三方协议书，约定由原告为刘某提供在该职业技术学院的学费，每年为4100元，两年共8200元。同时约定，刘某毕业之日起，为纺织公司服务4年，如因各种情况擅自离校或离公司，刘某必须交纳违约金，违约金为学费、交通费及实习补贴总和的两倍。刘某毕业后，于2017年7月1日到纺织公司上班，并于10月12日与纺织公司签订了为期4年的劳动合同。2018年4月27日，刘某以回家另找工作为由向纺织公司出具一份辞职报告后即离开了工作岗位。纺织公司要求刘某按协议支付违约金16400元，并承担诉讼费。

为证明自己的诉讼主张，纺织公司向法院提供了其母公司、被告刘某及某职业技术学院签订的教育培训合同、学费缴纳情况证明、劳动合同、辞职报告等相关证据。而被告刘某并未到庭，也未提出答辩意见。根据法律规定，刘某的行为被视为对证据放弃质证权利。法院最终确认了原告所提交证据的证明效力和所诉事实。

经审理，海安法院认为，原告纺织公司的母公司与被告刘某签订的教育培训合同合法有效，双方均应按协议履行义务。被告在原告公司仅工作10个月即辞职，显然违反了双方的合同约定，按照合同应当向原告支付违约金。但根据《劳动合同法》的规定，用人单位与劳动者签订培训合同所约定的违约金不能超过其提供的培训费用，且违约时劳动者的违约金不得超过服务期尚未履行部分应分摊的费用，因此对于原告要求被告支付违约金数额中超过法定部分法院不予支持。依照《民事诉讼法》和《劳动合同法》相关规定，法院做出上述判决。

二、案例评析

本案主要涉及劳动者与用人单位签订培训合同约定服务期引发的违约责任问题。

对于这一问题，在《劳动合同法》出台之前，并没有明确的法律规定，仅仅由原劳动部出台的政策进行了简单的规定，不少地方通过地方性立法进行了补充性规定，但也不全面、不完整。《劳动合同法》的实施，为此类纠纷提供了明确的法律依据。该法第二十二条规定，用人单位为劳动者提供专项培训费用，对其进行专业技术培训的，可以与该劳动者订立协议，约定服务期。劳动者违反服务期约定的，应当按照约定向用人单位支付违约金。违约金的数额不得超过用人单位提供的培训费用。用人单位要求劳动者支付的违约金不得超过服务期尚未履行部分所应分摊的培训费用。用人单位与劳动者约定服务期的，不影响按照正常的工资调整机制提高劳动者在服务期期间的劳动报酬。

要正确理解《劳动合同法》的这一规定，必须处理好两个关系：一是调动用人单位提供专项培训的积极性与保护劳动者合法权益的关系；二是约定与法定的关系。

法律之所以规定服务期，主要是为充分调动用人单位给劳动者提供专项培训的积极性。因为用人单位为劳动者提供培训费用，并支付一定的待遇，实际上是对劳动者进行了投入，使劳动者从中获得利益，学到了专项技能知识与本领。但用人单位这一做法并不是无偿的，其目的就是在劳动者学成之后可以为用人单位提供劳动。因此，法律规定用人单位可以与劳动者约定服务期。权利与义务从来都是对等的，用人单位承担了提供培训费用的义务，就享有要求劳动者在服务期内为其工作的权利，这样才能调动用人单位提供培训的积极性，加大对劳动者进行专项培训方面的资金投入。而一旦劳动者如本案刘某一样，在服务期未满时便离职，便使得用人单位的期望落空。此时，法律规定对用人单位的权利予以保护，赋予用人单位根据约定享有违约金请求权。

但约定违约金的数额不能违反法律的规定，这又涉及另一个关系，即约定与法定的关系。根据《劳动合同法》的规定，用人单位与劳动者约定的违约金数额不得超过用人单位提供的培训费用，而且用人单位要求劳动者支付的违约金不得超过服务期尚未履行部分所应分摊的培训费用，这正是本案中纺织公司的诉讼请求没有全部得到支持的原因。用人单位与劳动者的约定体现的是双方的意思自治，但前提条件是不能违反法律的规定。《劳动合同法》之所以做出这样的规定，也是充分体现了该法侧重保护劳动者的立法宗旨，同时也平衡了劳动关系双方的利益，有利于劳动关系的平衡运行。

【案例八十七】事假单交出后就可以不去单位上班了吗？

一、案例介绍

刘某在老家读完大学后，先后在几个地方找过工作，都由于各种原因只做了一到两年时间就辞职了。考虑到上海是个人才济济的地方，或许会有好的发展空间。

2016年初，刘某来到上海，通过招聘进入一家灯具公司任电气工程师。9月的一个下午，在一次报销通勤车费时，因报销单据不符合财务要求而与财务发生了争执。之后，刘某向公司递交了一个月的事假单，随后就离开了公司。三天后，公司未见刘某上班，与其联系，手机关机。公司按照企业规章制度，对其做出自动离职终止劳动关系的处理。不日，刘某得知后，将公司告上仲裁庭，要求公司支付一个月的经济补偿金。

在仲裁审理中，刘某称，他是交了一个月的事假单之后才离开公司的，现在公司以其自动离职的理由解除劳动合同是违反法律规定的。因此，按照有关规定，公司应当支付一个月的经济补偿金。

公司则辩称，刘某进公司后，表现一般，还经常犯有小错误。9月，因报销通勤费与财务发生争执，因票据不符合财务要求被拒绝报销之后，刘某递交了一个月的事假单，总经理没有同意，刘某却走了。之后，公司与其联系了几次，都没有联系上，于是公司按照规章制度对刘某做出解除劳动关系的处理，公司觉得并无不当。

仲裁委员会在查明事实后认为，刘某递交事假单应在公司领导批准的前提下才能离开公司，但刘某对请假一事未得到批准就离开的事实没有异议。作为常识，刘某递交了事假单，应该在公司领导批准后才能离开。而刘某却同步进行，这边递交事假单，那边就已经走人，这种做法显然欠妥。公司在与刘某联系不上的前提下，根据公司规章制度对刘某做出处理并无不妥。因此，仲裁委员会对刘某的请求难以支持。

二、案例评析

本案争议的焦点是刘某请事假是否可以不经公司领导批准，就不来单位上班。这个问题的提出有点像小儿科，大家觉得这是常识问题。可就是常识问题，也会出现争议，因为双方对这个问题的看法不一样。一方当事人认为按规定请事假，并无过错。另一方当事人则认为按照规定请事假应在批准后才能生效，员工方可离开。

根据公司规章制度，请假需经领导批准，无故旷工三天以上的，公司将解除其劳动合同关系。对于请假制度，每个单位有自己的规定，只要不与法律的规定相冲突。

本案中，刘某的公司规定请假需经公司领导批准，刘某虽办理了请假手续，但应该在得到批准后方可离开。因此公司以其自动离职解除劳动合同关系并无不妥。

【案例八十八】公司因搬迁外地解除合同的经济补偿

一、案例介绍

舒先生原系一上海某软件公司的首席设计师，自2011年4月进公司。2014年11月接到公司通知：公司将搬至北京，员工愿随搬迁的继续留在公司工作，不愿搬迁的，公司将自11月底解除合同。舒先生不愿随公司搬迁，于是公司于2014年12月初为舒先生办理了退工手续，但补偿问题却拖延不决。舒先生在多次与公司协商未果的情况下，申请了劳动仲裁。

仲裁庭经审理后认为，公司搬迁至另一城市的员工不随迁，公司据此提前一个月书面通知解除劳动合同并无不当，但应当依法向劳动者支付经济补偿金，支付的标准是劳动者在公司的工作年限，每满一年支付一个月的工资，满半年不满一年的部分按一年计算。据此，仲裁庭做出了公司应支付舒先生4个月工资的经济补偿金的裁决。

二、案例评析

在公司的经营过程中，发生一些重大情势变化有时在所难免，比如本案中公司从上海搬至北京即较典型。在此情况下，如果不允许劳动合同可以有条件地解除，对双方均不合理。于是现行《劳动法》有一条规定：劳动合同订立时所依据的客观情况发生重大变化，致使原合同无法履行，但当事人协商不能就变更合同达成协议的，用人单位可以提前30天书面通知劳动者解除合同。但在此情况下，公司解约客观上给劳动者造成了损失，于是现行《劳动法》还有一条规定：用人单位依据上述原因规定解除合同的，应当向劳动者支付经济补偿金。本案中舒先生在公司工作了3年8个月，按该条法律规定，公司应当支付给舒先生4个月工资的经济补偿金。

【案例八十九】试用期内辞退员工的限制

一、案例介绍

刘某于2007年10月进入某电子公司，并与公司签订了为期一年的劳动合同。合同约定，刘某在公司的试用期为三个月。如试用期结束刘某通过公司测评并转为正式员工后，公司为刘某缴纳社会保险费。刘某在公司工作两个多月后，公司通知刘某解除劳动合同。刘某询问辞退原因，公司表示在试用期内辞退员工不需要理由。刘某到劳动仲裁委员会申请仲裁，要求公司为其补缴社会保险费。

二、案例评析

试用期是用人单位和劳动者在建立劳动关系后，为相互了解、选择而约定一定期限的考察期。我国《劳动法》第二十一条规定："劳动合同可以约定试用期。试用期最长不得超过六个月。"为避免有些企业滥用试用期，我国《劳动合同法》将试用期按劳动合同期限长短分别做了规定，即劳动合同期限三个月以上不满一年的，试用期不得超过一个月；劳动合同期限一年以上不满三年的，试用期不得超过两个月；三年以上固定期限和无固定期限的劳动合同，试用期不得超过六个月。可见，电子公司与刘某约定的试用期与《劳动合同法》的规定不相一致。

那么，在试用期内，用人单位是否可以随时、无原因地辞退劳动者吗？答案是否定的。按照《劳动合同法》的有关规定，在试用期内，只有当劳动者具有下述法定情形之一时，用人单位才可以辞退劳动者。

(1)劳动者在试用期间被证明不符合录用条件的；(2)劳动者严重违反用人单位规章制度的；(3)劳动者严重失职、营私舞弊，给用人单位造成重大损害的；(4)劳动者同时与其他用人单位建立劳动关系，对完成本单位的工作任务造成严重影响，或者经用人单位提出，拒不改正的；(5)劳动者以欺诈、胁迫的手段或者乘人之危，使用人单位在违背真实意思的情况下订立劳动合同的；(6)劳动者被依法追究刑事责任的；(7)劳动者患病或者非因工负伤，在规定的医疗期满后不能从事原工作，也不能从事由用人单位另行安排工作的；(8)劳动者不能胜任工作，经过培训或者调整工作岗位，仍不能胜任工作的。除上述情形外，用人单位不得在试用期内解除劳动合同。

用人单位在试用期内辞退员工，除应具备上述法定辞退劳动者的情形外，还应当向劳动者说明辞退理由。这里的"说明理由"，《劳动合同法》没有规定必须采用书面形式，但为了便于举证，建议用人单位采用书面形式，并且要求劳动者签收。另外，根据《劳动合同法》第四十条规定，对于用人单位依据上述(7)或(8)情形辞退劳动者的，应提前30天以书面形式通知劳动者本人或额外支付劳动者一个月工资。

有关电子公司以刘某在试用期内不给刘某缴纳社会保险费的做法是不对的。因为，试用期是计算在劳动合同期限内的，只要劳动者与用人单位签订劳动合同，用人单位就应该按照规定为劳动者缴纳社会保险费，而劳动者也应负担相应费用。

【案例九十】享受社保还能领经济补偿金吗？

一、案例介绍

某单位已经依照法律规定为农民工缴纳了全部社会保险。在单位与他们解除劳动关系的时候，这些农民工可以依照规定申请享受一次性养老保险待遇和一次性生活补助费。那么这家单位还用支付他们解除劳动关系的经济补偿金吗?

二、案例评析

社会保险是社会保障的一部分，是国家通过立法建立的一种社会保障制度。

这种制度的目的在于保障劳动者因年老、患病、生育、伤残、死亡及失业等丧失劳动能力时，能够从国家获得一定的物质帮助。而解除劳动关系的经济补偿金是指劳动合同解除时，用人单位依法支付给劳动者一次性的经济补偿金，是用人单位在无法定原因(此“法定原因”主要指《劳动法》第二十五条的规定)的情况下，提前单方解除劳动合同所要付出的一种代价。制定经济补偿金首先是为了维护劳动者的权益，避免可能出现的失业期间劳动者及其家属的生活困难；其次也可以从经济方面起到制约用人单位随意解除劳动合同的行为，有利于促进和保持劳动关系的和谐、稳定。

如果符合领取条件而社会保险经办机构没有按照规定支付给农民工养老保险待遇和一次性生活补助费，那么农民工可以依法提起行政复议或行政诉讼。而如果用人单位解除劳动关系时没有支付给农民工经济补偿金，那么农民工的救助途径首先是申请劳动仲裁。对仲裁结果不服，才可以向法院提起诉讼。

通过以上分析可以看出，社会保险与经济补偿金完全是两个不同的概念，具有不同的性质和作用。因此，社会保险经办机构不能以用人单位支付了经济补偿金为由拒发养老保险待遇和一次性生活补助费，用人单位也不能以农民工已经领取了养老保险待遇或一次性生活补助费为由而拒绝支付经济补偿金。

所以，本案例中的用人单位虽然已经为农民工缴纳了社会保险，但是也不能因此免除它因单方解除劳动合同所需承担的支付经济补偿金的义务。

【案例九十一】懈怠工作被“炒鱿鱼”索要天价赔偿被驳回

一、案例介绍

因消极怠工，业绩不佳，原告彭元芬从部门经理被降职为普通文员。但彭元芬却对岗位调整不服，拒绝移交工作，还一纸诉状将其所在的单位——重庆锦艺硅材料开发公司告上法庭，要求该公司赔偿自己经济赔偿金、额外工资、精神损失费等费用共计78000余元。8月26日，重庆市云阳县人民法院做出一审判决，依法驳回了原告彭元芬的诉讼请求。

原告彭元芬2005年12月应聘到被告重庆市锦艺硅材料开发有限公司(以下简称锦艺硅材料公司)工作。2006年7月，彭被任命为公司行政部副经理。2006年8月，原、被告签订为期5年的劳动合同一份，约定从2006年8月1日至2011年7月31日止，因生产经营变化或工作需要，用人单位可以随时调整劳动者的工作岗位及内容；若劳动者认为不适应用人单位所调整的工作，可以申请另行调整或者解除劳动合同；合同中未对工作岗位、工资报酬等事项进行约定。2007年1月，被告锦艺硅材料公司按照国家标准为原告办理了养老保险并每月足额支付原告彭元芬工资2087元。

但好景不长，日复一日的重复劳动使得彭元芬心生厌倦，工作中懈怠偷懒，工作绩效也每况愈下。2008年2月，被告与原告彭元芬谈话并提出将彭的工作岗位调整为文员，但彭却坚决要求在待遇不变的情况下方才同意调整岗位并拒绝移交工作，对被告的日常生产造成很大影响。被告无奈，邀请辖区派出所出面协调。原告自知理亏，在 2008 年 3 月 4 日办理了工作移交，被告也于当日以原告不服从工作安排，严重违反公司的规章制度为由，书面通知原告解除劳动合同。

被“炒鱿鱼”后的彭元芬心存不满，以被告违法解除劳动合同为由向云阳县劳动争议仲裁委员会申请仲裁。2008 年 4 月，仲裁委员会裁决被告一次性支付原告 20311.77 元。但原告认为该裁决没有完全维护劳动者的合法权益，遂决定与被告锦艺硅材料公司对簿公堂，要求被告支付拖欠工资的赔偿金、额外工资、经济损失、经济补偿标准 2 倍以上的经济赔偿金、精神损失费等共计 78429.02 元。

二、案例评析

本案例中，用人单位对严重违反劳动纪律或者规章制度的劳动者，可以解除劳动合同。原告在与被告签订劳动合同时，并未对原告的岗位进行确定，被告将原告从行政部副经理调整为文员，是被告行使企业管理职权的正常管理行为，不违反法律规定。而原告无正当理由不服从工作调动，拒办移交手续，影响到被告工作的正常开展，严重违反了被告单位的劳动纪律。被告解除与原告的劳动关系，符合《劳动法》第二十五条的规定，理由成立。故原告要求拖欠工资的赔偿金等请求，均无法律依据，法院不予支持；原告要求被告支付其因失去工作而产生的精神损失费，没有提供任何证据加以佐证，同样不予支持。云阳县人民法院遂根据《劳动法》第三条、第二十五条第一款第二项、第二十八条之规定，依法驳回了原告彭元芬的诉讼请求。

【案例九十二】以上班网聊为由辞退员工，公司被判支付补偿金

一、案例介绍

会计赵灵被所在公司辞退，理由是“上班时间存在网络聊天的行为，还将其他公司的税务发票带入公司”。因公司不同意按仲裁裁决支付赵灵经济补偿金，遂将赵灵诉至法院。法院认定公司与赵灵解除劳动合同不当，应支付各种经济补偿共 10000 余元。

高更商贸有限公司诉称，该公司会计赵灵在工作期间将其他公司的税务发票等带入公司，在上班时间上网聊天，且将公司的商业秘密利用网络发送给公司外的第三人。该公司认为，这些都违反了劳动合同的相关约定，给公司造成了损害。2007 年 8 月，高更商贸有限公司与赵灵解除劳动合同。赵灵不服，申诉至劳动争议仲裁委员会，要求公司支付解除劳动合同的经济补偿金。此后仲裁委员会做出裁决，高更商贸有限公司应支付赵灵解除劳动合同的经济补偿金 2 万余元，及 50%的额外经济补偿金 1 万余元。高更商贸有限公司对裁决不满，于是将赵灵起诉到法院，诉请不支付这笔费用。

在法院审理中，该公司提交了其调取的一份 MSN 聊天记录。这份聊天记录显示，发件人曾在聊天中提到“客人名单”一事。高更商贸有限公司以此证明赵灵经常进行网络聊天，并将公司的商业秘密发给他人。

庭审中，赵灵对此并不认可：“这台电脑并不是原来我用的，聊天记录的发件人也不是我的网名。”赵灵认为，高更商贸有限公司所诉情况均属捏造。他称：“公司没有规章制度，更无保密制度。”

二、案例评析

本案中，高更商贸有限公司没有证据证明赵灵的行为存在营私舞弊情况，且对其公司造成了重大损害，因此高更商贸有限公司据此与赵灵解除劳动合同不当。因为赵灵已经同意与公司解除合同，法庭判决高更商贸有限公司支付解除劳动合同的经济补偿金。法官在判决书里解释说，赵灵 2007 年入职后月薪 7000 元，按照有关法律规定，公司需支付他一个月的工资作为解除劳动合同的经济补偿；此外因公司延迟支付，还需要再支付 50%的额外经济补偿金共 3500 元。

【案例九十三】职工被证明患病是假，企业可以扣回已发出的病假工资

一、案例介绍

许某系某化工厂职工，1994 年 8 月通过在医院工作的妹夫开病假条休息 13 天。休息期间，许某去福建为某个体户联系购买服装，从中获劳务费 1070 余元。1995 年 1 月，许某再次利用这种方式去福建帮个体户联系业务 7 天，但被在福建因公出差的副厂长碰见。由于许某弄虚作假，骗取领导批准的病假，去外地帮他人做生意挣钱，受到厂方警告处分。同时厂方决定对许某做旷工处理，将其旷工期间已领取的病假工资全部扣回。许某不服，向当地劳动争议仲裁委员会提出申诉，请求企业退还被扣回的病假工资。仲裁委员会受案后经调查，许某弄虚作假的情况属实，裁决对许某的请求不予支持。

二、案例评析

旷工是指职工无正当理由，未履行请假手续，在工作时间不到工作场所上班。本案中，职工许某以休病假为由为他人做生意挣钱，其行为是错误的，其请假手续是无效的，可以视为未履行请假手续在工作时间不到工作场所上班。由这种“病假”，企业对于许某做出旷工处理是适当的。

所谓病假工资，是指职工患病停止工作治疗期间企业依照法律规定应支付的工资。对于职工的病假工资，《劳动保险条例》做出了明确规定，即根据患病职工本人的工龄长短，按本人标准工资的一定比例发放。职工享受病假工资待遇的基本条件是本人确实患有某种疾病，并有医院的有效证明。本案中的许某根本无病，其患病证明是通过不正当关系出具的假证明，因此这种证明是不具有效力的。职工许某的行为既然是旷工，其病假当然不能成立，而旷工者又怎么能领取病假工资呢？企业完全有理由将未向企业提供劳动的许某的病假工资全部扣回。

【案例九十四】职工在合同期内“自动休假”实则自行离职的处理办法

一、案例介绍

职工在合同履行期间“自动休假”，实则是自行离职不辞而别，是违约行为，应依法给用人单位赔偿由此造成的损失，以维护用人单位的合法权益。

二、案例评析

严格履行劳动合同是劳动合同双方当事人必须承担的义务和责任。《劳动法》第十七条规定：“劳动合同依法订立即具有法律约束力，当事人必须履行劳动合同规定的义务。”《劳动法》第十九条把遵守劳动纪律和违反劳动合同的责任列为用人单位和劳动者合同内容的必备条款。根据这些规定，用人单位与劳动者签订劳动合同时，应明确双方违反劳动合同应承担责任的内容，其中包括职工在合同履行期内因随意离职给单位造成损失应承担的责任。

在社会主义市场经济条件下，生产和劳动活动必须在国家法律法规的规范之下进行。从一个企业来说，依法制定的规章制度，是保证生产顺利进行、维护稳定和谐劳动关系的重要条件。作为劳动者应遵守国家法律法规和用人单位的规章制度，自觉履行劳动合同的约定条款。《劳动法》第三十一条规定：“劳动者解除劳动合同，应当提前30日以书面形式通知用人单位。”可见，职工在合同履行期间，解除劳动合同是有一定条件的，自行离职不辞而别，显然违反了《劳动法》中有关劳动合同的规定，是一种违约行为，应按照规定向用人单位赔偿造成的损失。劳动部发布的《违反〈劳动法〉有关劳动合同规定的赔偿办法》第四条规定：“劳动者违反规定或劳动合同的约定解除劳动合同，对用人单位造成损失的，劳动者应赔偿用人单位下列损失：

（1）用人单位招收录用其所支付的费用；

（2）用人单位为其支付的培训费用，双方另有约定的按约定办理；

（3）对生产、经营和工作造成的直接经济损失；

（4）劳动合同约定的其他赔偿费用。”

因此，职工在履行劳动合同期间解除劳动合同时，除法律允许随时解除合同的情况外，一定要严格按照法律法规的规定，向用人单位提出解除劳动合同的要求，经与用人单位协商同意后方能解除劳动合同，否则将承担违约的责任。

如果企业发现在合同期内不辞而别的职工又到另一企业工作，还可要求该企业承担连带赔偿责任。

【案例九十五】周六上班，是值班还是加班？用人单位与劳动者意见往往相左

一、案例介绍

尽管施行双休日已经很久了，但还是有不少人需要在周六上班，有些单位甚至把周六上

班写进合同。周六上班，是值班还是加班？用人单位与劳动者意见往往相左，为此闹上劳动仲裁的也为数不少。专家提醒，是否算加班，要根据劳动者具体的工作时间来定。

设计师小敏自进入某装饰公司工作后，每周都工作 6 天，每天工作 8 小时，已超过《劳动法》所规定的每周工作 40 个小时的规定。

日前，小敏与公司的劳动合同到期。离职时，小敏要求公司支付他在职期间的加班工资，公司拒绝支付。于是，小敏向当地劳动争议仲裁委员会提出申诉。在开庭审理时，公司认为，在公司与小敏签订的劳动合同中，双方约定小敏周六需值班，且每月工资中已包含周六值班的工资，所以公司并不存在还需支付小敏的加班费。

二、案例评析

本案争议的焦点是小敏周六上班是加班还是值班。值班是指用人单位安排有关人员在法定工作时间之外轮流值班，而不是为直接完成生产任务安排的加班，用人单位可不支付值班工资。加班是指员工根据单位要求或者工作上的需要，在标准工作时间以外或者标准工作日以外继续从事生产和工作。

劳动仲裁委员会经审理后认为，虽然小敏与公司签订的劳动合同中约定，小敏周六上班属值班，但是小敏在每周六所从事的工作内容是完成一定的生产任务，并不是公司所称的值班。根据《劳动法》第三十六条、第四十四条第二款规定，公司应当支付小敏在职期间每周六的加班费。

【案例九十六】职工因病住院，企业不按最低工资标准支付其病假工资是可以的

一、案例介绍

某印刷厂职工崔某 1995 年 6 月因患腰椎间盘突出症住院治疗 3 个月。住院期间，厂里每月发给崔某工资 150 元，由其亲属代领。出院后，崔某认为厂里发给自己的工资低于当地政府规定的 170 元的最低工资标准，要求厂方每月补发 20 元工资，但遭拒绝。为此，崔某向当地劳动争议仲裁委员会提出申诉，请求企业按当地最低标准支付工资。仲裁委员会对其做工作，说明企业支付的工资标准符合法律规定，但崔某不接受。仲裁委员会最终裁决对崔某的申诉不予支持。崔某不服，以自己治病花了很多钱，家中生活困难为由，向当地人民法院提起诉讼。法院审理维持仲裁裁决，建议该厂对崔某进行适当的生活困难补助。

二、案例评析

本案涉及的法律问题主要是如何理解最低工资标准。《劳动法》第四十八条规定，用人单位支付劳动者的工资不得低于当地最低工资标准。劳动部《关于贯彻执行〈中华人民共和国劳动法〉若干问题的意见》（劳部发〔1995〕309 号）第五十四条对最低工资做了解释：所谓最低工资，是指劳动者在法定工作时间内履行了正常劳动义务的前提下，由其所在单位支付

的最低劳动报酬。由此可见，最低工资是针对劳动者提供了正常劳动义务而设定的保护条款。也就是说，用人单位支付劳动者不低于当地最低工资标准的劳动报酬的前提条件是劳动者必须履行了正常的劳动义务，反之，则不受最低工资法律规定的保护。本案中，职工崔某患病住院治疗3个月，显然不能为企业提供正常劳动，因此企业不按最低工资标准支付其工资是可以的，是符合法律规定的。

所以，最低工资标准和最低生活保障是两个不同的概念，两者不能等同，也不能混淆。对于因患病而造成生活暂时困难的职工，其所在单位应当视情况给予适当的补助，职工本人也可以向本单位提出申请。但这和用人单位支付工资是两个不同的性质。职工如果没有向单位提供正常劳动，请事假或者休病假，单位按其实际提供劳动的情况或有关规定支付工资，工资额是可以低于最低工资标准的。职工不能要求单位在自己病假期间支付不低于当地最低工资标准的工资。当然，对于病休期间的工资支付，单位也应依照国家有关规定执行，即病假工资或疾病救济金不能低于最低工资标准的80%。如果不符合国家有关规定，侵犯了合法权益的，职工可以向当地劳动争议仲裁委员会提出申诉。

【案例九十七】合同终止后发现早已怀孕怎么办？

一、案例介绍

某制造型企业的女职工F，与企业签订了为期1年的劳动合同，于2003年11月10日到期。

2003年10月10日，合同到期前一个月，该企业通知此女职工，公司将不再与其续签劳动合同。女职工F于是做好了工作的交接，于2003年11月10日离开了公司，并办理了档案的转出手续。

但是，一个多月后，事情发生了变化。

11月16日，该女职工感觉身体不适，就去医院检查，结果发现自己已经受孕一个半月。也就是说，她在2003年9月底就已经受孕了。

在此种情况下，F感觉自己正在怀孕期间，工作恐怕不好找，所以就去原单位进行协商，看能不能与原单位再保持一段时间的劳动关系，结果被单位明确予以拒绝。F查阅了相关劳动法规，发现在女职工怀孕期间，用人单位是不能解除劳动合同的。

于是，F向劳动争议仲裁委员会申请了劳动仲裁，要求原单位续签劳动合同。

制造企业认为，F发现怀孕时，劳动合同已经终止，企业没有理由延长合同期。

劳动争议仲裁委员会就F的怀孕时间在妇幼医院进行了检查后确认，怀孕的时间正是劳动合同的存续期间。

劳动争议仲裁委员会认为，虽然F发现自己怀孕是在劳动合同以后，但女职工在受孕后都有一个待发现的过程，从客观受孕到主观认识到已经怀孕，本身就有一个时间过程。F于9月底受孕，11月中旬发现怀孕，中间间隔一个半月，但仍然属于在劳动合同存续期间怀孕。

《劳动法》第二十九条规定，女职工在孕期时，如果劳动合同期限届满，单位应当将劳动合同的期限顺延至哺乳期满为止。

仲裁委员会认定，2003 年 11 月 10 日双方办理了劳动合同的终止手续是无效行为，判定双方重新签订劳动合同，至哺乳期满为止。

二、案例评析

生育医疗服务是指由医院、开业医生或合格的助产士向职业妇女和男工之妻提供的妊娠、分娩和产后的医疗照顾以及必需的住院治疗。生育医疗服务是生育保险待遇之一。大多数国家为女职工提供从怀孕到产后的医疗保健及治疗。我国生育保险医疗服务项目主要包括检查、接生、手术、住院、药品、计划生育手术费用等。

产假计算：单胎顺产 90 天；单胎难产 105 天；符合计划生育晚育条件的，另增加产假 15 天；多胞胎每多生育 1 个婴儿增加产假 15 天；妊娠 3 个月以内自然流产，产假 30 天；妊娠 3 个月以上 7 个月以内自然流产，产假 45 天。

孕期禁忌劳动：(1) 作业场所空气含铅及其化合物、汞及其化合物、苯、镉、铍、砷、氰氧化物、一氧化碳、二硫化碳、氯、氯丁二烯、氯乙烯、环氧乙烷、苯胺、甲醛等有毒物质超过国家卫生标准的作业；(2)制药行业中从事抗癌药物及己烯雌酚生产的作业；(3)作业场所放射性物质超过《放射防护规定》中规定剂量的作业；(4)人力进行的土方和石方作业，《体力劳动强度分级》标准第三级体力劳动强度的作业；(5)伴有全身强烈振动的作业，如风钻、捣固机、锻造等作业以及拖拉机驾驶等；(6)工作中需要频繁弯腰、攀高、下蹲的作业，如焊接作业等；(7)国家标准《高处作业分级》中规定一级高处作业，即凡在高度基准面 2 米以上(含 2 米)有可能坠落的高处进行的作业；(8)对怀孕 7 个月以上的女职工，不得安排其延长工作时间和夜班劳动。

工作时间哺乳期：女职工有不满 1 周岁婴儿的，其所在单位应当在每班劳动时间内给予其两次哺乳(含人工喂养)时间；每次 30 分钟，多胞胎生育的，每次哺乳一个婴儿，每次哺乳增加 30 分钟。

女职工每班劳动时间内的两次哺乳时间可以合并使用，哺乳时间和在本单位内哺乳往返途中的时间算作劳动时间。女职工哺乳婴儿满周岁后，一般不再延长哺乳期。如果婴儿身体特别虚弱，经医疗部门证明，可将哺乳期酌情延长。如果哺乳期满正值夏季，也可延长一两个月。

《劳动法》第二十九条规定，劳动者有下列情形之一的，用人单位不得依据本法第二十六条、第二十七条的规定解除劳动合同：(一)患职业病或者因工负伤并被确认丧失或者部分丧失劳动能力的；(二)患病或者负伤，在规定的医疗期内的；(三)女职工在孕期、产假、哺乳期内的；(四)法律、行政法规规定的其他情形。

【案例九十八】工作未满一年应该拿年终奖吗？

一、案例介绍

李某于 2003 年 10 月进入某外资公司工作，双方签订了为期 5 年的劳动合同。2005 年 9

月 8 日，李某向公司提出辞职，同年 9 月 19 日经公司批准后双方解除了劳动合同。

2006 年 5 月 29 日，李某向劳动争议仲裁委员会提起申诉，要求公司支付 2005 年度的年终奖。据李某称：2006 年 4 月其从公司原副总(2005 年 8 月早于李某离职)处得知，公司支付了他 2005 年度年终奖，然而公司却未支付给自己。李某认为，2005 年 1 月至 9 月，其在公司正常工作，公司也从未告知没有该年度的年终奖，既然先于自己离开公司的员工都有，那自己也应该有，遂要求公司补发年终奖 8 万元。

公司认为，根据公司年终奖发放惯例，只有在公司服务满全年的员工，经考核合格之后才能享受年终奖待遇，李某 9 月份就离开单位，没有做满全年，不符合享受年终奖的条件，而那位副总所拿的并非年终奖，而是离职清算后的节余，同时李某的请求已超时效。公司提供了在 2005 年 10 月公布的《员工考核方案》，其中有条款称“年终奖与年度评估挂钩，经考核合格后核发年终奖金”。

仲裁委员会认为，除双方有约定或规定，年终奖的发放用人单位有较大的自主权；李某未提供证据证明双方有约定或单位有承诺，且根据以往惯例，年终奖在第二年 1 月发放，李某 4 月中旬才知道权利受侵害，有违常理，故其申诉超过时效，对其请求未予支持。

二、案例评析

多数企业都会在规章制度里对如何发放年终奖，包括计算标准、发放对象、发放时间等做出明确的规定。本案中，暂且抛开李某申诉超过时效的因素，也就是说即使在时效内，李某是否应该拿到年终奖呢？如果应该拿，那能拿到多少呢？

首先要看双方合同里或其他协议里关于年终奖发放的约定，有约定即从约定，无约定则要看企业的规章制度里如何规定，企业对发放年终奖有较大的自主权。《员工考核方案》中明确规定“年终奖与年度评估挂钩，经考核合格后核发年终奖金”，更是对自主权的一种巩固。我们遇到过的不少类似案例中，很多人都有这样一个认识误区：年终奖应该根据员工所做满的月份按一定比例来发放。表面看来这样的方法很合理、很人性，然而实际上，我国现在仅有极少数地区硬性规定了要以这样的方法来发放年终奖，大多数地区仍然是取决于企业与员工的约定和规章制度的规定。

通过以上分析，不难判断出，本案中李某与企业对年终奖并无特别的约定，李某工作未满一年就离职的情况也不符合规章制度里发放年终奖的条件，故企业完全有理由拒绝支付其年终奖。

年终奖，不但是对一个员工整个年度工作成绩的肯定，同时也是企业回报员工的基本方式之一。对于员工来说，辛辛苦苦工作将近一年后，却没拿到年终奖，不光是收入上的损失，同时也必然会对工作积极性造成不良影响，不利于个人的发展，进而会影响整个公司的发展。所以，企业不能仅考虑到控制用工成本，而应该建立起合理公平的能激励员工良性竞争的年终奖评核制度，让真正为公司多做贡献的员工拿到自己应得的奖励，这才是企业精神文明的体现，也是企业发展之本。

【案例九十九】仅凭单方持有的载有违约金内容离职单索要违约金被驳

一、案例介绍

日前，北京市第一中级人民法院审结一起因在离职交接单上约定违约金而产生纠纷的劳动争议案件。北京市第一中级人民法院经审理认为，仅凭用人单位单方持有的载有违约金内容的离职交接单，不能要求劳动者给付辞职违约金。

某科技公司的职工姚某在劳动合同到期前提出辞职，公司同意并完成离职交接手续后，双方因姚某是否应支付 5500 元的辞职违约金发生争议。公司向法院提供了有姚某签字的载有"应收违约金 5500 元"的离职交接单。姚某主张该内容系在其签字后添加形成，但就此未向法院提供证据。

一审法院认为，根据科技公司提交的离职交接单，姚某本人在该文件上签字，应视为其对文件内容的认可；姚某虽主张关于违约金的内容系在其签字后添加形成，但就此未向法院提供证据，对其主张法院不予采信，故对科技公司要求姚某支付解除劳动合同违约金的诉讼请求予以支持。

姚某不服一审法院判决，上诉至北京市第一中级人民法院，主张该离职交接单由科技公司保存，违约金一项并非姚某书写，对此不予认可。

北京市第一中级人民法院经审理认为，离职交接单在姚某签字后由科技公司保管，现姚某主张科技公司事后在离职交接单中单方添加了违约金的内容，对此不予认可；在科技公司不能提供其他证据印证姚某签署离职交接单时已包含违约金内容的情况下，仅以其可能事后添加内容的离职交接单作为主张违约金的依据，显然证据不充足，且鉴于双方签订的劳动合同中未约定姚某提前解除劳动合同的违约责任，故科技公司关于违约金的主张，亦缺乏合同根据，法院不予支持。科技公司以由于姚某提前解除劳动合同给公司造成经济损失作为主张违约金的理由，未提供相应证据，法院不予采纳，从而撤销一审判决中关于违约金的判项，驳回科技公司对违约金的诉求。

二、案例评析

本案争议的焦点是，在没有其他证据辅证的情况下，仅凭单位一方持有的载有违约金内容的离职交接单，能否要求劳动者支付违约金？在民事法律关系中，对一方进行附加重大义务的约定时，必须有合理的理由和充分的证据给予支持。本案中，不宜将该交接单看作劳动者在辞职时与用人单位就违约金问题达成的书面协议。离职交接单中的违约金一项并非姚某书写，姚某对此不予认可，且该交接单由科技公司保存，科技公司完全有可能事后添加任何内容。另外，科技公司没有提供由于姚某离职造成其经济损失的证据，双方签订的劳动合同中并无违约金的约定，科技公司要求姚某支付违约金无事实依据和法律依据。因此，在科技公司不能提供其他证据印证姚某签署离职交接单时已包含违约金内容的情况下，仅以该离职交接单作为主张违约金的依据，证据不足。

同时，建议与用人单位进行辞职交接手续的劳动者，应谨慎对待自己签署的每一份材料，劳动者应将有自己签名确认且可能影响自己切身利益的相关材料备份留存，以防日后通过司法途径保护自身权利时举证不利。

【案例一百】“过劳死”引发纠纷

一、案例介绍

刘某系四川省巴中市某镇村民，2000年6月被同村村民王某与佘某叫到巴中市某肠衣厂工作。同年11月某日，刘某干完活后睡觉休息。次日早晨6时，王某叫刘某等起床，发现刘某已死亡，遂向巴中市公安局报案。经查，刘某全身无暴力损伤，无中毒症状，公安局认定刘某系病死。刘某之母彭某怀疑刘某是王、佘谋害，认为二人串通他人做了假验尸报告，于是在2001年11月向法院起诉，要求王某赔偿死亡抚慰金、差旅费等各项费用40余万元。王某辩称，其与刘是合伙关系而非雇佣关系，刘是病死不构成工伤，且其又无过错，不同意赔偿。法院审理认为，刘某在被告处干活，是合伙关系的证据不足，应认定是雇佣关系。被告在雇用工人劳动期间，让工人在工作条件差、劳动强度大的环境下劳动，且劳动时间太长，致使刘某因劳累过度而患病死亡，被告依法应当承担民事责任，判决被告赔偿原告误工费、死者生前抚养和赡养人的生活费、丧葬费、精神损害抚慰金等共计4.5万元。

二、案例评析

这是一个典型的“过劳死”案件。过劳死是医学上的一个新概念，是指由于劳动强度极度超过身体承受能力致使过度疲劳而形成的猝死，或者因过劳而导致其他疾病引起的死亡。这种死亡通常发生在劳动环境中，或者在与劳动环境相关的场合。

造成过劳死的行为应被认定为构成侵权行为，但是，过劳死行为侵害的是什么权利呢？过劳死案件受害人的死亡，并不是强迫劳动者过度劳动行为的直接损害后果，也就是说，强迫他人过度劳动的人并没有剥夺他人生命的过失，更没有这种故意，因此造成过劳死的行为不能认为是侵害生命权的行为；但是受到侵害的人已经死了，对于侵害他的人如何定性呢？笔者认为，造成过劳死的行为所侵害的是宪法规定的休息权。我国《宪法》规定，公民有休息权，剥夺劳动者休息的权利，造成过劳死的后果，就构成侵权行为。当然，这里还存在一个民事判决是否可以援引《宪法》的问题。在起草“民法典侵权行为法草案”的时候，多数学者认为，对于《宪法》规定的民事权利而相关法律没有规定的，可以援用《宪法》原则做出判决。笔者也认为，对于某些民事权利既然《宪法》都做了规定，尽管民法里没有相关内容，法院也没有理由不能援引。

侵害休息权造成过劳死的侵权责任的构成，与侵害身体权、健康权和生命权的侵权行为是不相同的，其应当具备的条件是：第一，行为人的身份具有特定性，即行为人应当是对劳动者的劳动具有支配权的人，即企业或者单位的管理者，包括雇主；第二，行为人强迫劳动者进行极度超出其身体承受能力的劳动，这种带有强制性的劳动违反劳动保护法律或者法规；第三，造成劳动者死亡的后果，且该死亡后果与强迫过度劳动有因果关系，具体表现为劳动者在劳动中猝死，或者是导致劳动者罹患其他疾病而引起死亡；第四，行为人在主观上具有强制劳动者进行超强度劳动的故意，但是对于劳动者死亡的后果没有预见，因而只具有过失，如果对劳动者的死亡有预见而仍然为之，则为侵害生命权的侵权行为。

侵害休息权造成过劳死的侵权责任，应当由造成过劳死的单位或者雇主承担。如果是单位或者雇主的责任造成的，应当按照法人侵权或者雇主侵权责任的规定由法人或者雇主承担责任；如果有直接责任人，且该责任人有过错的，法人或者雇主承担责任之后，可以向其追偿；如果是个人雇主，造成雇工过劳死，则雇主个人承担责任。

二、劳动争议处理案例

【案例一】不属管辖，仲裁无效

一、案例介绍

申诉方：袁某某、孙某某，均系某电视机厂驻A市维修部合同制工人。

被诉方：某某电视机厂，法定代表人：陈某，男，50岁，厂长。

某电视机厂自1994年3月停发了劳动合同制工人袁某某、孙某某二人的工资性补贴，他们对此不服，向A市劳动仲裁委员会提出申诉，要求公正裁决，按照国家有关规定补发其被扣发的工资性补贴。A市劳动争议仲裁委员会查明，1991年11月，袁某某、孙某某经B市劳动行政部门批准，被招收为某电视机厂的合同制工人，合同期为5年。合同规定，他们将被派到A市维修部工作，他们的工资、福利待遇按照国家有关规定由厂里按月寄给，其中包括发给合同制工人月标准工资15%的工资性补贴。1994年3月以后，厂方因产品销路不好，经济效益下降，自1994年3月起停发了他们的工资性补贴。

经A市劳动仲裁委员会裁决：(1)某电视机厂不履行劳动合同是错误的，应当承担违反劳动合同的责任；(2)某电视机厂，自1994年3月恢复袁某某、孙某某两人的基本工资15%的工资性补贴。(3)仲裁费60元，由某电视机厂全部承担。某电视机厂不服，向A市人民法院起诉。法院经审理认定，A市劳动争议仲裁委员会的仲裁无效，该劳动争议不属其管辖，建议当事人向某电视机厂所在地的劳动争议仲裁委员会重新申请仲裁。

二、案例评析

就本案事实部分而言，仲裁委员会的裁决是完全正确的。《国营企业实行劳动合同制暂行规定》第十八条对合同制工人工资性补贴已做了具体规定，电视机厂扣发袁某某等工人工资性补贴是违反劳动法规和劳动合同行为，应予以纠正。法院撤销仲裁委员会的裁决是正确的。根据我国法律、法规规定，劳动争议仲裁实行地域管辖原则。《企业劳动争议处理条例》第十七条规定，县、市、辖区设立的劳动争议仲裁委员会负责本行政区域内发生的劳动争议；如果发生的劳动争议的企业与职工不在同一仲裁委员会管辖地区的，按照《企业劳动争议处理条例》第十八条和《劳动争议仲裁委员会办案规则》第八条规定，由职工当事人工资关系所在地的仲裁委员会处理。一般来说，与企业不在同一地区的职工，其工资关系都在职工工作地，因此条例的规定是有利于职工当事人的。但在上述案例中，电视机厂两名职工工资由厂里寄发，关系在企业所在地，故职工应向企业所在地，即电视机厂所在地的仲裁委员会申请仲裁。A 市仲裁委员会无权管辖这一争议，由于工作的疏忽做了裁决，尽管裁决的内容是合理正确的，但由于在程序上无权管辖，所以裁决无效。该争议案件应由电视机厂所在地仲裁委员会重新裁决。可见，程序上的问题，不仅对当事人是重要的，对劳动争议处理机构也是同样重要的。

【案例二】企业和员工是否可以"协商"不缴纳社会保险金?

一、案例介绍

王某于 2007 年春节过后，和同村老乡一起进城务工，经老乡介绍进入一家餐饮企业 A 公司从事服务员工作，双方约定基本薪酬为 1500 元。因王某系农村户口，A 公司要求王某提供相关身份证明，由公司为其在本城缴纳综合社会保险。王某的老乡告诉王某，若由企业为其缴纳综合社会保险，会每个月从王某应得工资中扣除 80 元左右。这对于急于通过打工补贴家用的王某来说无疑是不愿意的。

次日，王某向 A 公司提出，自愿放弃综合社会保险的缴纳，并愿意与企业签订协议书，说明是自己自动放弃综合社会保险的。A 公司考虑到若不为王某缴纳综合社会保险同样可以节约企业的人力成本支出，遂同意与之订立双方协议。协议约定，王某自愿放弃公司为其办理综合社会保险，企业为保证王某诸项社会保险的相关权益，为其购买含生育、医疗、意外在内的商业保险，每月由公司代为缴纳商业保险费。

2008 年 5 月，市劳动监察大队对实际用工情况的监察审核中发现，A 公司未为王某缴纳综合社会保险，故依法做出处罚决定。

那么监察大队的处罚决定是否正确？A 公司与王某基于"自愿"和"友好协商"下签订的双方协议是否有效？能否依据该协议免除社会保险缴纳义务？商业保险能否替代社会保险？就上述问题进行探讨，提醒企业和员工注意：为员工购买社会保险是企业和员工的法定义务，不因双方的协议而免除。

二、案例评析

《劳动法》第七十二条规定，社会保险基金按照保险类型确定资金来源，逐步实行社会统筹。用人单位和劳动者必须依法参加社会保险，缴纳社会保险费。

《社会保险费征缴暂行条例》第四条规定，缴费单位、缴费个人应当按时足额缴纳社会保险费。征缴的社会保险费纳入社会保险基金，专款专用，任何单位和个人不得挪用。第十三条规定，缴费单位未按规定缴纳和代扣代缴社会保险费的，由劳动保险行政部门或者税务机关责令限期缴纳；逾期仍不缴纳的，除补缴欠缴数额外，从欠缴之日起，按日加收千分之二的滞纳金。滞纳金并入社会保险基金。

从性质、保障范围、资金用途各方面来看，商业保险均与社会保险有所不同，不能替代社会保险对员工的保障。

既然社会保险费的缴纳属于单位和个人共同承担的强制义务，那么王某与 A 公司所签订协议的效力又如何界定呢？《中华人民共和国合同法》第五十二条第五项规定，违反法律、行政法规的强制性规定的，合同无效。也就是说，无论王某与 A 公司如何详尽地约定双方在不缴纳社会保险一事的权利义务，皆自始归于无效。

以商业保险和"协商"放弃社会保险的形式规避社会保险缴纳义务，在面临员工举报或申请仲裁时，企业不仅不能免除应承担的社会保险缴纳义务，反而还可能因此承担更多的滞纳金和行政处罚。

【案例三】按工伤还是人损标准计赔发生争议？

一、案例介绍

原告徐某系一名退休工人，一生忙碌惯了的徐某不想就这样闲下来。2003 年 3 月，徐某到某材料厂打工。材料厂雇用徐某在其制砖车间运煤砂，负责输送带的正常运转。2004 年 6 月 27 日，徐某违反操作规程，用手清理运行中的对滚障碍物，被轧伤左臂。经南通医学院附属医院住院治疗，诊断为左手毁损伤并行截肢术，材料厂支付了徐某住院期间的医疗费 14889 元。

事发后，当地镇人民调解委员会组织双方当事人进行过多次调解，但双方未能达成一致。2004 年 8 月 29 日，调解委员会再次召集双方当事人调解。徐某委托的律师提出，本事故"如不按工伤处理，可按人身损害赔偿标准处理"。后经协商，双方当事人同意按工伤五级标准赔偿。

同年 11 月 2 日，双方当事人订立了《职工伤残补助协议书》，约定：一、对照《中华人民共和国工伤与职业病致残鉴定标准》(GB/T 16180—1996)，材料厂承认徐某为工伤，徐某不再要求职能部门重新评残；二、材料厂除已支付的医疗费外，再一次性给予徐某伤残补助费、就业补偿费、照顾费用和今后的医药费总计 4.2 万元，于 2004 年 11 月 12 日前付清；三、本协议为一次性伤残补助的终结协议，徐某放弃其他要求，材料厂今后不再承担任何责任；四、协议经双方签字生效。

协议签订后不久，材料厂按约备齐补偿款，但徐某反悔未领取该款。2004 年 12 月 20 日，徐某经过司法鉴定，伤残程度被评定为五级。其后，徐某以赔偿计算标准不符合法律规定为由向法院提出诉讼。

徐某诉称，事故发生后，被告材料厂与有关人员恶意串通，对我欺诈误导，致其产生重大误解，与被告订立了显失公平的《职工伤残补助协议书》；根据协议，被告只一次性赔偿其各项损失 4.2 万元，赔偿额明显偏低，故该协议侵犯了其合法权益，请求法院判决撤销该协议。

被告材料厂辩称，其单位与原告达成的《职工伤残补助协议书》，是在镇人民调解委员会调解下，参照工伤五级残的标准，经过双方多次协商自愿达成的；该协议并不违反法律法规的强制性规定，故原告所诉缺乏法律和事实依据，法院应判决驳回原告的诉讼请求。

法院审理后认为，原告徐某与被告材料厂之间系雇佣关系，徐某在工作过程中发生伤害事故，本应按雇员受害纠纷处理，适用人身损害赔偿标准。但事故发生后，经当地人民调解委员会主持调解，双方当事人达成了赔偿协议，该协议应视为当事人的真实意思表示，并不违反有关法律、行政法规的强制性规定，应确认有效。原告所诉协议存在欺诈、胁迫、恶意串通、乘人之危等情形，缺乏事实依据。同时，按工伤五级标准赔偿是原告自己选择的，尽管该标准比人身损害赔偿标准低一些，但难以认定显失公平。因而，原告以重大误解和显失公平为由，要求撤销调解协议，不应予以支持。法院遂依照《中华人民共和国民通则》、最高人民法院《关于审理涉及人民调解协议的民事案件的若干规定》及有关程序法的规定，判决驳回原告徐某的诉讼请求。

一审宣判后，原告徐某不服，提出上诉。徐某上诉称，其在退休后到材料厂工作，双方间存在雇佣关系而非劳动关系，其在工作中受伤应按雇员伤害纠纷处理，适用人身损害赔偿的标准，而不应做工伤处理。材料厂利用其不清楚上述法律关系，受伤后为生活所迫急于得到赔偿的心理，采取欺诈手段诱骗其签订了调解协议，故在该协议签订过程中我存在重大误解，且协议显失公平，请求二审依法改判。

材料厂则辩称，事故发生后，上诉人同意选择工伤标准赔偿，故本案不存在重大误解和显失公平问题，请求二审法院驳回上诉，维持原判。

二审法院审理后认为，人民调解委员会 2004 年 8 月 29 日主持调解时，上诉人及其委托代理律师均到场，其代理律师明确提出该事故可按工伤处理，也可按人身损害赔偿处理，由此说明上诉人清楚上诉人与被上诉人之间属何法律关系，只不过上诉人最终选择适用了按工伤标准处理方案，且经过多轮协商，确定了最终的赔偿数额，现上诉人称其对协议存在重大误解及协议内容显失公平，均无事实和法律依据。二审法院遂依照《中华人民共和国民事诉讼法》第一百五十三条之规定，做出驳回上诉，维持原判之终审判决。

二、案例评析

本案主要涉及雇佣关系和劳动关系的区别，以及两种关系下劳动者因工作受伤时赔偿标准的区别。

在实践中，不少人对我国既存在雇佣关系又存在劳动关系非常不理解，无法厘清二者关系。其实，世界上绝大部分国家将劳动者在用人单位从事从属性劳动而发生的财产关系和人身关系都称为雇佣关系或劳资关系，并没有劳动关系这一概念。我国采用劳动关系这一概念主要出于两个方面的原因：一是照顾新中国成立以来的传统称呼习惯；二是由于我国现阶段经济发展水平不高，人口多、劳动就业压力大，不少雇佣关系还不能严格依照劳动法加以保护，特别是不能要求所有的雇佣关系都按法律规定强制缴纳社会保险费。故我国劳动法所保护的劳动关系实质上是雇佣关系中的一部分。随着社会的发展，劳动法所保护劳动关系的范畴会逐步扩大。现实生活中，一般情况下，雇员与雇主形成长期稳定关系，并受劳动法律、法规调整的，称为劳动关系；雇员与雇主未形成长期稳定关系，且劳动者未能依劳动法享受相应待遇的，称为雇佣关系。

在劳动关系中，劳动者的权益受到劳动法的充分保护，资方必须或应当为劳动者缴纳养老保险、医疗保险、失业保险、生育保险、工伤保险，因而，为了平衡一般雇佣关系中劳动者的权益，劳动者在工作中发生人身伤害事故的，法律和司法解释规定了两套赔偿标准，即在劳动关系中适用工伤赔偿标准，在雇佣关系中适用人身损害赔偿标准。最高人民法院《关于审理人身损害赔偿案件适用法律若干问题的解释》第十一条规定：“雇员在从事雇佣活动中遭受人身损害，雇主应当承担赔偿责任。属于《工伤保险条例》调整的劳动关系和工伤保险范围的，不适用本条例。”该解释第十二条规定：“依法应当参加工伤保险统筹的用人单位的劳动者，因工伤事故遭受人身损害，劳动者或者其近亲属向人民法院起诉请求用人单位承担民事赔偿责任的，告知其按《工伤保险条例》的规定处理。”这两条规定已明确对两种理赔计算方式进行了区别，但按工伤标准计算的理赔额要低于人身损害赔偿标准。

既然本案本应按人身损害赔偿标准计算赔偿额，那么是否要撤销本案已存在的人民调解协议呢？这主要看本案人民调解委员会调解过程中是否存在重大误解或显失公平情形。《中华人民共和国民法通则》第五十九条规定：“下列民事行为，一方有权请求人民法院或者仲裁机关予以变更或者撤销：(一)行为人对行为内容有重大误解的；(二)显失公平的。被撤销的民事行为从行为开始起无效。”最高人民法院《关于贯彻执行〈中华人民共和国民法通则〉若干问题的意见(试行)》(以下简称《意见》)第71条规定：“行为人因为对行为的性质、对方当事人、标的物的品种、质量、规格和数量等的错误认识，使行为的后果与自己的意思相悖，并造成较大损失的，可以认定为重大误解。”《意见》第72条同时规定：“一方当事人利用优势或者利用对方没有经验，致使双方的权利与义务明显违反公平、等价有偿原则的，可以认定为显失公平。”本案中，调解委员会召集双方当事人调解时，原告徐某委托的律师提出，本事故“如不按工伤处理，可按人身损害赔偿标准处理”，其时原告就在旁边，这说明原告徐某对行为的性质、赔偿标准是清楚的。同时，双方当事人是在调解委员会的主持下平等协商达成协议的，并不存在一方利用优势地位问题，也不明显违反公平原则，故重大误解和显失公平都难以成立。

其实，民事上最根本的一条原则就是当事人自治原则，当事人对自己的权利享有处分权，对赔偿标准进行选择也是行使处分权的体现。只要处分过程中不存在重大误解和显失公平情形，有关协议就不应轻易撤销。最高人民法院《关于审理涉及人民调解协议的民事案件的若干规定》(以下简称《规定》)第一条规定：“经人民调解委员会调解达成的、有民事权利义务内容，并由双方当事人签字或者盖章的调解协议，具有民事合同性质。当事人应当按照约定履行自己的义务，不得擅自变更或者解除调解协议。”该《规定》第三条规定：“当事人一方起诉请求变更或者撤销调解协议，或者请求确认调解协议无效的，有责任对自己的诉讼请求所依据的事实提供证据予以证明。”本案中，徐某对自己主张的案件事实未能充分提供证据加以证明，故其要求撤销人民调解协议的请求难以获得支持。

【案例四】公司强制放假，工人告上法庭

一、案例介绍

原告金某等41人于2003年6月30日前均在某水暖器材有限公司工作。双方签订劳动合同时约定，合同期从2003年7月1日至2004年6月30日止，工资以月薪制计算。

2004年5月27日，该公司向金某等员工发出《劳动合同终止通知》，称决定从2004年7月1日起合同期满不再与原告续签合约。次日，金某等人被告知全部放假，不用上班。后来，该公司向金某等人以银行存款方式支付每人400元。

金某等以公司提前解除合同，要求给付劳动补偿金为由，向江门市蓬江区劳动争议仲裁

委员会申请仲裁。被该委员会于8月9日裁决驳回其诉求。金某等对仲裁不服，向法院提起诉讼。

蓬江区法院经审理认为，原、被告签订的劳动合同是双方当事人在平等自愿的基础上订立的，被告在双方签订的劳动合同期限届满前一个月通知原告在劳动合同期满后不再续签劳动合同的做法并无不当。

被告在通知原告不再续签劳动合同后，要求金某等放假且只发放400元工资，此做法欠妥，但在金某等要求下，已在7月初补发原告6月份的工资收入，原告并没因此而受到工资收入的损失。故被告的行为并没有提前解除与原告劳动合同的故意，原告主张被告提前解除劳动合同而请求支付劳动补偿金及额外经济补偿金的诉讼请求，证据不足，理由不充分。

二、案例评析

事实上，本案的争议焦点是被告的行为是解除劳动合同还是终止劳动合同。为何法院没有支持员工的诉讼请求呢？因为被告已明确表明双方的合同期满后劳动关系即终止，且补足员工工资，被告做法欠妥，但并不能得出其要提前解除劳动合同的结论。

用人单位在合同期满前一个月通知劳动者，最后一个月不用上班，这一行为是否属提前解除劳动合同？41名劳动者与用人单位为此产生争议，诉至法院。法院做出判决，认定双方是终止劳动合同，驳回41名原告要求补偿金的诉讼请求。

【案例五】“一仆多主”引发工伤纠纷，劳动赔偿被驳却获雇工赔偿

一、案例介绍

B某是一个外地到洛阳打工的人员，起初在一个太阳能热水器的经销店帮人安装热水器。积累了一些关系和技术后，B某自己购买工具，以计件收费的方式开始为多家热水器厂家进行安装和售后服务。

2008年7月，B某经热水器推销员A某介绍，上门为一户业主安装热水器。安装过程中，B某没有详细了解房屋结构就用电锤在横梁上打眼，结果钻头碰到钢筋发生反弹，导致B某左手食指断裂，司法鉴定构成九级伤残。

事后，没有了生活来源的B某提起劳动仲裁，仲裁部门确认其与涉案热水器经销商存在劳动关系。经销商不服，诉至法院。法院审理认为，B某与经销商之间不存在劳动关系。此后，B某以雇员工伤为由，将经销商诉至法院，要求经销商赔偿各项损失。

在法院庭审过程中，经销商辩称，A某并非经销商的职工，和B某的工作性质一样，同时推销多家厂家的太阳能热水器。因此，B某与经销商非劳动关系亦非雇佣关系。法院追加A某为第三人后，A某称自己只是一个介绍人，与本案没有任何关系。

二、案例评析

本案中，B某与经销商并未签订劳动合同，从双方每次按件计付安装费的约定来看，B

某的安装行为属于临时雇佣劳动性质。作为专业安装人员，B某盲目操作具有明显过错，应承担一定过错责任。为此，法院判决经销商承担80%的赔偿责任，B某承担20%的责任。

【案例六】女工下班被撞伤公司拒赔，诉讼时应如何确定？

一、案例介绍

2005年4月22日，朱萍应聘到南京中山北路的一家餐饮娱乐公司做收银员，这份工作收入不算很高，公司也没和她签订劳动合同，还收了她300元押金。但家境不好的朱萍很需要这份工作。天有不测风云，2005年5月20日凌晨2点半，朱萍下夜班骑自行车回家，刚骑到鼓楼区古平岗22号的地方，一个骑摩托车的反道行驶，将朱萍撞倒。朱萍随后被送往医院救治，医院诊断其为左胸外伤，头部血肿，牙龈撕裂伤。住院期间，公司什么都没有做，连上班19天的工资都没有支付给她。朱萍的脑部受到很大的伤害，需治疗养伤，但她家中经济十分困难，实在无力承担继续治疗的费用，2005年9月2日被迫中断治疗。2006年3月15日，朱萍因伤还没有痊愈，委托他人向鼓楼区法律援助中心寻求帮助。同年4月27日，朱萍因车祸肇事人不予赔偿，公司又不支付工资，生活一度陷入困难，所以她向公司请求返还当初单位收取的押金300元，以解燃眉之急。公司当时出具了“情况属实”以及“同意”的证明。

二、案例评析

由于公司一直拒绝进行工伤赔偿，5月18日，朱萍以书面形式正式向劳动行政部门提出了工伤认定申请。在仲裁委员会开庭审理时，公司辩称，朱萍只是公司的实习生，而且根据《劳动法》的规定，提出仲裁要求的一方应当自劳动争议发生之日起60日内向劳动争议仲裁委员会提出书面申请。所以公司认为朱萍的诉讼时效已经过了。因对仲裁委员会的裁决不满意，不久朱萍向鼓楼区法院提起诉讼，要求确认和公司之间存在劳动关系。法院开庭审理此案，并支持了朱萍的诉讼请求。但公司不服判决，向南京市中级人民法院提起上诉，认为朱萍的诉讼时效已过，理由是朱萍没有在劳动争议发生之日起60天内向仲裁委员会提出申请。

这个案件的关键是争议发生时间

根据《工伤保险条例》的相关规定，职工发生事故伤害，所在单位应在自事故伤害发生之日起30日内，向劳动保障行政部门提出工伤认定申请，用人单位未按前款规定提出工伤认定的，工伤职工在事故伤害之日起1年内，可直接向劳动保障行政部门提出工伤认定申请。朱萍正是根据这条法律规定，在公司没有提出工伤认定申请的情况下，于法定的期限内，在2006年5月18日提出了工伤认定申请。按照公司的理解，朱萍应该在事故发生之日起60天内，向劳动部门提出工伤认定申请。她在2006年5月18日才提出，显然已经超过了时效。同时，根据劳动和社会保障部《关于贯彻执行〈劳动法〉若干问题的意见》中的相关规定，劳动争议之日是指当事人知道或者应当知道其权利被侵害之日。因为无论是朱萍在公司担任收银员或是事故伤害发生之日，她都没有和公司因为双方之间是否存在劳动关系发生争议，甚至在2006年4月27日，朱萍还和公司曾就双方之间存在劳动关系出具了书面证明，直到2006年5月18日，朱萍向劳动行政部门申请认定工伤时，公司为了逃避责任才和朱萍发生了劳动关系的争议。在这种情况下，朱萍的劳动争议发生之日至少应当是在2006年5月18日之后，所以李萍向仲裁委员会提出劳动争议仲裁申请，并没有超过既定的诉讼时效。

最后，在法院的主持下，双方同意调解，公司一次性支付朱萍补偿费6000元。

【案例七】"离职原因"为空白，公司因举证不足被判败诉

一、案例介绍

公司声称原职工散布诽谤言论且违反保密规定私自录音，最后自行提出辞职；而原职工却认定是"公司单方面要求解除合同并无故拖欠工资"。最后双方闹上法庭。公司拿出了《离职结算单》，却发现"离职原因"一栏竟为空白。

上海市浦东新区人民法院对上海某计算机发展有限公司(以下简称计算机公司)起诉江小姐劳动合同纠纷一案做出判决，计算机公司应支付江小姐解除劳动合同的经济补偿金5000元、替代期工资2500元、2007年9月份工资1019元及25%的经济补偿金255元，仲裁费300元由公司承担250元，江小姐承担50元，案件受理费由公司承担。

计算机公司称，2006年3月，江小姐进入公司工作，双方签订了3年的劳动合同。但是1年后公司发现，江小姐在工作期间经常利用她在培训部工作之便散布诽谤性言论，还违反保密规定，私自录音，个人品行"不当"。公司在不得已之下专门找了江小姐谈话，要求江小姐改正，并告诉她公司将根据规定对她的行为进行严肃处理。由于江小姐担心公司的处理，遂向公司提出以辞职方式离职，并要求公司办理离职手续。2007年9月29日，江小姐填写了《离职结算单》。但当公司为江小姐结算9月份工资时，却发现江小姐拒不交出装有公司保密资料的U盘。为此，双方在9月份出勤天数及工资标准上发生争议。江小姐遂提起劳动仲裁，并在仲裁阶段将U盘归还给公司。2007年底，仲裁机关做出裁定，裁决计算机公司支付经济补偿金、9月份工资等。公司不服，向法院提起诉讼。

法庭上公司坚持认为，江小姐是自行离职，所以公司不需要向江小姐支付经济补偿金5000元以及替代期公司2500元，而且由于江小姐私自扣押U盘，所以才导致9月份工资无法结算，并非公司无故拖欠工资，故请求法院判决公司不支付经济补偿金等费用。

江小姐对公司所谓的"个人品行"问题予以了否认。江小姐称，是公司单方面解除劳动合同，并要求其办理离职手续，所以她填写了《离职结算单》，10月10日江小姐还收到了公司开具的退工单和劳动手册。根据《劳动法》规定，用人单位提出解除劳动合同，未提前30日通知的，应支付劳动者替代期工资，并支付经济补偿金。

由于双方对"究竟谁提出解除劳动合同"这一问题存在分歧，计算机公司向法院提交了江小姐提出离职时填写的《离职结算单》。然而法院发现，在该结算单的"离职原因"一栏内却没有注明具体的离职原因。

二、案例评析

本案中，在公司制作的格式化《离职结算单》中，“离职原因”一栏未注明具体的离职原因，公司也没有提供证据证明是江小姐自行离职的，在此情况下，应当做出不利于提供格式条款一方的解释，而且公司也向江小姐开具了退工单，因此可以确认公司系单方面与江小姐解除劳动合同。

另外，根据《上海市劳动合同条例》规定，用人单位解除劳动合同没有提前30日通知劳动者的，应当支付劳动者替代期工资；用人单位无故解除劳动合同的，应当根据劳动者在本单位工作年限，给予相应经济补偿金；用人单位无故拖欠劳动者工资的，应支付拖欠工资的25%的补偿金。据此，法院遂做出上述判决。

【案例八】员工主动辞职后向单位索要补偿金，一审被驳

一、案例介绍

李某在提前与单位协商解除劳动合同后将公司诉至法院，要求公司支付自己解除劳动合同经济补偿金24000余元。北京市门头沟区人民法院开庭审理了这起劳动纠纷，并做出一审判决。

李某诉称，其在2006年10月10日与公司签订劳动合同，合同期限自2006年10月10日至2007年10月9日。2007年8月，公司因经济困难，召开会议，宣布公司在与现有人员劳动合同到期后将不再续签合同，要求现有人员提前与单位协商解除劳动合同。之后，李某与公司协商解除了劳动合同，并将公司诉至法院，要求公司支付自己解除劳动合同经济补偿金24000余元。

公司则辩称，是李某以回老家照顾孩子为由，向公司提出解除劳动合同的，故公司不同意支付解除劳动合同经济补偿金。

二、案例评析

只有用人单位首先向劳动者提出解除劳动合同的，用人单位才应支付解除劳动合同经济补偿金。根据查明的事实是李某首先向公司提出解除劳动合同，故其要求公司给付补偿金的诉讼请求未获法院支持。

【案例九】仲裁时效的认定

一、案例介绍

邓小雄于2001年11月5日进入桂林某市场有限公司(以下称公司)工作，担任协管理

员，未签订劳动合同，月工资为450元，后调整为500元。工作期间邓小雄基本上没有享受过休息日和法定节假日(其中只有两年实行过每周休息一天的制度)。2006年2月20日，公司以邓小雄多次在夜班睡觉为由将邓小雄予以辞退。邓小雄被辞退后，于2006年3月27日向桂林市劳动争议仲裁委员会提起仲裁，要求公司支付邓小雄工作期间(4年多)所有休息日和法定休假日的加班费共17175元。仲裁委员会受理后，经审理于2006年5月31日做出裁决。仲裁委员会认为邓小雄的请求超过了60日的申诉时效，只裁决公司支付邓小雄被辞退前2个月的加班费及其25%的经济补偿金共计1105.4元。邓小雄不服，于2006年6月18日向桂林市象山区人民法院提起诉讼，要求公司支付邓小雄工作期间所有休息日和法定节假日的加班费及其25%的经济补偿金合计20128.63元。2006年8月10日，象山区法院开庭审理本案。2006年12月27日一审宣判，判决公司支付邓小雄2001年1月5日至2006年2月20日期间的全部加班费及其25%的经济补偿金，共计22179.20元。一审宣判后，公司不服，于2007年1月5日上诉至桂林市中级人民法院。公司认为邓小雄要求加班费已经超过了60日时效，且一审法院计算加班费有误，要求撤销一审法院判决。2007年5月15日，二审开庭审理。2007年6月26日，桂林市中级人民法院向邓小雄送达了终审判决，判决驳回了公司的上诉，维持一审判决。

二、案例评析

本案主要涉及劳动争议仲裁时效的认定问题。《劳动法》规定，劳动争议的仲裁时效自劳动争议发生之日起60天。但这60天怎么算(何谓劳动争议发生之日)，规定的就不清楚了。针对各种类型的劳动争议，形成了各种各样的不同界定。但是在劳动关系中，由于用人单位处于优势地位，劳动者为保住工作，往往在单位欠薪时忍气吞声。故在劳动关系存续期间，劳动者往往并不愿意提起劳动纠纷诉讼或者仲裁。从劳动争议的该特征出发，我国的立法和司法实践对于劳动争议仲裁时效的计算采取从宽解释的立场，以求尽可能地保护劳动者的合法权利。本案就是这种思路的经典体现。

【案例十】劳动争议纠纷案

一、案例介绍

某药房公司与文某某于2015年7月签订了劳动合同，约定：合同履行地为重庆市；文某某的工作岗位为收银员；药房公司根据工作需要，可以调整文某某的工作岗位；文某某须服从药房公司管理，听从药房公司工作安排、调动，如有违反，则文某某自动与药房公司解除劳动合同；未经书面请假及请假未得到批准，旷工3日以上，则文某某自动与药房公司解除劳动合同。2016年6月，文某某在药房公司考核中排名最后，药房公司根据工作需要将文某某调整到重庆市南岸区上班，工作岗位为营业员。文某某不服从调整，从6月4日起就未上班。药房公司于2016年6月7日、13日两次书面通知文某某在2个工作日内回办公室报到，但文某某均未理会。药房公司遂于6月30日以文某某连续旷工3日以上为由，解除了与文某某的劳动合同。2016年7月22日，文某某以药房公司违法解除劳动合同为由，向仲裁机构申请仲裁。仲裁机构未予受理，文某某遂提起诉讼。

二、案例评析

《劳动合同法》第三十五条第一款规定："用人单位与劳动者协商一致，可以变更劳动合同约定的内容，变更劳动合同，应当采用书面形式。"劳动合同的履行地点属于劳动者求职时应当考虑的重大因素，用人单位调整劳动者的工作岗位应当与劳动者协商一致，不能对劳动者的日常生活产生重大影响。在本案中，该药房公司未与文某某协商一致将其工作地点调整到重庆市南岸区，对文某某日常生活造成重大影响，存在不当，文某某有权拒绝。但文某某自接到调岗通知后，既未到新的工作岗位报到，亦未回原工作岗位工作，同时也未向劳动行政部门主张相应的权利，而是采取不到岗工作的消极方式对待调岗通知，且在两次接到某药房公司要求其回公司报到的书面函告后，仍未回公司报到。其行为严重违反公司的规章制度，也违反了劳动合同的约定。该药房公司据此解除与文某某的劳动合同符合法律规定。法院遂判决：驳回文某某要求该药房公司支付赔偿金的诉讼请求。

【案例十一】邓某某与重庆某电气集团有限公司劳动争议案

一、案例介绍

1998 年 7 月 1 日，邓某某入职某电气公司，从 2008 年 10 月起其工作地点一直在某电气公司位于龙山路 68 号的子公司某机电公司。后该子公司基于生产经营需要由龙山路 68 号整体搬迁至鱼嘴，该电气公司为员工提供了交通车。邓某某以搬迁给其造成不便为由一直未到搬迁至鱼嘴后的机电公司工作。2016 年 8 月 25 日，邓某某以该电气公司未提供劳动条件为由提出解除劳动关系，并请求支付经济补偿金。

二、案例评析

某机电公司系由于客观原因整体搬迁，并非针对特定的劳动者，且其搬迁后的地点与邓某某原来工作的地点均在重庆主城区北部，距离并非特别遥远。虽然工作地点的变化难免会给邓某某带来不便，但机电公司整体搬迁系出于生产经营需要，邓某某应当负有一定的容忍及配合义务。同时，机电公司还提供了交通车，为邓某某工作提供了便利条件。故机电公司调整邓某某的工作地点具有合理性，并非不当。邓某某以电气公司未提供劳动条件为由提出解除劳动关系，并请求支付经济补偿金的理由不成立。法院遂判决驳回邓某某的诉讼请求。

【案例十二】何某某与重庆市某街道办事处的人事争议案

一、案例介绍

1991 年 12 月 10 日，某县人事局向某县农机水电局做出《关于招聘谭某某等 48 名同志为干部的通知》，同意招聘谭某某等48人为农机站干部。1991年12月20日，何某某、某乡人民政府(后变更为某街道办事处)、某县农机水电局与某县盐井区公所、某县人事局签订了《乡镇聘用干部合同书》，合同期限为1991年11月1日至1994年10月30日。之后，各方又多次签订《乡镇聘用干部合同书》，合同期限至2006年1月31日。2016年3月15日，何某某向仲裁机构申请仲裁，请求某街道办事处为其办理退休手续，补发退休工资、医保费。仲裁机构未予受理，何某某遂提起诉讼。

二、案例评析

根据何某某先后多次与街道办事处签订的《乡镇聘用干部合同书》等证据可以证明，何某某系街道办事处的聘用制干部。虽然何某某存在被借调到其他单位上班的事实，但其与街道办事处间的人事关系从未改变。何某某于2006年1月27日年满55周岁，根据相关规定，何某某可以退休并享受退休待遇。但由于街道办事处未为何某某办理退休手续，导致其不能享受退休待遇，故何某某起诉请求某街道办事处为其办理，依法应当支持。何某某要求补发退休工资、医保费，但未举示充分证据证明，故法院不予支持。法院遂判决街道办事处为何某某办理退休手续。

【案例十三】劳动争议案

一、案例介绍

袁某具有二级建造师资质。2013年5月至2015年1月，袁某作为某建筑公司项目经理参加了该公司承包的某纸制品公司发包的厂房工程建设。2015年1月，工程结束后，袁某未再实际向该建筑公司提供劳动，但是仍然将自己的二级建造师资质挂靠在该建筑公司，并以该公司为用人单位参加社会保险。2015年2月26日，袁某通过银行汇兑方式向该建筑公司转账10000元，附言为“社保金借款”。2017年3月27日，袁某通过邮政特快专递向该建筑公司寄送《解除劳动合同通知书》，载明因该公司未及时足额向其支付劳动报酬，决定解除与该公司的劳动关系。后袁某经仲裁后提起诉讼，要求该建筑公司支付从2015年2月起拖欠的工资272000元、解除劳动关系的经济补偿金52000元、失业保险待遇损失赔偿金22680元等。

二、案例评析

劳动关系的认定应根据劳动者是否实际向用人单位提供劳动并接受用人单位的工作安排、指挥或监督等实质性管理及用人单位是否向劳动者支付劳动报酬等因素综合认定。本案中，袁某诉称从2013年5月起至2017年3月一直与该建筑公司存在劳动关系。对此，虽然袁某的二级建造师资质证登记的用工单位一直为该建筑公司，但其未举示在2015年1月某纸制品公司厂房工程完工后继续接受该公司劳动安排并在该公司工作和遵守该公司规章制度及劳动纪律的有效证据。袁某虽在2015年2月向该建筑公司汇款支付社保费，但由于袁某并未实际向该建筑公司提供劳动，该建筑公司代其支付社保费不能证明双方存在实质的用工关系。法院遂判决驳回袁某的诉讼请求。

【案例十四】劳动合同纠纷案

一、案例介绍

周某于 2014 年 10 月 8 日到某科技公司担任销售总监。2014 年 10 月 8 日至 2015 年 10 月 6 日期间，该科技公司未与周某签订书面劳动合同。2015 年 10 月 7 日，双方补签了书面劳动合同，约定周某的劳动合同期限自 2014 年 10 月 8 日起至 2016 年 10 月 7 日止。2016 年期间，周某离职并申请仲裁，要求该科技公司支付未签订书面劳动合同的二倍工资差额 12 万元。仲裁机构裁决驳回周某的仲裁申请，周某不服遂向法院提起诉讼。

二、案例评析

该科技公司虽然未按照法定期限与周某签订书面劳动合同，但双方于 2015 年 10 月 7 日补签劳动合同时，将劳动合同期限约定为 2014 年 10 月 8 日至 2016 年 10 月 7 日。该期间包含了已经履行的劳动关系期间，应视为双方自始签订了劳动合同。周某在补签劳动合同时，选择同意对劳动合同期限做出上述约定，应视为其对之前未签劳动合同期间本应获得二倍工资差额权利的放弃。周某的劳动权利已经通过补签劳动合同的方式获得保障。在其未举证证明补签劳动合同并非其真实意思表示的情况下，周某再主张未签劳动合同的二倍工资差额，不应得到支持。法院遂判决驳回周某的诉讼请求。

【案例十五】劳动关系纠纷案

一、案例介绍

某饮食店系个体工商户，字号为百分百店铺，其于 2011 年 7 月 13 日登记成立，经营者为杜某某。2014 年 1 月 7 日，该饮食店向重庆市江北区烟草专卖局申请办理烟草专卖零售许可证。2014 年 1 月 7 日至 2014 年 12 月 31 日期间，该饮食店多次向中国烟草总公司重庆市公司江北分公司订购香烟。

2015 年 5 月 27 日，杜某某与邹某某签订店铺转让协议书，主要约定杜某某将百分百店铺的经营权、门面等转让给邹某某，邹某某支付杜某某转让费 25000 元。同日，邹某某按协议约定支付杜某某转让费 25000 元。2015 年 7 月 14 日，该饮食店工商登记的经营者变更为邹某某。周某某自 2014 年 7 月 15 日到该饮食店工作，2014 年 12 月 12 日发生交通事故后即未回该饮食店工作。

2016 年 2 月 19 日，周某某向仲裁机构申请仲裁，请求裁决确认周某某与该饮食店从

2014 年 7 月 15 日起一直存在劳动关系。仲裁机构逾期做出仲裁裁决，周某某遂提起诉讼。

二、案例评析

《个体工商户条例》第二条第一款规定，有经营能力的公民，依照本条例规定经工商行政管理部门登记；从事工商业经营的，为个体工商户。第十条规定，个体工商户登记事项变更的，应当向登记机关申请办理变更登记。个体工商户变更经营者的，应当在办理注销登记后，由新的经营者重新申请办理注册登记；家庭经营的个体工商户在家庭成员间变更经营者的，依照前款规定办理变更手续。从上述规定可以看出，个体工商户是经工商登记从事工商业经营的自然人，且变更经营者需注销前登记后，重新办理注册登记。本案中，该饮食店原由杜某某经营，2015 年 7 月 14 日，其经营者变更为邹某某。虽然杜某某与邹某某先后作为该饮食店的经营者，但从《个体工商户条例》及实施意见的规定来看，本案中饮食店变更经营者前后，虽然字号一致，但并非同一法律主体。周某某到以杜某某为经营者的该饮食店上班，在该饮食店的经营者变更为邹某某后，周某某以杜某某为经营者的该饮食店建立的劳动关系即告终止。法院遂判决周某某与该饮食店于 2014 年 7 月 15 日至 2015 年 7 月 14 日期间存在劳动关系。

【案例十六】确认劳动关系纠纷案

一、案例介绍

因某县部分煤矿企业在整合期间的相关证件无法进行年度审核，造成主体不符合参加社会保险的要求。为保障整合期间煤矿工人的利益，某劳务公司以自己名义代被整合煤矿的职工参加工伤保险。2010 年 9 月 20 日，该劳务公司依据该煤矿企业提供的名单为许某某办理了工伤保险，2011 年 11 月 18 日退保。许某某系该煤矿企业直接招收的，其工资由该煤矿企业确定并支付，许某某的去留由该煤矿企业直接决定。2016 年 10 月 24 日，许某某以该劳务公司为其参加了工伤保险为由，请求确认双方从 2010 年 10 月 21 日起至 2011 年 11 月 18 日止存在事实劳动关系。仲裁机构未予受理后，许某某起诉至法院。

二、案例评析

在该案例中，该劳务公司虽然以自己名义为许某某参加了工伤保险，但该劳务公司和该煤矿企业签订了协议，约定该劳务公司代该煤矿公司办理工伤保险。许某某进入该煤矿企业务工，工资报酬的确定及发放，均由该煤矿公司企业自行决定。该劳务公司没有对许某某进行任何形式的管理，双方没有形成事实上的管理和被管理的关系。仅凭该劳务公司为许某某参加工伤保险的事实，不能认定双方有劳动关系。法院遂判决驳回许某某的诉讼请求。

【案例十七】工程有限责任公司劳动争议案

一、案例介绍

2013年8月16日，某建筑公司与张某某签订《龙宸世纪项目人工费单包协议书》，承包了位于重庆市大足区龙石镇龙宸世纪一期工程的室内外抹灰、砖砌体、混凝土的浇灌(不含基础)、混凝土自拌、外架安装、室内外地平等工程项目。2014年2月，陈某丙经谢某某介绍到位于重庆市大足区龙石镇的龙宸世纪项目从事杂工(小工)工作，口头约定工资120元/天，由谢某某对陈某丙进行考勤，工资由谢某某发放。2015年1月6日15时左右，陈某丙在工作中不慎摔伤，后被送到荣昌区人民医院住院治疗，诊断为：(1)胸12椎体爆裂骨折；(2)双肺挫伤；(3)肝功能异常；(4)胸骨柄体部骨折伴脱位。陈某丙于2015年1月28日出院，所用医疗费由谢某某支付。2015年12月9日，大足区劳动人事争议仲裁委员会以陈某丙已经达到法定退休年龄，不属于劳动人事争议做出渝足劳仲不字(2015)第1366号《不予受理案件通知书》，陈某丙遂提起诉讼。2015年12月26日，大足区法院做出(2015)足法民初字第04094号民事判决，确认陈某丙与某建筑公司之间不具有劳动关系。

2016年4月7日，大足区人力资源和社会保障局做出大足人社伤险认决字〔2016〕143号工伤认定决定书，认定陈某丙构成工伤，由某建筑公司承担工伤主体责任。2016年12月13日，大足区劳动能力鉴定委员会做出足劳初鉴字〔2016〕732号。鉴定结论为：伤残八级，无生活自理障碍。此次鉴定花去陈某丙鉴定费、检查费480元。2016年11月29日，陈某丙到荣昌区人民医院二次住院，行内固定取出手术，并于2016年12月7日出院，共计花费医疗费8109.79元。2017年1月23日，陈某丙于家中去世。之后，邹某、陈某甲、陈某乙申请仲裁。2017年4月18日，大足区劳动人事争议仲裁委员会做出不予受理案件通知书，认为陈某丙已经达到法定退休年龄，不属于劳动人事争议仲裁范畴，对邹某、陈某甲、陈某乙的仲裁赔偿申请不予受理。2017年4月18日，邹某、陈某甲、陈某乙向大足区法院提起诉讼。

另查明：邹某系陈某丙之妻，陈某甲、陈某乙系陈某丙的子女。

二、案例评析

陈某丙去世后，邹某、陈某甲、陈某乙作为陈某丙的近亲属有作为原告提起诉讼的主体资格。陈某丙生前未参加社会养老保险，2014年2月经人介绍在某建筑公司承包的工地上做杂工过程中受伤，其因超过法定退休年龄，故与某建筑公司之间不具有劳动关系。超过法定退休年龄且未享受社会养老保险待遇的职工虽与用工单位不具有劳动关系，但其在工作中受伤后被社会保险行政部门认定为工伤的，应当由用工单位参照《工伤保险条例》的相关规定进行一次性赔偿。陈某丙经劳动能力鉴定为伤残八级，结合邹某、陈某甲、陈某乙的诉讼请求，大足区法院确认赔偿项目如下：(1)住院伙食补助费240元(30天×8元/天)；(2)护理费3000元(30天×100元/天)；(3)停工留薪待遇15840元；(4)一次性伤残补助金29040元；(5)鉴定费480元；(6)医疗费8109.79元。前述费用共计56709.79元，由某建筑公司支付。遂判决某建筑公司支付邹某、陈某甲、陈某乙因陈某丙工伤产生的医疗费、停工留薪期待遇、一次性伤残补助金等各项损失56709.79元。

【案例十八】异地劳动争议的处理

一、案例介绍

李平是某公司的销售代表，主要负责北京、天津和唐山的销售工作。李平进公司时，和在上海的总公司签订了劳动合同，合同约定：公司每月将工资存到李平在上海的银行卡里，社会保险按政府的有关规定办理，并约定如有劳动争议问题，应在上海市进行劳动争议仲裁。

半年后，李平因公司未支付加班工资和未为其办理社会保险为由向北京市劳动争议仲裁委员会提出申诉，要求公司：(1) 补发半年以来的加班工资共计5864元；(2) 按北京市标准补购社会保险。而公司则认为北京市劳动争议仲裁委员会不应该受理此案，北京市劳动争议仲裁委员会的协调无效。

那么，这宗案件应该属于哪个地方管辖呢？面对类似的异地劳动争议，应当如何处理？就上述问题进行探讨，提醒企业的人力资源部门：劳动争议仲裁管辖对于当事人申请劳动仲裁至关重要，当事人维权必须向有管辖权的劳动争议仲裁委员会提起申诉。面对实践中类似的异地劳动争议，劳动仲裁一方当事人在申请仲裁时，要准确判断案件的管辖地，一般采取便于仲裁的原则。

二、案例评析

本案涉及的是劳动争议仲裁管辖问题，如果本案发生在《中华人民共和国劳动争议调解仲裁法》实施之后，则应适用劳动争议调解仲裁法的规定，北京市劳动争议仲裁委员会有权受理此案。

根据《中华人民共和国劳动争议调解仲裁法》第二十一条规定：“劳动争议仲裁委员会负责管辖本区域内发生的劳动争议。劳动争议由劳动合同履行地或者用人单位所在地的劳动争议仲裁委员会管辖。双方当事人分别向劳动合同履行地和用人单位所在地的劳动争议仲裁委员会申请仲裁的，由劳动合同履行地的劳动争议仲裁委员会管辖。”由此可见，关于劳动争议仲裁地管辖的规定，劳动合同履行地或者用人单位所在地这两个地方所在的劳动争议仲裁委员会对劳动争议案件都有管辖权。

本案中，李平虽与用人单位所在地上海总公司签订劳动合同，约定发生劳动争议由上海市进行劳动争议仲裁，但李平主要负责北京、天津和唐山的销售工作，即合同履行地主要在北京。在上海市劳动争议仲裁委员会和北京市劳动争议仲裁委员会都有权受理此案的情况下，李平向劳动合同履行地北京市劳动争议仲裁委员会提起仲裁，应该得到支持。

劳动争议仲裁管辖对于当事人申请劳动仲裁至关重要。当事人维权必须向有管辖权的劳动争议仲裁委员会提起申诉。否则，就会被告知不予受理或者裁定驳回。面对实践中类似的异地劳动争议，劳动仲裁一方当事人在申请仲裁时，要准确判断案件的管辖地。一般采取便于仲裁的原则。如果劳动合同履行地与用人单位所在地不一致的，最好向劳动合同履行地仲裁委员会申请，防止劳动争议对方当事人提出管辖权异议并向用人单位所在地的仲裁委员会提起仲裁，故意拖延仲裁时间。

参考文献

[1] 程延园．劳动关系[M].4 版．北京：中国人民大学出版社，2018.

[2] 黎建飞．劳动法案例分析[M].2 版．北京：中国人民大学出版社，2010.

[3] 孙立如．劳动关系实务操作[M].2 版．北京：中国人民大学出版社，2015.

[4] 符成成．劳动法与劳动关系管理[M]. 北京：中国人民大学出版社，2019.

[5] 唐鑛，刘兰．企业劳动关系管理[M].2 版．北京：中国人民大学出版社，2017.

[6] 王湘红．工资制度、劳动关系及收入——基于行为理论的研究[M]. 北京：中国人民大学出版社，2012.

[7] 林嘉．劳动法和社会保障法[M].4 版．北京：中国人民大学出版社，2016.

[8] 关怀，林嘉．劳动法[M].5 版．北京：中国人民大学出版社，2016.

[9] 王伟杰．劳动合同法原理与应用[M]. 北京：中国人民大学出版社，2009.

[10] 程延园．劳动合同法及实施条例之 HR 应对[M]. 北京：中国人民大学出版社，2008.

[11] 黎建飞．劳动合同法与实施条例简明问答三百问[M]. 北京：中国人民大学出版社，2008.

[12] 黎建飞．《中华人民共和国劳动合同法》最新完全释义[M]. 北京：中国人民大学出版社，2008.

[13] 程延园，杨柳．《劳动合同法》对劳动力市场效率的影响研究[M]. 北京：中国人民大学出版社，2012.

[14] 程延园．劳动法与劳动争议处理[M]. 北京：中国人民大学出版社，2013.

[15] 孙树菡，朱丽敏．社会保险学[M].3 版．北京：中国人民大学出版社，2019.

[16] 黎建飞．社会保障法[M].6 版．北京：中国人民大学出版社，2019.

[17] 孙光德，董克用．社会保障概论[M].5 版．北京：中国人民大学出版社，2016.

[18] 邓荣霖．社会主义市场经济与现代企业制度[M]. 北京：中国人民大学出版社，1997.

[19] 吴永求．中国养老保险扩面问题研究[M]. 北京：中国人民大学出版社，2014.

[20] 仇雨临．医疗保险[M]. 北京：中国人民大学出版社，2001.

[21] 谢雄心．论我国劳动争议诉讼的举证责任[D]. 中国海洋大学，2011.

[22] 林小娥．我国劳动争议处理中的政府角色探究[D]. 复旦大学，2011.

[23] 崔月云．劳动争议解决机制：流变与现状研究[D]. 华北电力大学，2011.

[24] 张淑君．工会参与劳动争议调解制度研究[D]. 上海交通大学，2011.

[25] 王曼娜．我国劳动争议“一裁终局”制度初探[D]. 华东政法大学，2010.

[26] 王芳．我国劳动争议调解制度研究[D]. 东北财经大学，2010.

[27] 杨大伟．我国人事争议解决机制的现状探索与发展[D]. 中国海洋大学，2010.

[28] 周静．劳动争议案件选择合并之诉初探[D]. 兰州大学，2010.

[29] 陈静．我国劳动争议处理机制改革的法律研究[D]. 宁波大学，2009.

[30] 徐亮．构建劳动争议多元调解机制探索[D]. 复旦大学，2010.

[31] 杜波，杜欢．论我国劳动争议协商处理机制的构建[J]. 华北电力大学学报：社会科学版，2011(04).

[32] 丁寰翔．劳动争议处理程序存在的问题及解决[J]. 学术界，2010(04).

[33] 李平安．和谐社会视阈下我国劳动争议处理制度的完善[J]. 云南行政学院学报，2010(02).

[34] 刘瑛，谢春玲．《调解仲裁法》对我国劳动争议处理体制的改进与不足[J]. 北京劳动保障职业学院学报，2009(01).

[35] 苏楠，黄嘉．中美劳动纠纷调节对比的制度分析[J]. 湖北社会科学，2004(10).

[36] 陈坚龙，陈景敏．当前劳资纠纷申诉案件的特点、成因和检察对策[J]. 法治论坛，2010(04).

[37] 李鸿，唐猛．对小型企业劳资关系规范问题的思考[J]. 东北师大学报：哲学社会科学版，2011(04).

[38] 刘海旭．中国民营企业劳资纠纷知几何[J]．科技信息，2010(25).
[39] 苏著．法治及其本土资源[M]．修订版．北京：中国政法大学出版社，2004.
[40] E. 博登海默．法理学法律哲学与法律方法[M]．修订版．邓正来，译．北京：中国政法大学出版社，2004.
[41] 尹居全，等．管理者劳动法实务手册[M]．北京：北京易中创业科技有限公司，2012.
[42] 董保华．中国劳动法案例精读[M]．北京：商务印书馆，2016.
[43] 七五普法图书中心．劳动法案例读本[M]．北京：中国法制出版社，2019.
[44] 王桦宇．劳动法案例读本[M]．北京：中国法制出版社，2017.